| 光明社科文库 |

西部地区基层社会治理创新与规范化建设研究

朱 懿◎著

光明日报出版社

图书在版编目（CIP）数据

西部地区基层社会治理创新与规范化建设研究 / 朱懿著. -- 北京：光明日报出版社，2021.6

ISBN 978-7-5194-6181-2

Ⅰ.①西… Ⅱ.①朱… Ⅲ.①社会管理—研究—广西 Ⅳ.①D676.7

中国版本图书馆CIP数据核字（2021）第172652号

西部地区基层社会治理创新与规范化建设研究

XIBU DIQU JICENG SHEHUI ZHILI CHUANGXIN YU GUIFANHUA JIANSHE YANJIU

著　　者：朱　懿

责任编辑：曹美娜　　　　责任校对：范晓辉

封面设计：中联华文　　　　责任印制：曹　净

出版发行：光明日报出版社

地　　址：北京市西城区永安路106号，100050

电　　话：010-63169890（咨询），010-63131930（邮购）

传　　真：010-63131930

网　　址：http://book.gmw.cn

E - mail：gmrbcbs@gmw.cn

法律顾问：北京市兰台律师事务所龚柳方律师

印　　刷：三河市华东印刷有限公司

装　　订：三河市华东印刷有限公司

本书如有破损、缺页、装订错误，请与本社联系调换，电话：010-63131930

开　　本：170mm×240mm

字　　数：237千字　　　　印　　张：16.5

版　　次：2022年1月第1版　　　　印　　次：2022年1月第1次印刷

书　　号：ISBN 978-7-5194-6181-2

定　　价：95.00元

前　言

《西部地区基层社会治理创新与规范化建设研究》一书是广西财经学院朱懿副教授主持完成的国家社会科学基金青年项目（项目批准号15CJL049）最终成果。研究者以合作治理理论为指引，通过对西部地区四省区1431名样本的检验，发现：（1）合作治理各方的合作性目标和上级公共部门支持感对治理过程中合作各方的合作治理行为、共同决策和公共服务质量有正向显著影响；（2）合作主体各方的合作性目标和公共服务质量之间既有直接的作用关系，又能够通过组织信任起到间接的影响作用；（3）上级公共部门支持感和合作各方的合作治理行为以及共同决策之间既有直接的影响效应，又能够通过组织信任起到间接的影响作用；（4）合作治理行为与公共服务质量和共同决策之间具有显著直接联系，并呈正向关联。因此，合作治理在基层社会治理创新与规范化建设过程中扮演着非常重要的角色。

本研究采用量化的数据统计分析方法，对中国31个省、自治区、直辖市的基层社会合作治理效能进行测评，研究结果显示：（1）支持区域主义关于西部地区治理的理论论断；（2）中国的东部、西部和中部地区之间在基层公共事务的合作治理效能上有明显差异，东部地区优于中部地区和西部地区。

通过对西部12省区165个基层社会治理创新实践与规范化建设案例进行分析之后发现：（1）西部地区基层社会治理创新实践与规范化建设的治理主体主要包括党的组织、政府及其派出机构、社会组织（群团、非营利组织）、企业、各族人民群众、媒体、高校（科研院所）；（2）西部地区基层社会治理创新实践与规范化建设的治理边界主要包括流动人口和特殊人群服务、社会组织治理、互联网治理、基层参与式社区治理、社会治安防控协同治理、维护市场经济秩序、化解社会矛盾、应急管理与风险治理、经济组织治理、维护群众权益十个领域；（3）西部地区基层社会治理创新实践与规范化建设的治理行为主要包括建设基层组织、强化公共服务、改进工作方法、创新体制机制、整合基层资源、使用专门人才、推进基层民主和重视思想文化八个具体做法；（4）西部地区基层社会治理创新实践与规范化建设的实现路径主要包括专业化、法治化、社会化、智能化；（5）西部地区基层社会治理创新实践与规范化建设的治理机制主要包括集体行动机制、领导主导机制、参与/孵化培育机制、绩效评估/责任追究/监督制约机制、冲突/矛盾化解机制、权责一致机制、激励竞争机制七个机制；（6）西部地区基层社会治理创新实践与规范化建设的治理流程主要包括治理前的规范化、治理过程中的规范化和治理后的规范化。

研究者还通过对“全国创新社会治理典型案例奖”248 个获奖项目案例和西部地区 165 个基层社会治理创新实践与规范化建设案例的对比研究发现西部地区与其他地区在基层社会治理创新实践与规范化建设上的差异性主要体现在：（1）西部地区基层党委、政府及其派出机构在基层社会治理创新实践与规范化建设中的主导作用非常明显；（2）西部地区各族人民群众在基层社会治理创新实践与规范化建设中的作用没有很好地发挥出来，在其他地区群众是至关重要的影响群体；（3）西部地区企业在基层社会治理创新实践与规范化建设中扮演着重要角色；（4）西部地区高校（科研院所）在基层社会治理创新实践与规范化建设过程中的影响程度不高，没有充分发挥作用；（5）西部地区比其他地区在治理边界的规范化建设上更重视对流动人口和特殊人群服务；（6）西部地区比其他地区在治理行为的规范化建设上更重视思想文化教育，但创新体制机制能力略显不足；（7）西部地区比其他地区在治理实现路径的规范化建设上更重视法治化路径，专业化路径程度不高；（8）西部地区和其他地区相比在治理机制的规范化建设的排序上具有细微的差异性；（9）西部地区不同省区在基层社会公共事务合作治理效能上具有不均衡性和复杂性。

西部地区基层社会治理创新实践与规范化建设存在的问题主要包括：治理主体、治理机制、治理边界、治理行为、实现路径、治理流程和治理能力有待进一步提升与规范。为此，研究者提出了既要激活不同治理主体活力，又要规范治理主体权责边界；既要规范治理范围边界，又要坚持治理内涵与时代同步伐；既要规范治理创新行为，又要规范治理实现路径；既要规范治理流程，又要规范治理运行机制四点建议。

关键词：西部；基层社会治理；实践；规范化

目　录

CONTENTS

第一章　绪论

这一章旨在对西部地区基层社会治理创新实践与规范化建设的国内外研究现状进行文献分析，提炼研究问题、形成研究目的、阐释研究意义、陈述研究内容、展示研究思路和研究方法。

第一节　研究缘起

2013 年 11 月，党的十八届三中全会首次在党的报告中提出“社会治理”的概念，结束了自党的十六大以来，党的报告中持续使用“社会管理”一词的历史。此次官方文字表述的正式修改不仅标志着中国共产党执政理念的升华，而且统一规范了该研究领域的学术话语体系，也由此引发了学术界对社会治理规范化建设的广泛关注。[1]之后，习近平总书记在党的十九大报告中和党的十九届四中全会《决定》中提出，加强和创新社会治理、打造共建共治共享的社会治理格局，提高社会治理“四化”水平（法治化、专业化、社会化、智能化），以及完善党委领导、政府负责、民主协商、社会协同、公众参与、法治保障、科技支撑的社会治理体系，推动建设人人有责、人人尽责、人人享有的社会治理共同体等新的要求，为新时代西部地区基层社会治理实践创新与规范化建设提供了根本遵循。

俞可平指出在国内学术研究中的高频热词“社会治理”以及其前身“社会管理”两个学术词语在国外的政治学、公共管理、民族学、社会学等学科中均找不到相对应的概念。[2]蓝志勇进一步溯源指出作为“社会治理”前身的“社会管理”一词最早进入中国学术界的视野是在20世纪初，源自国内学者对当时苏联科学院专家基于系统控制学视角下出版的《社会管理》一书的关注。回顾新中国成立以来社会治理现代化的建设历程，蓝志勇指出其是伴随着中国改革开放的进程，不断地回应时代诉求，不断地服务实践需求，不断地优化知识供给的一个过程。[3]

中国的西部地区有重庆、四川、贵州、云南、广西、陕西、甘肃、青海、宁夏、西藏、新疆、内蒙古十二个省、直辖市和自治区，人口众多，边境线漫长，国土面积约占我国领土总面积的71%，西部地区人口总数约占中国总人口的28%，国民生产总值约占全国国民生产总值的28%。[4]21世纪西部地区在国家建设“一带一路”的倡议中、在铸牢中华民族共同体意识和构建人类命运共同体的过程中所扮演的角色越来越重要。① 但同时，西部地区与东部沿海地区相比，自然环境相对恶劣、新兴事物管理能力相对薄弱、经济发展相对滞后、个别干部群众工作相对不深入，长期以来隐蔽的境外反华势力渗透、破坏等都加大了西部地区基层社会治理创新实践与规范化建设的难度。

自党的十八大以来，中国地方党政部门高度重视基层社会治理创新实践与规范化建设。例如，北京市根据党的十八届三中全会、四中全会、五中全会和党的十九大报告精神，在《北京市基层社会治理规范化建设三年行动计划（2018—2020年）》中，将规范化建设作为基层社会治理创新实践过程中的基础和核心。[4]然而，对于西部地区而言，由于其基层社会治理研究整体水平不高，出现了学术研究与实践需要相脱节，甚至滞后于实践发展的问题。[5]所以，学术界对探索、提炼和把握中国西部地区基层社会治理创新实践与规范化建设典型案例中的共性规律，勇于推进实践基础上的理论创新能力略显不足。② 例如，梁海燕和魏亚飞均指出，西部地区

① 方盛举，陈然．现代国家治理视角下的边疆：内涵、特征与地位［J］．云南师范大学学报（哲学社会科学版），2019，51（04）：22－30.

② 2016年5月17日，习近平总书记《在哲学社会科学工作座谈会上的讲话》。

存在对基层社会治理创新实践规范化建设理解的内涵偏失、构建政社关系的边界不清、治理流程和治理方式的不规范、治理主体的有序参与不够、服务群众机制的滞后等问题。[7][8] 因此，与发达地区相比，对西部地区基层社会治理创新实践与规范化建设问题的研究就显得更为紧迫和重要。[9][10][11][12]

第二节 西部地区基层社会治理创新实践与规范化建设的研究综述

截至 2020 年 2 月 20 日，中国知网刊发的研究社会治理与规范化建设的学术文章共有 8 篇（在这里，研究者扩大了关键词的研究范围至社会治理，不是仅仅局限于基层社会治理）、报纸文章 5 篇，数量相对有限。从规范化建设的角度研究基层社会治理，最早兴起于张明 2014 年在《唯实（现代管理）》刊发的《推进基层社会治理规范化建设的思考》一文。在该文章中，张明认为规范化建设是推进基层社会管理向基层社会治理转变过程中的核心要义，甚至可以讲是灵魂。① 其后，梁海燕也提出西部地区基层社会治理创新实践与规范化建设是西部地区地方基层社会治理实践创新破解地域、自然环境、文化传统等因素限制特别是解决“行政有效，治理失效”问题的关键。② 魏亚飞进一步指出当前基层社会治理实践创新存在的最主要问题是管理体制不顺、事责权不统一等规范化建设欠缺。因此，缺乏规范化造成了西部地区基层社会治理实践创新特别是村（社区）基层社会治理现代化建设陷于行政化的窘境，难以发挥其应有的自我治

---

① 张明．推进基层社会治理规范化建设的思考［J］．唯实（现代管理），2014（12）：24－26.

② 梁海燕．西部地区社会治理规范化建设存在的问题及对策分析［J］．兰州石化职业技术学院学报，2015，15（03）：69－72.

理、自我服务等功能。①

基于西部地区基层社会治理创新实践与规范性建设的研究成果数量相对不足的问题，研究者将本书系统分析的西部地区基层社会治理创新实践与规范性建设的研究成果范围扩大至整个西部地区社会治理创新研究领域，而不仅仅局限于西部地区的基层社会治理创新。在此基础上，研究者发现该领域研究议题主要集中在：

第一，聚焦合作治理是基层社会治理的必然选择。包括：（1）夯实基础的必然。杨小俊、陈成文、陈建平的研究指出，基于基层社会治理国力有限而民力无穷的现状，基层社会治理的关键在于整合基层党政组织、基层经济组织、基层社会组织、基层群团组织、群众自治组织以及公民个体等多元参与主体，构建他们彼此信任、合作、互助、互利的治理关系和有序的治理秩序，构建基层社会治理的合作行动体系，盘活与整合各方资源，破解市域基层社会治理现代化的困境。②（2）社会发展的必然。张康之在2008年指出，工业社会把人类的合作异化为协作官僚制，③ 而20世纪后期基层社会公共事务和服务供给中公共性特征的扩散，有助于催生未来社会“合作治理”的社会实践。④ 李勇坚也指出2020年新冠肺炎疫情肆虐，为中国数字化企业与政府合作，共同应对重大公共安全事件，联防战“疫”提供了契机。⑤ 因此，合作治理而非协作治理或者协同治理被张康之称为社会治理变革的归宿。⑥（3）提升治理效能的必然。王锋指出，伴随着数字化时代的到来，人民群众对公共服务质量和效率的要求越来越

① 魏亚飞．推进基层社会治理规范化建设初探——以四川省崇州市“费随事转”改革为例［J］．中共乐山市委党校学报，2017，19（04）：91－94.

② 杨小俊，陈成文，陈建平．论市域社会治理现代化的资源整合能力——基于合作治理理论的分析视角［J］．城市发展研究，2020，27（06）：98－103，112.

③ 张康之．论社会治理中的协作与合作［J］．社会科学研究，2008（01）：49－54.

④ 张康之，张乾友．民主的没落与公共性的扩散——走向合作治理的社会治理变革逻辑［J］．社会科学研究，2011（02）：55－61.

⑤ 李勇坚．“化危为机”之经验研究　政企合作如何有效提升社会治理能力［J］．人民论坛，2020（14）：30－33.

⑥ 张康之．合作治理是社会治理变革的归宿［J］．社会科学研究，2012（03）：35－42.

高，在基层社会治理中引入先进技术，实现技术辅助的多元主体合作治理，实现人、技术与制度的合作治理是数字社会智慧、社会治理的必然之路。①

第二，聚焦基层社会治理创新实践的规范性建设。包括：（1）治理主体的规范化。这部分研究重点关注治理主体对西部地区的基层社会治理持何种价值取向，以及在治理过程中是否已经吸纳激活所有合法可行主体依法有序参与基层社会治理实践创新。一是治理主体价值理念的规范化。代表性的研究有周平指出西部地区的治理价值应改变个别"族际主义治理取向"而向"区域主义治理取向"转变。二是参与主体的合作协同化。该部分研究重点关注基层党组织[13]、政府及其派出机构[14]、企业[15]、基层自治组织[16]、社会组织[17][18]、各族人民群众[19][20]、媒体[21]和高校（科研院所）[22]等如何共同参与西部地区的基层社会治理实践创新，实现治理主体合作、治理行为协同的合作治理目标。②

（2）治理行为的规范化。一是创新体制机制。如姜学敏认为创新体制机制是西部地区城市基层社会治理的重中之重。[23]二是使用专门人才。例如，王思斌提出西部地区的社会治理要重视专业化的社会工作者参与。[24]王丹丹通过对西部某省区社会工作示范点"爱心100°"社会工作服务站的个案研究，提出发展专业化人才队伍建设的建议。[25]三是整合基层资源。如张志远认为西部地区农村社会随着经济转轨、社会转型而发生了深刻变化，需要整合资源应对其频发、多样、复杂的挑战。[26]四是推进基层民主。如青觉、闫力认为社会主义协商民主理论以其"协商"和"民主"的先天优势，对西部地区在基层社会治理中转变价值、制定政策、民主协商等方面具有积极作用。[27]五是重视思想文化。重视思想文化最主要的内容是以社会主义核心价值观和民族团结进步教育为重点，涉及社会主义核心价值观的培育和践行以及筑牢中华民族共同体意识与"五个认同"教育。孙

① 王锋．智慧社会治理中人机合作的边界［J］．学海，2020（03）：74－79.

② 党秀云，谭伟．民族地区社会组织参与基层社会治理的路径选择［J］．新视野，2016（01）：48－53.

杰远提出西部多民族聚居地区的基层社会治理，其重点与难点就是实现各种认同，因此要发挥教育的作用。因为认同是基层社会治理的心理基础，在民族团结、进步教育以及培育和践行社会主义核心价值观的过程中，西部地区各族群众对中华文化的认同是坚定文化自信的逻辑起点，对中华民族的认同是筑牢中华民族共同体意识和践行社会主义核心价值观的主体自觉，对中国共产党、中国特色社会主义的认同是对中国特色社会主义道路、理论、制度和文化自信的信任基石，对伟大祖国的认同是各族群众的精神导向。[28][29]六是改进工作方法。如马敬认为在西北多民族地区，具有多元文化背景的村规民约是当地村民规范行为、维护村庄秩序、加深互相理解与尊重、维护民族团结、实行基层自治的重要规范依据。[30]七是建设基层组织。如刘娜认为基层组织（党组织、社会组织、群团组织）建设是基层社会治理的主力军，是各项工作的核心力量。[31]八是强化公共服务。如赵妮妮、靳连冬认为流动公共服务是改变西部欠发达地区公共服务供给的有效途径。[32]

（3）治理边界的规范化。基层社会治理离不开不同治理主体的合作，然而在基层合作治理中不同治理主体的合作是有边界的，这种边界既取决于不同治理主体的能力，又取决于法律和伦理规范，即需要明确不同治理主体能做什么和不能做什么，设定禁忌、划定不同治理主体合作治理的边界，从而形成基层社会治理中多元治理主体合作的元规则。① 西部地区基层社会治理的边界包括：一是流动人口和特殊人群服务规范化。特殊人群服务主要从关心西部地区城市残障人士、农村弱势群体的社会保障进行分析研究。[33]如吴文明以内蒙古呼和浩特市为例，探讨了服务特殊人群对西部地区城市社会治理创新与规范化建设的重要意义。[34]二是社会组织治理规范化。赵会、陈旭清发现西部地区的社会组织参与基层社会治理具有正反两方面作用，积极作用主要体现在教科文卫和经济发展中的引领服务作用，消极之处主要表现在极个别社会组织可能存在与境外恶意非法社会组

① 王锋．智慧社会治理中人机合作的边界［J］．学海，2020（03）：74－79.

织相互勾连，对中国西部地区进行渗透、颠覆、破坏活动。[35]三是互联网治理。如吴亮研究发现当前中国西部地区群体性事件形成的诱因很多是由境外敌对势力通过互联网进行操纵的，而且西部地区暴恐活动的形成也多通过互联网进行酝酿、发酵和实施。[36]四是基层参与式社区治理。例如，陆海发认为构建基层多元主体参与治理是西部地区特别是西部民族地区突破原有的制度藩篱，实现共建共治共享的重要途径。[37]五是社会治安防控协同体系。例如，刘文光对云南边境县社会治理研究发现基层边境地区社会治安群治群防机制对提升治理效能功效明显。① 雷韵、罗柳宁基于对广西边境地区的研究发现军警民合作的社会治安防控协同体系是基层社会治理实践中极具价值的一种创新。② 六是化解社会矛盾。如曾宇航认为西部地区基层社会治理创新实践与探索中的重要内容之一就是能够化解各种矛盾冲突，促进社会公平。[38]七是市场秩序治理。例如，宋才发、黄捷认为企业的诚信体系建设应该成为西部地区运用法治思维推进农村社会治理的一项内容。③ 八是应急管理与风险治理。如吴开松认为西部地区基层政府的突发事件应急处置能力是基层社会治理的重要能力。[39]王世卿、王尚坤认为西部地区暴恐犯罪存在不良思想腐蚀、有害文化妨碍国家认同、宗教极端思想蔓延等深层次风险治理问题。[40]斯琴格日乐也指出，西部地区治理面临着生态、政治、经济、文化和国际等多重风险。[41]陆云通过统计数据分析指出西部地区是中国公共卫生安全隐患最严重的地区。[42]李诚、马树勋认为西部地区的社会风险表现为各族群众的利益纠纷（如移民安置、环境保护、农场改制等经济社会问题）与民族宗教等因素相互交织，因此具有政治敏感性强等特征。[12]九是经济组织治理。如孙兴芳的研究认为，近年来西南地区农民合作社在助力脱贫攻坚和乡村振兴过程中大量涌现，

---

① 刘文光. 云南边境县社会治理面临的突出问题与对策思考［J］. 云南行政学院学报，2016，18（04）：71－77.

② 雷韵，罗柳宁. 跨境民族地区的社会公共事务治理与边疆安全［J］. 广西民族大学学报（哲学社会科学版），2016（03）：107－111.

③ 宋才发，黄捷. 运用法治思维推进民族地区农村社会治理［J］. 黑龙江民族丛刊，2017（06）：5－12.

因此要规范其参与基层治理的功能和行为。[43]十是维护群众权益。如任新民、陈娜认为，情理法有机交融、更好地维护群众权益是西部地区农村基层社会治理实践创新的重中之重。[44]

（4）实现路径的规范化。习近平总书记在党的十九大报告中提出了社会治理法治化、专业化、社会化、智能化的“四化”新要求，为基层社会治理创新实践与规范化建设指明了方向。现有的研究也显示西部地区基层社会治理创新实践实现路径的规范化包括：一是法治化。例如，宋才发、黄捷等认为，要运用法治思维推进西部地区基层社会治理现代化。[16]边巴拉姆、邵煜捷等提出拉萨民族团结进步经验表明“党建、环境、文化、产业、民生、法治”是其基层社会治理创新实践探索的重点，而法治是其基本原则。[45]二是专业化。例如，王思斌认为社会工作专业化在西部地区基层社会治理中具有特殊的贡献，要注重西部地区基层社会治理中的“在地化”，从当地群众当事人的角度理解社会问题，并以当地群众当事人可以接受的“在地化”方式解决他们的问题。[24]三是社会化。陈旭清、赵会、向娟发现西部地区社会组织在贴近民生领域提供的公共服务有一定优势。[46]四是智能化。刘建华的研究指出，西部地区政府基层社会治理实现路径的智能化意味着通过智慧治理平台实现了人民群众与公众需求之间的供需连接，实现了基层社会治理的方式和流程公开透明，实现了线上线下相结合的基层组织再组织化。[47]

（5）治理机制的规范化。一是领导主导机制。如韩勇、李波指出基层党组织的领导机制是西部地区基层社会治理创新的核心力量。[13]二是参与/孵化培育机制。如王虎、王磊指出强化西部地区社会主体参与基层治理可以有效解决人员不足的问题。[48]三是权责一致机制。如和思鹏指出西部地区基层社会治理现代化逻辑之一就是在治理职能边界内开展相关工作。[49]四是集体行动机制。如王力平、许晓芸认为西部地区社会工作与基层社会治理精细化的重点就是建立合作协同机制。[50]如韩勇、李波认为完善合作机制、提供合作保障是西部地区基层社会治理创新实践的必然理性选择。[13]如周晓丽认为基于西部地区差异性下的基层社会治理需要建立合作各方民主协商机制。[51]五是激励竞争机制。如乌兰认为建立西部地区基层社会治理的激励竞争机制，是实现权力制约、程序控制和效果激励机制并重的转变。[52]六是绩效评估/责任追究/监督制约机制。如周晓丽认为应建立健全西部地区基层社会治理绩效第三方评估机制，能够有效检验其治理目标和治理效果是否一致。[51]七是冲突/矛盾化解机制。如曾宇航认为西部地区基层社会治理创新需要建立协调各主体社会冲突的机制。①

（6）治理流程的规范化。这主要是检验基层社会治理在实践创新之前是否有“章”可循，在实践创新过程中是否有“据”可依，在实践实施后是否对其治理效益进行过评估检查。②

（7）治理困境与差异性。总结徐俊六③，杨军④，李诚、马树勋⑤，叶红、李诚⑥，党秀云、谭伟⑦，刘文光⑧等的研究成果，西部地区由于存在地缘政治生态多元性、民族生态多样性与文化生态交融性等治理特征，所以其治理差异性表现为地理环境恶劣、治理环境地域特色浓厚等特征。由此形成的治理困境包括境外敌对势力长期以来的隐蔽渗透，经济社会总体发展相对缓慢，教育、医疗、卫生服务水平有待提升，治理资源物质基础相对薄弱，基础设施建设未满足发展需要，社会治安和公共卫生形势相

① 曾宇航．民族地区基层社会治理创新的实践与探索——以贵州省台江县为例［J］．中国行政管理，2018（10）：148－150.

② 张明．推进基层社会治理规范化建设的思考［J］．唯实（现代管理），2014（12）：24－26.

③ 徐俊六．铸牢中华民族共同体意识与边疆民族地区社会治理关系研究［J］．宁夏社会科学，2018（06）：188－194.

④ 杨军．西北民族地区社会治理中情理法的冲突与调适［J］．云南民族大学学报（哲学社会科学版），2018，35（03）：127－134.

⑤ 李诚，马树勋．边疆民族地区群体性事件社会治理路径思考［J］．云南行政学院学报，2017，19（03）：34－40.

⑥ 叶红，李诚．提升云南边疆民族地区政府社会治理能力［J］．学术探索，2015（04）：29－35.

⑦ 党秀云，谭伟．民族地区社会组织参与基层社会治理的路径选择［J］．新视野，2016（01）：48－53.

⑧ 刘文光．云南边境县社会治理面临的突出问题与对策思考［J］．云南行政学院学报，2016，18（04）：71－77.

对严峻，治理理念转换相对迟缓，各主体参与社会公共事务能力相对不足，治理工具手段相对单一，制度设计上途径相对狭窄，基层社会治理基础相对乏力，境内外流入人口治理难度相对较大，跨境非法婚姻解决相对困难，非法宗教渗透与反渗透的任务相对艰巨，社会保障体系相对不够完善等方面。

（8）对策建议。如韦正富、吴大华提出西部地区经济发展与基层社会治理变革趋势应实现治理权力由地域习俗向法律授权转变，应注意吸收本地精英和知识精英参与基层社会治理，应注意采取公民取向的治理价值导向，应注意西部地区治理目标的公共性等。[53]李诚、马树勋等认为创新西部地区的基层社会治理应从处突应急能力提升、体制机制创新、意识形态建设、完善治理政策等方面统筹推进、因地施策。①

研究述评：现有西部地区基层社会治理创新实践与规范化建设的研究为研究者提供了很好的理论借鉴和方法指南，特别是现有研究达成了基层社会治理创新实践与规范化建设是在合作治理的框架下进行的共识[9][10][11][12][13][14]，其创新实践与规范化建设涵盖了治理主体、治理边界（也有的表述方式为领域、范围、对象、客体）、治理行为（也有的表述方式为活动）、治理流程（也有的表述方式为前提、过程、结果）、实现路径、治理机制等共性要素，但是也存在需要进一步优化的地方。主要表现在：（1）基本学术概念界定不清晰。现有文献对西部地区基层社会治理创新实践与规范化建设的研究总体数量不多（仅有13篇），即使将其扩大到基层社会治理创新的研究范围，总体数量也不是很多。在这些有限的研究中，治理主体、治理行为（活动）、治理流程和实现路径等几个议题具有清晰的概念，但治理边界与治理领域、治理范围、治理对象、治理客体、治理机制与治理体系、治理本身在部分研究中存在意指相同但概念混淆模糊等问题。具体来说，学术界要么将治理边界和治理机制与基层社会治理

① 李诚，马树勋．边疆民族地区群体性事件社会治理路径思考［J］．云南行政学院学报，2017，19（03）：34－40.

议题本身相混同，要么采用欠缺统一规范的学术称谓将体系、领域、范围、对象、客体、机制等学术概念混为一谈。例如，就基层社会治理创新机制而言，对基层社会治理创新机制是指保障基层社会治理正常运行的规则、标准、制度，还是指基层社会治理创新本身的领域、范围、对象、客体（与体系同义），抑或其就是基层社会治理创新本身，这些不规范造成读者在理解上的困惑。(2) 深度研究略有欠缺。第一，就基层社会治理创新实践与规范化建设的主体而言，现有的研究没有讲清楚除了党委、政府、社会组织、企业、群众之外，随着时代的发展变化，社会公共事务合作治理涌现出的新的参与者还包括了哪些群体（例如媒体、学校和科研院所），这些群体在基层社会治理创新实践与规范化建设的过程中承担着什么样的责任或者扮演着什么样的角色，以及由此引申出的各种不同的主体在基层社会治理创新实践与规范化建设中组成的治理网络，究竟呈现的是一种什么样的社会关系。第二，就基层社会治理创新实践与规范化建设的边界而言，现有的研究基本上都是从单一的视角研究其作用领域、活动边界、治理对象、治理范围、治理客体中的某一方面，缺乏整体、系统、全面的视角对基层社会治理创新实践与规范化建设的边界进行界定和研究。就基层社会治理创新实践行为的规范化（行为、活动）与创新实践实现路径的规范化建设研究而言，缺少对其共性规律的总结。第三，就基层社会治理创新实践与规范化建设的机制而言，如果学界假定认为规范其治理体系边界是规范其治理的前提和基础，那么接下来就是如何让规范化的治理主体在清晰的治理边界内，通过规范化的机制建设来实现治理路径的规范化和创新行为（实践）的规范化。然而现有的研究没有能够清晰地表明这些规范的不同治理主体创新行为和实现治理目标实现路径的具体内涵，以及提升治理效能的机制究竟包括了哪些子机制。(3) 整合理论研究相对缺乏。从一个整体性的角度来说，现有的研究没有构建起涵盖多元规范的治理主体、清晰规范的治理边界、明确规范的治理机制、完善规范的治理流程、创新规范的治理行为和可行规范的实现路径来完成西部地区基层社会治理创新实践与规范化建设的整合性理论框架。(4) 比较研究几乎空白。

中国的西部地区是边疆地区、民族地区、欠发展地区三区的高度重叠，与其他非西部地区一样具有新时代“发展不均衡不充分”的主要矛盾，但是从一个比较研究的视角出发，中国的西部地区和非西部地区在基层社会治理创新实践与规范化建设的过程中，是否存在差异性以及存在什么样的差异性有待于回答。(5) 研究方法相对单一。现有的关于基层社会治理创新实践与规范化建设的研究基本上都是走文献演绎的路径，仅有一篇实证研究①且还不是采用西部地区的案例。

因此，在本研究中，研究者通过文献研究综述构建以合作治理理论框架为基础的西部地区基层社会治理创新实践与规范化建设理论分析整合框架（如图 1.1 所示）。该分析框架主要包括治理主体、治理边界、治理行为、治理机制、治理流程和实现路径六个共性要素。其中，规范治理主体是关键、规范治理边界是前提、规范治理流程是内容、规范治理机制是保障、规范治理路径是工具、规范治理行为是做法。

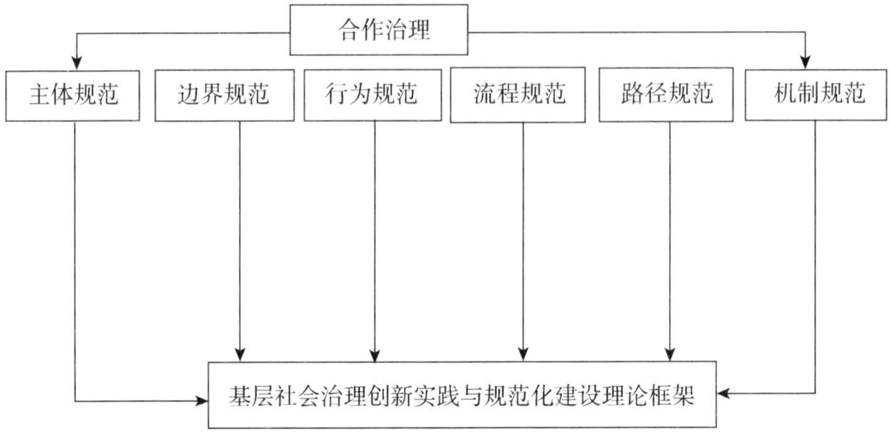

图 1.1　合作治理视角下西部地区基层社会治理创新实践与规范化建设的理论整合模型

① 魏亚飞．推进基层社会治理规范化建设初探——以四川省崇州市“费随事转”改革为例［J］．中共乐山市委党校学报，2017，19（04）：91－94.

第三节 研究目的和意义

一、研究目的

研究者试图将中国西部地区基层社会治理创新实践与规范化建设的理论研究和典型案例经验总结进行有效集成和融合，从而为中国西部地区基层社会治理创新实践与规范化建设提供理论依据和优化对策指南。具体目标如下：（1）通过规范性研究，构建中国西部地区基层社会治理创新实践与规范化建设的理论分析框架，并形成其治理效果的评估指标。（2）通过实证研究，归纳中国西部地区基层社会治理创新实践与规范化建设的内在共性运行机理规律，将其与理论分析框架进行比较，找出理论与实践的差距或者实践对理论的超越，从而为中国西部地区基层社会治理创新实践与规范化建设提供依据和优化对策。

二、研究意义

1. 理论价值

第一，构建中国西部地区基层社会治理创新实践与规范化建设的理论整合模型。在文献分析综述的基础上，尝试构建涵盖规范治理主体、规范治理边界、规范治理行为、规范治理流程、规范治理机制、规范实现路径六个要素构成的合作治理理论分析框架。其中，规范治理主体是关键、规范治理边界是前提、规范治理流程是内容、规范治理机制是保障、规范治理路径是工具、规范治理行为是做法。第二，总结中国西部地区基层社会治理创新实践与规范化建设典型案例的内在共性规律，找出西部地区和非西部地区之间的共性和差异性，并考察各地区典型经验彼此移植借鉴的可行性。

2. 应用价值

构建适应中国西部地区基层社会治理创新实践与规范化建设的理论模型，既可以为基层社会治理创新实践与规范化建设提供理论依据和政策指南，又可以反过来为推动实践基础上的基层社会治理创新实践与规范化建设理论创新服务，最终为西部地区的稳定和发展提供保障。

第四节　研究内容

研究者的具体研究内容包括：

第一章绪论主要是分析中国西部地区基层社会治理创新实践与规范化建设的缘起，对国内外相关研究进行综述，在此基础上提出研究问题和构建理论分析框架，阐述西部地区基层社会治理创新实践与规范化建设研究的理论和现实意义，描述研究者的研究思路和方法。这部分重点是通过文献研究综述构建以合作治理理论框架为基础的西部地区基层社会治理创新实践与规范化建设理论分析框架。该理论框架中主要包括治理主体、治理边界、治理行为、治理机制、治理流程、实现路径六个共性要素。

第二章旨在具体解释西部地区基层社会治理创新实践与规范化建设的相关概念和理论基础，其重点在于阐释第一章文献综述构建的以合作治理理论框架为基础包括规范治理主体、规范治理边界、规范治理行为、规范治理机制、规范治理流程、规范实现路径等六个共性要素的西部地区基层社会治理创新实践与规范化建设理论分析框架。

第三章在合作治理理论的视角下，构建了合作治理影响因素和有效性检验模型，通过实证研究对西部地区四省区合作治理有效性现状进行分析，从而揭示影响合作治理各方的合作性目标、合作主体间的信任和上级公共部门支持感对合作治理过程中合作各方的合作治理行为、共同决策和公共服务质量产生的影响。特别是合作治理行为对共同决策和公共服务质量的影响。这部分是后续研究的基础，因为如果合作治理不能对合作各方的合作治理效能包括合作治理行为、共同决策和公共服务质量产生积极有效影响，那么意味着作为本研究理论分析框架基础的合作治理很可能是一个伪命题。

第四章旨在以相关专家的建议为依据，首先通过规范化的理论研究，采用以结果为导向的绩效评估方法，构建合作治理基础上中国基层社会治理效能的评估体系理论框架，其目的在于测评中国地方省、自治区、直辖市合作治理产生的效果，为后续西部地区和其他地区基层社会治理创新实践与规范化建设的比较研究奠定基础。其次，研究者通过数量分析对中国基层治理现状进行客观性测评分析和测度诊断，描述其取得的成效，深入挖掘西部地区和其他地区在基层社会治理建设过程中存在的深层次问题及原因，厘定和提炼西部地区和其他地区在合作治理基础上基层社会治理创新实践存在的差异性。

第五章以第一章和第二章构建的涵盖规范治理主体、规范治理边界、规范治理行为、规范治理流程、规范治理机制、规范实现路径六要素的基层社会治理创新实践与规范化建设合作治理理论分析框架为参照，采用多案例研究的方法，以 2011—2020 年人民网和国家行政学院政治学部联合主办九届的“全国创新社会治理典型案例奖”获奖项目为研究对象，分析中国基层社会治理创新实践与规范化建设典型案例的共同特征，描述这些获奖项目的发展演进和分化类型，并对第一章和第二章构建的合作治理视角下涵盖规范治理主体、规范治理边界、规范治理行为、规范治理流程、规范治理机制、规范实现路径六要素的基层社会治理创新实践与规范化建设的理论分析框架进行优化和验证。

第六章是中国西部地区基层社会治理创新实践与规范化建设的实证分析，与第五章相似，在这一章研究者采用案例分析的方法，依据合作治理视角下涵盖规范治理主体、规范治理边界、规范治理行为、规范治理流程、规范治理机制、规范实现路径六要素的基层社会治理创新实践与规范化建设理论分析框架，通过对西部十二个省区的典型案例进行深度分析，并以横向比较的视野对西部地区和其他地区（第五章研究结果）基层社会治理创新实践与规范化建设的共性和差异性进行比较，从而揭示西部地区基层社会治理创新实践与规范化建设需要进一步优化的地方。

第七章概括研究者的研究结果，在现有研究结论基础上提出优化西部地区基层社会治理创新实践与规范化建设的对策和建议。

第八章剖析研究者研究的不足及指出未来的研究方向。

第五节　研究思路和研究方法

一、研究思路

研究者按照提出问题（阐述西部地区基层社会治理创新实践与规范化建设的背景、研究意义，即为什么要进行西部地区基层社会治理创新实践与规范化建设研究，研究者的研究目标和主要研究内容）、分析问题（以文献分析规范研究所构建的涵盖治理主体、治理边界、治理行为、治理流程、治理机制、实现路径六要素的基层社会治理创新实践与规范化建设合作治理理论分析框架为标尺，研究者对 2011—2020 年人民网和国家行政学院政治学部连续联合主办九届的“全国创新社会治理典型案例奖”获奖项目，西部十二省区基层社会治理创新实践与规范化建设的典型案例进行实证分析）、解决问题（提出优化西部地区基层社会治理创新实践与规范化建设的对策）的思路来展开，技术路线如图 1. 2 所示。

二、研究方法

研究者采用的主要研究方法包括：

1. 文献分析法。本书通过规范研究文献分析的方法，构建合作治理理

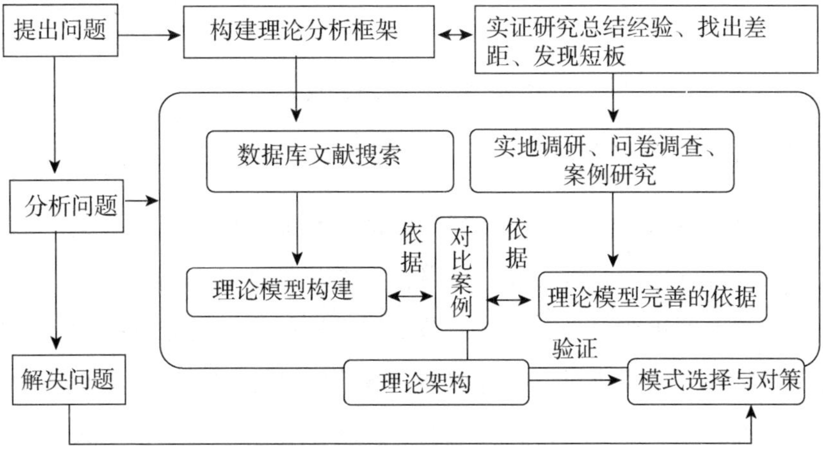

图 1.2　本研究的技术路线

论基础上涵盖规范治理主体、规范治理边界、规范治理行为、规范治理流程、规范治理机制、规范实现路径六要素的基层社会治理创新实践与规范化建设理论分析框架。

2. 数量分析法。借助 SPSS 统计软件，通过数量分析对合作治理基础上中国基层社会治理现状的合作治理绩效进行客观性测评分析和测度诊断，描述在合作治理基础上中国基层社会治理取得的成效，深入挖掘在合作治理基础上西部地区基层社会治理存在的不足。同时，采用实证研究方法，在合作治理理论的视角下，分析西部地区四省区合作治理各方的合作性目标、合作主体间的信任和上级公共部门支持感对合作治理过程中合作各方的合作治理行为、共同决策和公共服务质量产生的影响，特别是合作治理行为对共同决策和公共服务质量起到的影响作用。

3. 问卷调研、文本分析和案例分析法。通过发放问卷、文本采集和典型案例分析，重点分析西部地区基层社会治理创新实践与规范化建设的典型案例和 2011—2020 年人民网和国家行政学院政治学部连续联合主办九届的“全国创新社会治理典型案例奖”获奖项目案例的成功经验和存在问题，进一步检验和完善理论模型。

第六节 本章小结

这一章的目的在于对西部地区基层社会治理创新实践与规范化建设的研究现状进行分析。通过研究，研究者发现学界已基本达成基层社会治理创新实践与规范化建设是在合作治理框架下进行的共识，在推动基层社会治理创新实践与规范化建设的过程中，规范治理主体、规范治理边界、规范治理行为、规范治理流程、规范治理机制和规范实现路径是其中的共性要素。在这六个要素中，规范治理主体是关键、规范治理边界是前提、规范治理流程是内容、规范治理机制是保障、规范治理路径是工具、规范治理行为是做法。在此基础上，研究者提炼了研究问题，形成了研究目的，阐释了研究意义，陈述了研究内容，展示了研究思路和研究方法。

第二章　合作治理视角下西部地区基层社会治理创新实践与规范化建设的理论模型

在第一章分析国内外基层社会治理创新实践与规范化建设研究现状的基础上，研究者基于学界已基本达成基层社会治理创新实践与规范化建设是在合作治理框架下进行的共识，构建了包括治理主体、治理边界、治理行为、治理流程、治理机制和实现路径为主要内容的合作治理视角下基层社会治理创新实践与规范化建设理论分析框架。其中，规范治理主体是关键、规范治理边界是前提、规范治理流程是内容、规范治理机制是保障、规范治理路径是工具、规范治理行为是做法。这一章将继续采用文献分析的方法，对西部地区基层社会治理和基层社会治理创新实践与规范化建设的概念、特征、相关理论基础进行回顾。按照西部地区基层社会治理创新实践与规范化建设由谁来进行建设（Who）、治理什么（What）、怎样进行治理（How）的逻辑展开，其基本构成要素包括治理主体、治理边界、治理行为、治理流程、治理机制、实现路径六个要素。针对研究综述形成的基本学术概念界定不清晰、深度研究略有欠缺、整合理论研究相对缺乏、比较研究几乎空白、研究方法相对单一等一系列问题，这一章主要界定基本学术概念特别是相混淆的几个学术概念和进行理论深度整合。

第一节 合作治理视角下西部地区基层社会治理创新实践与规范化建设的概念及特征

一、合作治理视角下西部地区基层社会治理创新实践与规范化建设的概念

综合中国行政管理学会研究者施雪华、丁元竹、龚维斌、王浦劬等人的研究成果，研究者认为西部地区基层社会治理是指在县以下乡镇（街道）党委的领导下，政府及其派出机构、企业、社会组织、自治组织、媒体、各族人民群众、学术界等不同治理主体以乡镇、街道和城乡社区为地域边界，根据西部地区社会发展的客观规律，针对本地区的具体情况，制定社会规范体系，调节社会关系，采用综合的治理工具、手段和方法，倾听群众的呼声，主动化解社会矛盾，处理社会问题，维护社会公平和公正，其最终目标是满足各族人民群众的不同公共利益诉求。[54][55][56][57][58]

西部地区基层社会治理创新实践与规范化建设主要是指县以下乡镇（街道）党委在西部地区基层社会治理实践的创新过程中，领导政府及其派出机构、企业、社会组织、自治组织、各族人民群众、媒体、学术界等基层各种社会公共事务合作治理主体，根据西部地区社会发展的客观规律，按照统筹推进、因地施策、因势而为的原则，注意避免“同质化锦标赛竞争”“模式化生搬硬套”“统一化不顾实情”。同时，在基层社会治理创新实践实施之前，制定和发布一定标准和规范，使整个治理主体、治理边界、治理机制、治理流程、治理行为、实现路径均有“章”可循、有“据”可依；在基层社会治理创新实践实施过程之中，其相应的创新实践行为和活动严格遵守相应的标准和规范，依法有序运行，突出治理过程的法治化和治理机制的规范化。最后基层各种社会公共事务合作治理的多元主体还要对基层社会治理创新实践的结果是否与其制定、发布和实施的标

准和规范相一致进行评估检验，衡量是否取得了相应的治理效能。①

二、合作治理视角下西部地区基层社会治理创新实践与规范化建设的特征

1. 合作治理视角下西部地区基层社会治理创新实践与规范化建设的主体具有多元性、密切性、平等互动性。西部地区基层社会治理创新实践与规范化建设作为一种现代治理理论发展的产物，是在传统科层制治理突出法治和专业化分工的基础上，内生演化和外部推动而来的，它改变了旧有依靠管控进行管理的模式，认为治理（governance）具有多元性，突出治理过程的法治化和治理机制的规范化，这是基层社会治理与生俱来的特征。因此，西部地区的各级党委和党组、政府部门及其派出机构是基层社会治理的领导者和具体负责者，企事业单位、社会组织、各族人民群众是基层社会治理创新实践与规范化建设的合作者，学术界是基层社会治理创新实践与规范化建设理论创新的推动者，媒体是具有强大凝聚力和引领力的社会主义意识形态建设者和主流舆论的引导者。以上各个不同治理主体都在治理过程中致力营造共建共治共享的基层社会治理创新实践与规范化建设格局，既各自独立，又集体共生，既彼此平等，又密切互动，其是通过基层社会治理创新实践与规范化建设的合作性实现各个治理主体由碎片化治理向集体行动治理转变的过程。[59][60]

2. 合作治理视角下西部地区基层社会治理创新实践与规范化建设的过程具有长期性。西部地区基层社会治理创新实践与规范化建设不是一个一蹴而就的过程，而是一个润物细无声、绵绵不绝、久久为功的过程。西部地区基层社会治理创新实践与规范化建设作用的发挥需要各种治理主体齐心协力，通过各民族交往交流交融，在社会主义核心价值观的引领下，在

① 张明．推进基层社会治理规范化建设的思考［J］．唯实（现代管理），2014（12）：24－26.

筑牢中华民族共同体意识的指引下，不断地传承和弘扬中华优秀传统文化，传承红色基因，弘扬革命精神，积极引领和践行社会主义先进文化，提炼、凝聚、整合能够代表本地区不同民族的深层次文化共识，以此来凝聚和引领意识形态，营造平和积极向上的社会心理，化解人与人、人与社会、人与自然的各种矛盾，从而达到规范社会行为，实现西部地区民族团结和社会稳定的目标。[61][62][63]

3. 合作治理视角下西部地区基层社会治理创新实践与规范化建设的方式具有情感性和协商性。西部地区基层社会治理创新实践与规范化建设同制定经济社会发展政策息息相关，紧密相连，可以讲西部地区经济社会发展成效是基层社会治理创新实践与规范化建设的基础。发展是解决西部地区一切社会矛盾的金钥匙，解决了西部地区各族人民群众的衣食住行、就业、医疗、教育等问题，才能够从根本上扫除阻碍基层社会治理创新实践与规范化建设发展的各种困难。中国共产党在西部地区的普惠性政策正是基于实现各民族心连心、同呼吸、共命运的考虑，以民主协商的方式形成共识，因此具有强烈的情感性色彩和治理方式的协商性。[64]

4. 合作治理视角下西部地区基层社会治理创新实践与规范化建设的目标具有战略性。为政之要，贵在得人，人心之重，重于社稷。西部地区基层社会治理创新实践与规范化建设的客体，实现了由传统公共行政对事的治理、对人的治理向对各族人民群众民心治理的转变。这既是中国共产党全心全意为人民服务宗旨的体现，更是以人民为中心思想的升华。因此，西部地区基层社会治理创新实践与规范化建设的目标跳出了工具理性的短视，具有长远的战略性。[65][66][67]

5. 合作治理视角下西部地区基层社会治理创新实践与规范化建设的结果具有高效性和治理方式的探索性。西部地区基层社会治理创新实践与规范化建设在刚性的规制与法治治理的基础上，采用信息化技术智慧治理等新治理手段，在治理过程中融入了强烈的人文关怀，让人在心灵深处产生认同和依附，加大治理效果。西部地区基层社会治理创新实践与规范化建设在本质上是让人产生自觉，进而对自我进行反省、反思，最后产生一种道德上的认同和情感上的依附的效果。[68][69]

第二节 中国基层社会治理政策的演变历程与理论基础

一、基层社会治理政策的演变历程

研究者梳理了从1998年国务院首次在政府工作报告中提出社会管理的概念以来，中国基层社会治理的政策发展历程。总的来说，中国基层社会治理的政策演变历程大致可以分为三个阶段：（1）萌芽阶段（1998—2004），1998年国务院首次在政府工作报告中提出社会管理概念，2002年党的十六大首次在党的工作报告中正式使用社会管理一词，社会管理作为国家和政府的职能正式进入执政党的视野。这个阶段，党委、政府对社会管理已经有了一个初步的概念印象，但是对其价值、功能、内涵、外延并不是特别清晰，仅认为其是政府的基本职能、维护社会稳定的途径和全面建设小康社会的保障。（2）发展阶段（2004—2012），2004年9月党的十六届四中全会首次提出“建立健全党委领导、政府负责、社会协同、公众参与的社会管理格局”，各级党委、政府开始对社会管理的共性规律、促进就业、社区建设、服务型政府建设、社会管理体制、应急管理体制机制、社会管理体系、社会治安防控体系、社会政策、法规、信访制度、资源整合、群众权益维护、流动人口服务和管理、加强和改进对各类社会组织的管理和监督、安全生产、公共服务的多元供给（公民、社会组织参与）、完善农村社会管理体系、领导班子和领导干部的执政能力、法律、体制、文化建设等内容做出具体要求。（3）成熟阶段（2012年至今），党的十八大虽然沿用了社会管理的文字表述，但是正如龚维斌所言，这个时候中国的基层社会治理创新实践与规范化建设的主体已经多元，与之前依靠强管控、单位制的管理模式相比，已经在实质上进入了社会治理的阶段。[70]

因此，在党的十八大提出的“党委领导、政府负责、社会协同、公众参与、法治保障”的体制之下，2013 年 11 月，党的十八届三中全会进一步提出社会治理的概念，实现了基层实践创新与顶层政策设计在话语表述上的一致。之后，中国的社会治理格局也由党的十八届五中全会的共建共治发展到党的十九大的共建共治共享，治理要求也在系统、依法、综合、源头治理的基础上，提出了提高基层社会治理四化水平（法治化、专业化、社会化、智能化）发展要求。同时党的文件中还对党和政府机构进行改革，实现优化协同高效，实施精细化社会治理，加强社会治理重点领域建设，如构建预防和化解社会矛盾机制、健全公共安全体系、加快社会治安防控体系建设、加强社会心理服务体系建设、加强社区治理体系等提出具体要求。党的十九届四中全会创新性地提出了“完善党委领导、政府负责、民主协商、社会协同、公众参与、法治保障、科技支撑的社会治理体系”，推动建设“人人有责、人人尽责、人人享有的社会治理共同体”等新的要求，为新时代西部地区基层社会治理实践创新与规范化建设提供了最新的根本遵循。

二、合作治理视角下基层社会治理的理论基础

合作治理视角下西部地区基层社会治理创新实践与规范化建设的理论基础主要分为域外基层社会治理理论和中国本土演绎的基层社会治理理论。中国本土的基层社会治理理论又可分为普遍应用性理论和专门为西部地区开发的针对性理论。

1. 域外基层社会治理理论

从公共管理学的视角出发，所有的基层社会治理理论谱系都可以追溯到最早的官僚科层治理，发展到目前最流行的新公共治理理论。研究者在此进行一个概略性的回顾：官僚科层治理（Bureaucracy Management）从 19 世纪晚期开始一直在公共行政领域占据主导地位，该理论的产生适应了

工业化时代对效率的追求，其主要理论主张包括强调政府公务人员的专业化（基于科学管理的分工）及其在政策制定和执行中的核心决策作用，强调法治特别是政府公务人员的依法行政，强调公共财政支出的不断增加性，强调制度规则对公共事务管理的指导性。该理论的缺点在于全能型政府无限理性的理论主张忽视了官员的能力危机；忽视了官员由于权力垄断造成的官僚主义、形式主义盛行和贪污、腐化、堕落以及公共权力寻租等问题；忽视了科学分工产生的公共服务职能的碎片化、质量低下、数量不足等问题；忽视了下级官员的激励难题和整体的改革动力不足；忽视了政府机构的不断膨胀和公共财政的不断增长；忽视了多个层级造成的信息传播效率下降；忽视了规章制度成为推卸责任的借口等局限。[71]张康之教授认为合作治理视角下官僚科层治理在一定程度上可以视为是不同区域、不同层级、不同职能的公共部门之间的协作治理，虽然具备了合作治理的雏形，但这种协作与合作不同，是一种政府内部纵向层级的强主导性协作治理。[154]

借鉴管理主义特别是工商管理技术和公共选择理论，学术界产生的新公共管理理论（Theory of New Public Management）主要是为了化解公共服务数量不足、质量不高等问题。该理论强调了政府应该注重作为政策的制定者和裁判员，承担掌舵而非亲自划桨的角色；强调了公共部门决策权和执行权的分离；提出了将公共服务外包给企业和非营利组织的建议；强调了公共服务市场机制（竞争、合作、合同契约）和公共服务的社会化；强调了绩效评估和所谓企业家精神的效率、效益和经济原则。[45]张康之教授认为合作治理视角下新公共管理理论在一定程度上可以视为是政府和企业之间的合作治理。[154]对该理论的批评主要在于背离了公共事务治理价值的公共性，即严重偏离了为人民群众提供令他们满意的公共产品和服务的基本公共治理价值要求，将政府作为企业来经营，将公众作为顾客来营销，所谓绩效工资的激励更容易将官员的物质动机挤压出来；公共服务的市场机制容易产生由于信息垄断造成的价格垄断，容易产生由于市场的动态性和资本的逐利性造成的公共服务的营利性，损害公众的利益等问题。[72][73]

世界银行在1989年针对非洲国家提出的治理理论（Theory of Governance）对政府和政党更好地动员和组织公民有序参与社会公共事务治理，从而实现公众公共利益最大化有一定的借鉴和启示意义。[74]张康之教授认为合作治理视角下治理理论在一定程度上可以视为是政府和公民之间的合作治理。[154]然而治理理论从诞生之日起其政治颠覆性动机就一直受到学界和不同国家的广泛批评。该理论的瑕疵包括：世界银行、西方资本主义国家和各种国际组织参与甚至干涉不同国家特别是第三世界国家治理的合法性、专业性受到广泛质疑；其所谓好治理标准的科学性以及对发展中国家的适用性受到广泛质疑；世界银行、西方的资本主义国家和各种国际组织的自利性等问题一直没有得到解决。[75]

参与式治理和互动式治理在治理理论的基础上，对利益相关者参与社会公共事务的治理做出了进一步的阐释。参与式治理（Theory of Participatory Governance），是指政府与公共政策有利害关系的个人和组织一起参与公共决策、分配资源、对话协商、合作治理的过程。互动治理理论（Theory of Interactive Governance）主张公共事务治理的多元主体通过协商互动实现公共利益的最大化，突出了公共政策制定的可参与性、可协商性，以使有效应对社会发展的动态性和公众需求的多样性。[165]张康之教授认为合作治理视角下参与式治理和互动式治理，强调了共识达成和集体行动的协商性在一定程度上为多元主体的合作治理提供了对话协商的机会。[154]互动治理和参与式治理的理论局限在于：第一，未能清晰回答公共责任的兜底负责者究竟应该是谁；第二，如何化解协商治理主体达成共识的时间成本较高和效率低下的问题；第三，全民参与治理产生的秩序混乱等问题。[77]

登哈特夫妇在1999年前后提出的新公共服务理论（Theory of New Public Service），强调了公共利益是目的而不是产品，公共服务需要民主协商和战略导向，公众是服务对象而不是客户，以人为本而不是关注成本，政府的作用是爱护公民和提供服务而不是像企业一样经营。其主要理论局限在于如何设计可操作性的组织结构和运行方式，以及如何将理论付诸实践等问题。[78]张康之教授认为合作治理视角下新公共服务理论在一定程度上再次重申了多元主体合作治理的价值起点。[154]

新公共治理理论（Theory of New Public Governance）涵盖了协同治理（Collaborative Governance）、协同公共管理（Collaborative Public Administration）、整体性治理（Holistic Governance）、网络化治理（Network Governance）、伙伴化和互联性政府（Partnership and Connected Governance）等一系列理论。[79][80][81][82]同时，新公共治理理论为适应公共服务的市场化、民营化、社会化趋势形成了契约主义治理或者叫合同治理的新型公共治理。[83]这一系列理论特点概括起来包括：第一，网络化治理理论强调公共部门内部的职能变革与角色重塑特别是将纵向的行政层级关系转变为纵向和横向的合作伙伴关系，通过多元化的治理主体公私合作（社会组织、企业、公民和政府部门），使参与公共事务治理主体之间的治理边界柔性化，从而形成网络状的治理结构，将治理责任进行合理分配，使用信息技术整合治理资源，优化公共服务的多元供给等；[84][85][86]第二，整体性治理理论与网络化治理相似，都注重解决政府职能分散、信息分散、协调困难产生的治理和服务碎片化、政策冲突、介入不理想和公众不满意等问题，要求政府净化公共政策环境，以公共责任与公共利益为治理价值导向，通过协商和沟通，团结协作，以信息化支撑网络技术，联合使用稀缺的公共治理资源；[87]第三，协同治理、协作治理或者合作治理（官民共治）是指政府作为协同、协作或者合作治理的发起者，建立一个开放性的组织系统，动员所有与公共事务相关的公共部门和非公共部门的利益相关者，通过集体协商，达成共识，对公共事务进行决策的过程。[88]新公共治理理论的不足之处在于虽然理论上强调了治理主体间关系的平等性，但是对实践上谁是治理失败责任的最后承担者没有给出最终答案。同时，对如何建构一个开放的、流动的、紧密合作的治理主体结构，以及如何整合不同治理主体之间的利益关系没有做出明确的说明。[89]总的来说，这些理论在一定程度上进一步推动了合作治理的发展。

针对新公共治理理论的缺陷，斯克莱尔 1988 年在基层官僚科层治理理论的基础上，提出了元治理理论（Theory of Meta - governance），Jessop

认为，在政府、市场失灵之外，还存在多元主体合作治理失灵的可能。因此，作为政策制定和执行的最高权力机构，政府应该成为承担公共治理最终责任和采取最后补救措施的责任人，即元治理责任人。[90]

综上所述，一个理想化的合作治理模式是以官僚科层治理为基础，要求树立为公众利益服务的正确治理价值取向，要求通过购买公共服务和培育社会组织，鼓励全民参与，要求实施社会公共事务合作治理的机构、资源、信息、技术、人员的整合，要求在信息技术的帮助下，通过民主协商的方式，加强主体监督评估等技术手段，从而实现公共利益最大化的过程。在这个理想模式中，政府要能够充当不同合作伙伴的组织者、促进者、培育者，治理失败责任的最后承担者，治理制度机制的设计者，不同合作伙伴资源的整合者等角色。[91][92][93]

2. 中国本土学者提出的基层社会治理理论

李浩指出复合式治理的理论，由杨雪冬于2004 年在《全球化、风险社会与复合治理》一文中正式提出。该理论是中国学者运用元治理理论矫正了新公共治理理论应对治理失败的无奈，充分借鉴了新公共治理理论合作协商互补的优势创新性发展提出的一种适合中国本土的基层社会治理创新实践与规范化建设理论。该理论一方面强调党委、政府及其派驻机构（如居委会和服务站）、社会组织、驻社区机关企事业单位、媒体和各族人民群众在基层社会治理过程中的紧密联系，交叉、重叠的协商合作互补关系；强调各个主体在不同条件下发挥不同的主导作用，如重视党委在基层社会治理中的领导作用，强调政府对基层社会治理的元治理作用，强调协商手段的运用。另一方面，该理论强调各个主体要保持独立性，即具有各自独立运动和扩展的空间。从其内涵上分析，复合式治理涵盖了基层党建与基层治理的复合、政府与社会组织互动治理的复合等；也体现了符合党的十九大报告所提出的“党组织引领、政府主导、社会协同、居民参与”的基层社区治理格局构建要求。[94]

徐倩的包容性治理理论也是推进基层社会治理创新实践与规范化建设研究的重要基础性理论之一。该理论在治理理论和新公共行政理论的基础上，结合包容性发展理论中的“主体平等”“共同参与”“协商对话”“成果共享”等理念，重点关注弱势群体需求，通过政府主导购买企业和社会组织的公共服务，在村居民自治的基础上，激活自治组织自身活力，吸纳、激励、动员公民积极参与、资源共享、相互依赖、互惠合作以实现共同治理目标的互动过程。包容性治理理论提倡公共财政取之于民，用之于民，强调以人民为中心的惠民性；公共政策注重回应群众共同需求，化解公共难题，实现公共权力与公共利益相统一的公正性；反对“行政强势”与“行政傲慢”对公共资源的垄断性；提出要对处于不同阶层的社会群体强调均等化的公共服务发展起点；强调公共治理的工具理性与目标理性相统一的人本性，基层社会治理自身的互动民主合作性等特征。[95]

还有的学者提出了所谓柔性治理的概念，强调政府在以人为本理念的指引下，改变传统自上而下的行政强制性手段，采用新型非强制性方式包括施行真诚的感动治理、施行实在的利益治理、施行科学的民主治理、施行有效的合作治理、施行灵活的依法治理，从而激发合作治理伙伴的主动性与创造性，治理对象的内在潜力，以增加社会对于政府治理的信任、合作和参与，从而实现善治的目标。[96]

刘太刚提出的心灵治理理论强调如何通过非物质和非强制性的意识形态、伦理、宗教和科学理性等手段，致力于通过价值引领培根铸魂，以此来解决物质资源不足引发的各种公共问题。[97]当然，也有的学者批评该理论脱离了物质基础。[98]

陈朋的互惠式治理指出中国传统的熟人社会以及新中国成立以来的单位制社区，为协商合作型社区治理体制中的人际纽带联结、治理资源共享、不同利益往来、人文情感体恤等因素构成的利益、情感、邻壁、同构等要素的互惠式治理提供了国家调整基层社会治理创新实践与规范化建设策略的可能。[99]

协商式治理理论，其所倡导的核心理念协商民主是中国特色基层社会治理创新实践与规范化建设的重要内涵，是对西方代议制民主和精英主义民主的超越。[100]党的十八届三中全会要求：“开展形式多样的基层协商民主，推进基层协商制度化。”协商民主所蕴含的多元参与、合作对话、关注公共事务、沟通协调、追求公共利益、促进协商共识的旨意有利于通过基层社会治理创新实践与规范化建设凝心聚力形成价值共识，整合不同利益，夯实群众基础，化解社会戾气，舒缓社会矛盾，消弭各种误解，融洽干群关系，培育社会信任，塑造人民群众的公共理性品格，对加强民主实践技能提升等也具有重要作用。[101]

精细化治理以及由此衍生的网格化治理、清单式治理和微治理也是诞生于中国本土的重要基层社会治理理论。精细化治理是对过去政府粗放型、经验型、政绩导向型基层社会治理的超越，它以有效治理为目标，在吸纳多元主体参与协同治理的基础上，通过资源整合、规范透明便捷化治理流程、专业化治理工具，并借助信息化、数字化智能智慧治理平台构建，为治理对象提供精准服务。[102]网格化治理就是将社区根据一定的人口数量，“分片包块”的新型目标责任制，其起源于中国传统治理实践中的保甲和里甲制度，将网格内群众通过组织进行社区化集聚、对治理资源进行多元化整合和在组织方式上进行网上与网下的结合，实现社区公共事务的全面治理和精细化、无缝隙治理。[103]其优势在于有效激活了社会力量参与治理和运行稳健。其不足之处在于行政成本膨胀、法治保障有待提升、人员职业道德和专业性不强。[104][105][106][107][108]清单式治理是近年来中国政府基层社会治理领域兴起的法治化、规范化、精细化治理的重要途径。清单式治理理论契合了中国精细化治理的需要，发挥着对各种治理主体特别是公共权力主体限权、定责、划界的功能，其包括城乡政府治理清单（权责清单和负面清单）和城乡村居自治清单（社区事务准入清单、社区法定职责清单和社区公共服务清单）。[109]微治理通过小微治理单元的创设和群团组织的孵化，以“微党建”为引领，自治边界不断下移；以居民个性需求为导向，自治内容更为具体清晰；以居民再组织化为牵引，要求在居民自治法治化的基础上，不断地推进基层社会治理精细化，赋予自治主体以更大的空间和自由度，从而为居民“自下而上”充分参与公共事务治理，进而激发自治活力和提升自治能力提供可行性路径。[110][111][112][113][115][116]

针对西部地区可能存在的差异性区情，云南大学的周平、方盛举、吕朝辉等学者对中国西部地区基层社会治理创新实践与规范化建设做出了大量的理论贡献，相继形成了区域主义和族际主义不同治理价值取向，软治理和硬治理的不同治理模式，情感型治理、文化型治理、规制型治理等一系列新兴理论。周平审视中国西部地区治理价值导向，提出了“族际主义”与“区域主义”的不同理论取向。他认为在族际主义治理价值取向下，中华人民共和国成立之前，中国的中央政府对西部地区特别是少数民族聚居区多采用依俗而治的治理方式，如新疆的伯克制度、和亲修好政策，西南（川滇桂黔湘）的土司制度、屯垦就粮政策、移民实边政策、平叛安抚、改土归流、财政补贴政策、轻徭薄赋等政策，西藏的政教合一制度、羁縻笼络政策，蒙古的盟旗制度，等等。在新中国成立之后，特别是改革开放以来，伴随着现代化的进程，各民族的交互融通和人口流动加速了区域一体化进程，因此周平建议应向区域主义导向的价值取向转变。[114][115]

方盛举、吕朝辉等针对陆疆治理提出了软治理模式和硬治理模式。软治理模式主要是针对西部地区的发展（“五位一体”的发展）、民族和宗教问题、“五个认同”等治理领域，通过采用灵活的标准、柔性的手段和方式，从情感和文化入手，以正向情感为引导、加强公民道德建设、培植社会资本、发挥集中动员优势、做好意识形态工作，运用特殊关怀的政策及举措等方式进行长期性治理凸显援助最大功效。硬治理模式主要针对西部地区特别是边疆的产业发展以及国家安全等问题，采用法律、规制的治理手段，以明确性的治理标准、原则性的治理方式、强制性的管理手段，强调法律法规的建立健全和严格执行，强调各民族权利与义务的对等，强调法律规制和行政规制作为互为补充的实现治理目标的主要工具，强调组织纪律的辅助配合，强调乡规民约的支持，从而产生即刻性的治理效果。①

① 方盛举，吕朝辉．中国陆地边疆的软治理与硬治理［J］．晋阳学刊，2013（05）：13－21.

方盛举、吕朝辉等的情感型治理理论提出要按照人民至上的治理理念，全面落实民族区域自治制度，突出问题导向，强调制定和推行公共政策要以满足西部地区各族群众最关心、最直接、最现实的需求为施政的出发点，规范推进中央政府的优惠及照顾政策，通过加强干部队伍的作风建设，完善领导干部联系群众制度，开展发达地区的对口支援，实现社会保障体系的建立完善，突出公民教育与情感援助等做法，来充分体现党委、政府对各族人民群众发自内心的尊重、关心和爱护，形成西部地区干部群众之间完整健康的情感纽带。最后是拓展各族群众政治参与渠道，特别是要提升各族群众对西部地区经济社会发展的使命感和责任感，逐步提高西部地区治理的效能。①②

方盛举认为文化型治理是采用在西部地区长期治理实践中逐渐形成的，并获得很好效果的“价值观念、精神品格、行为规范、目标使命、理想愿景”等文化资源，根据独特的治边、戍边现实需要，系统地提炼，重塑具有现代性、卓越性的西部地区治理文化和建立有效的西部地区治理文化传播体系，发挥文化春风化雨般的治理功效。③

规制型治理是在推进法治建设为指向的治理目标下，综合运用党纪国法、社规民约、组织纪律以及道德约束等强制性的多元规制手段，最终在西部地区实现整体治理合力。④

---

① 方盛举. 论我国陆地边疆的情感型治理模式［J］. 云南行政学院学报，2013，15（05）：127－132.

② 吕朝辉. 论我国陆地边疆情感型治理模式的运用［J］. 云南行政学院学报，2013，15（05）：133－137.

③ 方盛举. 我国陆地边疆的文化型治理［J］. 思想战线，2017，43（06）：77－85.

④ 吕朝辉. 论法治视野下的中国陆地边疆规制型治理［J］. 学术探索，2016（05）：55－61.

第三节　合作治理视角下西部地区基层社会治理创新实践与规范化建设的理论模型阐释

在第一章研究综述的基础上，研究者构建的理论框架主要包括治理主体、治理边界、治理行为、治理机制、治理流程、治理路径六个共性要素。其中，规范治理主体是关键、规范治理边界是前提、规范治理流程是内容、规范治理机制是保障、规范治理路径是工具、规范治理行为是做法。该理论模型主要围绕西部地区基层社会治理创新实践与规范化建设由谁来建设（Who）、围绕什么样的内容进行建设（What）、怎样来进行规范化建设（How）的逻辑顺序展开研究。具体来讲，在这个理论模型中，谁来进行规范化建设（Who）涉及基层社会治理创新实践与规范化建设的主体是谁；围绕什么样的内容进行建设（What）涉及如何确认治理边界（Boundary）；如何来进行规范化建设（How）涉及由此衍生的实现规范化建设目标的路径（Approach）是什么，具体步骤是什么，进行规范化建设的具体做法是什么，以及保障实现规范化基层社会治理创新实践建设的机制是什么。简而言之，合作治理视角下西部地区基层社会治理创新实践与规范化建设的理论模型涉及治理主体、治理边界、治理行为、治理机制、治理流程、治理路径六个要素的规范化建设。

一、治理主体的规范化

治理主体规范化是基层社会治理创新实践与规范化建设研究中最关键的内容，因为如果治理主体的概念不清晰，也就抓不住基层社会治理创新实践与规范化建设究竟应该依靠谁、为了谁和由谁来检验的问题。所以，众多的学者将其列为基层社会治理研究的重要分析框架构成要素之一。但是，研究者发现少有专家学者对基层社会治理主体的概念进行科学的界定，尽管党的十九届四中全会提出构建人人有责、人人尽责、人人享有的基层社会治理共同体，强调了全民参与。在借鉴利益相关者理论的基础上，陈伟东、李雪萍认为基层社会治理创新实践与规范化建设主体是一切与基层社会治理相关联的利益相关者，是承担治理创新实践活动的主要力量及其对基层社会治理客体认识的能动反映。[118]治理主体的规范化建设是指基层各种社会公共事务合作治理主体，在基层社会治理创新实践实施之前，制定和发布一定标准和规范，明确各种治理主体参与基层社会治理的边界，最理想化的是能够具体指出哪个或者哪几个群体参与其中；在基层社会治理创新实践实施过程之中，多元主体相应的创新实践行为和活动严格遵守相应的标准和规范，依法有序运行，突出治理过程的法治化和治理机制的规范化；最后要对基层各种社会公共事务合作治理的多元主体参与基层社会治理创新实践的效果进行评估。①

采用文献分析的研究方法，截至 2020 年 2 月 20 日，在中国知网的中文核心期刊和 CSSCI 期刊中，以“社会治理”为主题关键词进行检索，共发现 4162 篇文章。现有的研究指出在中国的基层社会治理创新实践与规范化建设的主体力量主要包括党委（及其领导的工会、妇联、共青团、科协等群团组织）（有相关研究文章 2511 篇）、政府（有相关研究文章 2469 篇）、社会组织（有相关研究文章 921 篇）、居（村）民（有相关研究文章 482 篇）、企业（有相关研究文章 457 篇）、媒体（有相关研究文章 85 篇）、高校（科研院所）（有相关研究文章 32 篇）、党代表（有相关研究文章 2 篇）、人大代表（有相关研究文章 6 篇）、政协委员（有相关研究文章 2 篇）等。

针对西部地区的基层社会治理创新实践与规范化建设，研究者认为西部地区在打造党委领导、政府负责、社会协同、公众参与的共建共治共享基层社会治理格局中，主要形成了府际的协同模式（跨地区、跨部门、跨

① 张明．推进基层社会治理规范化建设的思考［J］．唯实（现代管理），2014（12）：24－26.

层级的党政纵向与横向间的合作协同共治），政府与社会组织、企业、各族人民群众的合作协同共治模式等。① 在此基础上，基于其他地区的基层社会治理创新实践与规范化建设的成果对党委（及其领导的工会、妇联、共青团、科协等群团组织）、政府、社会组织、居（村）民和企业等主体参与基层社会治理创新实践与规范化建设的研究非常详尽，研究者在此不做赘述。

研究者在这里主要侧重汇报媒体、高校（科研院所）、党代表、人大代表、政协委员等力量在基层社会治理创新实践与规范化建设中的价值和功能。第一，就媒体而言，既有的研究指出融媒体时代（传统媒体与现代媒体的融合），各种类型的媒体既是基层社会治理的主体，又是基层社会治理的对象和手段。[119] 其主要作用表现在创造性地发挥传媒合作协同治理的优势，特别借助县级融媒体中心的建设，广泛地搭建邻里社交和凝聚人民群众平台，加强党委、政府、群众之间的互动和沟通，激发公众参与基层社会治理，建构共同体意识、公共精神与公共责任。[120] 第二，就学校（科研院所）而言，其主要作用表现在高校（科研院所）作为基层社会治理知识的生产者和管理者，以建设智库的形式通过知识管理引导基层社会治理创新实践与规范化建设。[121] 特别是 2015 年教育部等七部门在《关于推进学习型城市建设的意见》中指出，要“广泛开展城乡社区教育，推动社会治理创新”。因此，高校（科研院所）作为社区公共教育服务的提供者，可以通过职业教育或者成人教育满足民众需要（如提升就业水平）、增进人际互动、增强个人社区归属感；[122][123] 学校（科研院所）的学生和教师还是志愿服务的重要力量和基层社会治理的关键对象。[124][125] 第三，就党代表、人大代表和政协委员而言，现有研究指出党代表、人大代表和政协委员等主要通过定期到基层社区接待人民群众，以此来实现畅通民意反映渠道，密切党群和干群关系的经验做法对提升社会治理水平具有重要

① 方盛举，吕朝辉．论我国陆地边疆的合作型治理［J］．社会科学研究，2015（04）：59－66.

的意义。[126]例如，张丙宣从人民政协精准介入基层协商的机制视角出发认为精准介入基层协商的政治协商、民主监督、参政议政对我党巩固基层政权，引领基层社会的变革具有重要价值。[127]

二、治理边界的规范化

基层社会治理创新实践与规范化建设的边界，是不同的基层社会治理主体如党的组织、政府及其派出机构、社会组织、群众自治组织、党的群团组织、企业、社会工作者、公众、媒体、专家学者在各自的权责所在范围与其他基层治理主体在治理过程相互合作形成的治理范围。基层社会治理创新实践与规范化建设的边界包括纵向边界和横向边界。基层社会治理创新实践与规范化建设的纵向边界，“确定了该治理主体与其他治理主体的权责界限，决定了哪些治理事务由该治理主体自身来完成，哪些治理事务应该通过其他治理主体来完成”。基层社会治理创新实践与规范化建设的横向边界，是指“在治理权责范围确定的条件下，不同的治理主体能以多大的规模进行活动的范围”。[128]据此，多元基层社会治理创新实践者才能明确基层社会治理创新实践与规范化建设的横向和纵向边界，制定和发布一定标准和规范，突出治理过程的法治化和治理机制的规范化，并进行相应的评估。

基层社会治理创新实践与规范化建设的边界（有时也叫领域、范围、客体、对象）似乎是一个学者心知肚明，但都不太愿意触碰的话题。有的学者指出基层社会治理的内涵和外延是动态变化的，不易界定。[129]有的学者指出基层社会治理的内涵和外延是国家治理、政府治理之外的内容。[130]但是，从实证哲学（Positivism）的角度出发，如果学界不能够清晰地界定基层社会治理创新实践与规范化建设的边界，实践者又如何进行科学的基层社会治理创新实践与规范化建设探索？因此，对基层社会治理创新实践与规范化建设的边界进行界定，能够为进一步分析其创新行为、实现路径、保障机制等规律性研究提供有益帮助。

研究者在经过与清华大学马克思主义学院、华南理工大学公共管理学院、东北大学文法学院、中国农业大学马克思主义学院的从事社会治理的学者进行座谈研讨后，大家一致认为可以借鉴人民网、国家行政学院政治学教研部从2011—2020年，连续联合举办九届的“全国创新社会治理典型案例奖”获奖项目经验。据此，研究者发现基层社会治理创新实践与规范化建设的边界可能包括流动人口和特殊人群服务、社会组织治理、互联网治理、基层参与式社区治理、社会治安防控协同治理、市场经济秩序治理、化解社会矛盾、应急管理与风险治理、经济组织治理、维护群众权益10个领域。为进一步确定其边界分类的有效性，研究者在中国知网的中文核心期刊和CSSCI期刊以“社会治理”为主题关键词进行检索，截至2020年2月20日，共发现4162篇相关文章。其中关于特殊人群服务的有1230篇，关于社会组织治理的有840篇，关于互联网治理的有613篇，关于基层参与式社区治理的有487篇，关于社会治安防控协同体系的有352篇，关于化解社会矛盾的有340篇，关于市场秩序治理的有308篇，关于应急管理与风险治理的有148篇，关于经济组织治理的有36篇，关于维护群众权益的有28篇。

流动人口和特殊人群服务。2007年10月，党的十七大将流动人口服务和管理列为社会管理的重要内容。而特殊人群最明显的标志是“其特殊的社会经历和生存状态，他们或自身能力缺乏（如精神病人），或有特殊的社会经历（如受过刑罚处罚），在适应或回归正常的社会生活时有一定的困难，需要社会的特殊关心和帮助”[131]。随着时代的发展，刑释解教人员的社会融合工作，城乡困难家庭，失独家庭，人口老龄化，外来居民及其子女，预防和减少未成年人、青少年犯罪工作，艾滋病人的帮扶工作，残障人士群体的关爱，精神病人的康复工作，吸毒人员的社区矫正，农村留守人群的服务（留守老人、妇女、儿童）等内容也不断被纳入基层社会治理工作中来，逐渐成为基层社会治理创新实践与规范化建设的重要内容。

社会组织治理。2004年9月，党的十九届四中全会对加强和改进各类社会组织的管理和监督提出了新的要求，社会组织的治理正式成为我党社会治理的重要内容之一。在党的十九大报告中，社会组织作为高频词出现了五次。社会组织治理主要包括社会组织的准入管理（备案和法人登记制度）、日常监管（包括对社会组织的审批与监管、评估办法和标准的制定、专业机构对社会组织的审计、社会组织的社会责任报告制度）、制定社会组织培育发展激励机制（引入社会资本投入社会组织、制定投资财税优惠政策、成立专项扶持基金、建立孵化平台、积极推进政府购买公共服务制度建设）等。

互联网治理。随着互联网深入发展，互联网信息内容呈现规模海量化、信息服务新业态化、传播高速化、治理领域复杂化和形式多样化等特点。因此，互联网治理成为基层社会治理创新实践与规范化建设的新兴重要内容。[132] 中国互联网络信息中心（CNNIC）发布的数据显示，截至 2020 年 3 月，中国网民规模为 9.04 亿，互联网普及率达 64.5%。因此，网络和信息安全、“互联网 +” 行动计划、加快完善互联网管理领导体制、推动传统媒体和新兴媒体融合发展、牢牢掌握意识形态工作领导权（营造清朗的网络空间）、加快用网络信息技术推进社会治理等成为新时代互联网治理的重要内涵。

基层参与式社区治理。2006 年 10 月，党的十九届六中全会将社区建设作为社会管理的重要内容。党的十九大报告中也多次提到社区建设。社区治理是国家治理的基础平台，也是城市治理的基本空间单元，是社会组织、驻社区企事业单位、国家机关、全体居民在社区一个相对独立的系统中良性互动、共生发展的合作治理。[133] 在这个系统中，各个合作主体如何通过基层党建与基层治理相复合，通过纵向整合上下级党政机构，水平整合同级政府部门，内外整合社会组织、群众自治组织、党的群团组织、企业、社会工作者、公众、媒体、专家学者等伙伴关系，成为社区良政善治的关键。

社会治安防控协同治理。2002 年 11 月，党的十六大首次在党的文件中提出社会管理是维护社会稳定的重要途径。2007 年 10 月党的十七大和 2017 年 10 月党的十九大也将社会治安防控体系建设作为社会治理的重要内容。公共安全特别是社会治安防控成为人民群众的基本生活需求。

维护市场经济秩序。主要指城市市场秩序和周边环境管理、社会诚信体系建设和食品药品监管体制规范化。就城市市场秩序和周边环境管理而言，主要包括对流动摊贩的规范管理等。① 健全食品药品监管体制主要指对食品、药品生产、销售和人民群众的购买环节进行全流程监管，并通过社会诚信体系构建，严把生产标准、产品检测、监管责任关。②

化解社会矛盾。新时代，经济社会高速发展，现代化在一定程度上造成了中国社会整体进入了矛盾高爆发期，因此及时发现和规范化地化解基层社会矛盾成为基层社会治理创新实践与规范化建设的重要内容。③

应急管理与风险治理。应急管理与风险治理已成为这个时代的标志性特征和当前世界的常态化背景。党的十九大报告中将社会安全、安全生产、防灾减灾、风险治理和应急处置等作为基层社会治理的重点任务。自从 2003 年“非典”发生以来，应急管理和风险治理就成为中国社会治理的重要内容。2006 年 10 月，党的十六届六中全会对应急管理体制机制做出新要求。2016 年中共中央、国务院相继颁布了《关于推进安全生产领域改革发展的意见》和《关于推进防灾减灾救灾体制机制改革的意见》两个文件。2018 年党的十九届三中全会做出机构改革的决定，中华人民共和国应急管理部组建成立，其职能涵盖了火灾防治、防汛抗旱、地震和地质灾害救援、危险化学品安全监督管理、工矿商贸行业的安全生产，等等。特别是 2020 年新冠肺炎疫情的肆虐，应急管理与风险治理再次成为全社会共同关注的重要课题。

经济组织治理。经济组织的治理主要包括农民合作经济组织和非公经济组织党建等内容，其功能主要包括教育和引导群众、发挥动员群众、尊重市

① 张丙宣，罗凯．流动摊贩与城管的行为逻辑及博弈演进机制——以浙江慈溪 A 镇为例［J］．上海大学学报（社会科学版），2017，34（05）：106 – 115.

② 丁元竹．当前我国社会管理创新的主要领域和基本做法［J］．马克思主义与现实，2011（05）：156 – 161.

③ 刘建明．国家治理视域下社会矛盾的多元化解路径研究［J］．探索，2015（06）：173 – 177.

场规律和维护职工群众合法权益等。基层社会治理是一个动态的、开放的、持续的过程，也是发挥政府服务作用和市场激励作用的过程，因此贯彻对内公平与对外效率，实现经济组织外部环境优化与内部组织创新协同，实现利益紧密联结与关系产权协调是治理经济组织的重要途径。[134][135]

维护群众权益。2007 年 10 月党的十七大要求将维护群众权益作为社会治理的重要内容。2017 年 10 月党的十九大更是明确提出要保护人民的人身权、财产权、人格权，2020 年《民法典》的颁布进一步体现了我党人民至上、以人民为中心的核心价值。从学理的角度出发，维护群众权益主要指维护"群众依法享有、受法律保护、不容侵犯的权益，包括权利和利益两个部分，其中权利是群众权益的根本属性，利益是群众权益的物质基础"。[136]

三、治理行为的规范化

治理行为是基层社会治理创新实践与规范化建设中的政党、政府、企业、社会组织、群众等不同治理主体改造基层社会治理过程中一切实际活动的过程。龚维斌总结中国各地的基层社会治理创新实践，将治理行为的共性做法归纳为创新体制机制、使用专门人才、整合治理资源、推进基层民主、重视思想文化、改进工作方法、建设基层组织和强化公共服务八条具体做法。① 治理行为的规范化主要指基层社会治理创新实践与规范化建设的多元治理主体在基层社会治理实践的创新过程中，有"章"可循、有"据"可依，并对不同主体治理行为的效果进行相应的评估检验的过程。② 研究者在借鉴其理论概貌的基础上，通过文献分析，对其具体内涵进行了进一步完善。

① 龚维斌．基层社会管理创新的探索与思考［J］．国家行政学院学报，2012（03）：35－40.

② 张明．推进基层社会治理规范化建设的思考［J］．唯实（现代管理），2014（12）：24－26.

强化公共服务。第一，改善民生福利。公共服务涉及民生事业，而民生事业事关人民群众的基本生存和生活权利。公共服务中最基本的职能就是为社会特殊困难群体筑牢社会保障的底线，实现习近平总书记在党的十九大报告中所提出的“幼有所育、学有所教、劳有所得、病有所医、老有所养、住有所居、弱有所扶”，从源头上化解社会矛盾。① 例如，重庆市渝中区坚持优化公共服务，不断增进民生福祉，从儿童的出生、入学，青年人的婚育，重症病人的医疗，生活困难群体的救助，节日慰问，养老和离世等八个方面出台关怀政策。② 第二，服务特殊人群。通过扩大公共服务受益人群边界，对特殊群体和弱势群体进行关爱，维护社会公平正义。公共服务工作内容包括对城乡困难家庭、失独家庭、老龄化家庭、农村留守家庭、外来居民及其子女，以及残障人士群体的关爱，预防和减少未成年人、青少年犯罪工作精神病人的康复工作，刑释解教人员的社会融合工作，艾滋病人的帮扶工作，吸毒人员的社区矫正工作，等等。第三，服务方式创新。主要指在理念上以便民为主，在实践中采用整体性治理的思维，突出放管服的理念，通过一站式、一门式、一窗式服务，错时、预约、代办制度和新兴的智慧治理等的方式创新提升公共服务的质量和范围。③

建设基层组织。主要指城乡基层党组织、基层群众自治组织和基层群众团体等各种各类合法组织在基层社会治理创新实践中的规范化建设。④ 根据复合治理理论，建设基层组织也就是实现党建与治理相复合、政府与

---

① 毛廷贵，李伟民．和谐文化视阈下政府推进社会管理科学化的路径选择［J］．广西社会科学，2015（10）：15－18.

② 丁元竹．当前我国社会管理创新的主要领域和基本做法［J］．马克思主义与现实，2011（05）：156－161.

③ 吴建南，马亮，苏婷，杨宇谦．政府创新的类型与特征——基于“中国地方政府创新奖”获奖项目的多案例研究［J］．公共管理学报，2011（01）：94－103，127.

④ 龚维斌．基层社会管理创新的探索与思考［J］．国家行政学院学报，2012（03）：35－40.

社会相复合、管理与服务相复合的治理①，从而实现价值、平台、资源、机制以及“自治、德治、法治”的三治融合等功能。② 例如，河北省肃宁县的基层党组织、自治组织、维稳组织、经济合作组织的“四个全覆盖”经验值得借鉴。

改进工作方法。第一，依法治理。依法治理主要是指以问题为导向，规范基层社会治理的边界和流程，加强基层社会治理重点领域的立法；通过制定权力清单制，严格规范政府公职人员的执法行为；加强对群众法律教育，提升依法化解矛盾、合理表达诉求的能力；始终坚持公正司法，维护社会的公平正义，保障人民群众的合法权益。例如，佛山建立区、镇（街）村（居）三级公共法律服务实体平台，推动法律人才、法律资源下沉基层，形成“三官一师”（法官、检察官、警官、律师）下基层为人民群众提供公共法律服务的实践。③ 第二，道德约束。如果说法律规范的是基层社会治理各个主体的行为，规范的是基层社会治理的过程，那么道德约束就是通过思想道德建设，培育和践行社会主义核心价值观，推动村规民约（社区公约）、社会诚信体系建设在社会规范中的主体作用和风俗习惯的显性作用。④ 例如，温州道德主导建构的德治实践模式非常值得借鉴，即通过慈善文化润人心完成道德约束、通过榜样力量化德行实现道德施教、通过公益服务安邻里主导道德建构的德治实践模式，是新时代完善基层社会自治中的重要实践和有效探索。⑤ 第三，管理创新。主要指设立专门的管理机构（如社区家政或者政务服务中心）提高管理效率，或者再造

① 李浩．新时代社区复合型治理的基本形态、运转机制与理想目标［J］．求实，2019（01）：63－73，111.

② 陈亮，李元．去“悬浮化”与有效治理：新时期党建引领基层社会治理的创新逻辑与类型学分析［J］．探索，2018（06）：109－115.

③ 刘悦伦．以基层党建引领基层社会治理——珠三角的探索与实践［J］．理论视野，2017（05）：67－70.

④ 汪世荣．“枫桥经验”视野下的基层社会治理制度供给研究［J］．中国法学，2018（06）：5－22.

⑤ 施远涛，赵定东，何长缨．基层社会治理中的德治：功能定位、运行机制与发展路径——基于浙江温州的社会治理实践分析［J］．浙江社会科学，2018（08）：75－82，157.

工作流程，便民简政，或者使用绩效管理，提高行政效率等治理创新行为。第四，技术治理。主要指应用信息技术，提高基层社会治理的精准性；解放工作人员的体力和脑力劳动，以及方便群众少跑路、少跑腿，提升工作效率；搭建诉求表达平台和协商对话平台。第五，协同合作。协同合作简单地说也就是在党组织领导下的政府元治理、社会组织与企业的协同治理、全民参与的合作治理等。

重视思想文化。辛自强认为近年来基层社会治理中的心理学问题越来越受到广泛关注，因为作为治理对象的社会心态问题和群体决策心理需要由心而治。① 刘丽莉、周建超也指出社会主义核心价值观有利于基层社会治理整合社会思想，树立正确的价值导向，引领主流价值，激发内生动力，疏导社会心理，凝聚精神力量等。② 各地的基层社会治理创新实践与规范化建设行为归纳起来可以总结为：第一，深化群众性精神文明创建活动，逐步健全乡规民约等非制度性约束。推动社会主义核心价值观的日常化、生活化、工作化、具体化，进行文明个人、家庭、村、单位和“好人好事”评选，引导青少年扣好人生第一粒“扣子”，并通过乡规民约的内生性、道德性、集体认同性的软权力对公众加强思想道德建设，重视整体社会风尚、职业群体操守、家庭家风、个人品德建设。第二，推动志愿服务活动。推动志愿服务活动的本质是营造相互关爱的社会氛围，让人们在互惠、互助、互爱中彼此消除隔阂，建立友情。第三，重视基层公共文化服务体系建设和社会心理服务体系建设。在基层公共文化服务体系建设中，坚持政府主导，推动专业化公共心理健康服务重心下移，开展心理咨询和心理辅导，注重培育党的十九大报告中提出的“自尊自信、理性平和、积极向上的社会心态”。③

① 辛自强. 社会治理中的心理学问题［J］. 心理科学进展，2018，26（01）：1－13.

② 刘丽莉，周建超. 新时代推进社会主义核心价值观融入社会治理路径探赜［J］. 学校党建与思想教育，2018（01）：39－42.

③ 龚维斌. 基层社会管理创新的探索与思考［J］. 国家行政学院学报，2012（03）：35－40.

推进基层民主。党的十八届三中全会通过的《中共中央关于全面深化改革若干重大问题的决定》（2013 年 11 月），中共中央办公厅、国务院办公厅颁布的《关于加强城乡社区协商的意见》（2015 年 7 月），中共中央、国务院印发并实施的《中共中央国务院关于加强和完善城乡社区治理的意见》（2017 年 6 月）等文件特别是党的十九届四中全会提出要求开展形式多样的基层民主协商，明确基层社会治理民主协商的主体、内容、形式、程序和运用，要求推进基层协商制度化，“为实现党领导下的政府治理和社会调节、居民自治良性互动”，充分保障普通居（村）民的民主参与、民主管理、民主决策和民主监督，“全面提升城乡社区治理法治化、科学化、精细化水平和组织化程度”具有重要的意义。① 民主协商对形成社会共识，舒缓社会心理，培育社会信任，塑造理性品格，加强民主实践，促进精细化治理，夯实群众基础，融洽干群关系具有积极作用。②③例如，河北省肃宁县以村党支部作为领导机构，村委会作为执行机构，设立村代会作为决策机构，成立村民监督委员会作为监督机构。④ 目前主要包括议治相济和议治分离两种模式。

整合治理资源。有效的基层社会治理是建立在有形和无形的资源基础上的，是提升基层治理效能的基础。有形的资源包括人（如居民、社会组织、志愿服务者等）、财（如集体经济、政府财政投入、收费等）、物（如办公场所、场地、设备等）等；无形的资源包括组织资源如社区入驻的公共部门、企业等机构，服务资源如资讯、技术等，文化环境资源如风俗习惯、乡村典章等。⑤各地的基层社会治理创新实践与规范化建设行为包

① 谭东华，刘光明．发展基层协商民主　推进社会治理现代化［J］．理论视野，2015（07）：75－77.

② 林丽丽，鲁可荣．农村社会治理中的协商民主［J］．长白学刊，2018（03）：72－78.

③ 李小园．协商民主的社会治理功能［J］．中共天津市委党校学报，2017，19（04）：54－58，95.

④ 龚维斌．基层社会管理创新的探索与思考［J］．国家行政学院学报，2012（03）：35－40.

⑤ 李蓉蓉，张树峰．村庄治理资源的有效配置研究［J］．当代世界与社会主义，2008（01）：96－100.

括：第一，整合辖区体制内的资源；第二，整合驻区单位和组织的资源。第三，培育民间组织。

使用专门人才。党的十九大报告中提出要提升社会治理的专业化水平，意味着两层含义：一是符合社会治理的规律，二是使用专业性的人才，发挥他们专业性、技术性优势。① 各地的基层社会治理创新实践与规范化建设行为总结起来包括：第一，使用专业化的社会工作者队伍（如上海、江西、深圳等地）。第二，挖掘本土人才。如发挥老教师、老党员、老劳模、老干部、退伍军人、新乡贤等群体具有熟悉当地人文区域情况、群众威望高的优势，很好地提升基层社会治理效能。②

创新体制机制。具体包括：第一，纵向而言，降低组织层级过多产生的行政干扰和执行偏差，探索区（市、县）直管社区居委会（撤销街道办事处）。第二，横向而言，为减轻行政负担和减少行政干预，避免条块分割，职能不清，各地基本上形成了“一委（党委或党支部）一居（居委会、村委会）一站（工作站）一中心（服务中心）”的常态组织架构。在此基础上，进一步演化成为“居站分离”（如深圳，并衍生出一居一站和一居多站的不同模式）和“居站合一”（如北京）两种实践。③

四、实现路径的规范化

基层社会治理实践创新与规范化建设的实现路径是指为了最大限度地满足各族人民群众的不同公共利益诉求，西部地区县以下乡镇（街道）党委、政府及其派出机构、企业、社会组织、自治组织、各族人民群众等不同治理主体实现对本地区公共事务治理的明确道路。[178] 龚维斌指出党的十

① 龚维斌．公共安全与应急管理的新理念、新思想、新要求——学习党的十九大精神体会［J］．中国特色社会主义研究，2017（06）：11－14.

② 龚维斌．基层社会管理创新的探索与思考［J］．国家行政学院学报，2012（03）：35－40.

③ 龚维斌．基层社会管理创新的探索与思考［J］．国家行政学院学报，2012（03）：35－40.

九大所倡导的社会治理的社会化、法治化、智能化、专业化，就是基层社会治理创新实践与规范化建设的实现路径。① 实现路径的规范化主要指基层社会治理创新实践与规范化建设的多元治理主体在基层社会治理实践的创新过程中，所进行的基层社会治理创新社会化、法治化、智能化、专业化路径等有“章”可循、有“据”可依，并对多种不同实现路径的效果进行相应的评估检验的过程。②

基层社会治理创新实践与规范化建设的社会化。第一，政府由全能型政府向有限型政府过渡，通过购买公共服务的方式或者通过政府采购的方式，鼓励企业和社会组织参与到公共服务和社会公共事务的治理中来。③ 第二，就是践行党的群众路线，密切干群关系，组织和动员人民群众积极参与基层社会治理和公共服务供给的方方面面，做到共建共治共享。④

基层社会治理创新实践与规范化建设的法治化。基层社会治理创新实践与规范化建设的法治化是指党政领导干部、公务人员、各族群众都要树立法治思维，学会运用法治方式处理各种社会问题和矛盾，依法、有序、合理地维护自身的合法正当权益。所以，要加强基层社会重点领域的立法工作，加强法律执行和监督，规范执法行为，加强全民法制教育。⑤

基层社会治理创新实践与规范化建设的智能化。基层社会治理创新实践与规范化建设的智能化是为了应对条块割据、职能分散、回应迟滞等治

① 龚维斌．基层社会管理创新的探索与思考［J］．国家行政学院学报，2012（03）：35－40.

② 向春玲．加强和创新社会治理的新思路与新举措［J］．治理现代化研究，2018（03）：84－89.

③ 张明．推进基层社会治理规范化建设的思考［J］．唯实（现代管理），2014（12）：24－26.

④ 向春玲．加强和创新社会治理的新思路与新举措［J］．治理现代化研究，2018（03）：84－89.

⑤ 龚维斌．公共安全与应急管理的新理念、新思想、新要求——学习党的十九大精神体会［J］．中国特色社会主义研究，2017（06）：11－14.

理挑战，在网络化和网络平台的基础上，通过提升基层社会治理和公共服务的便民性、高效性、精细化，实现治理方式上的革命性变革。①

基层社会治理创新实践与规范化建设的专业化。基层社会治理创新实践与规范化建设的专业化首先要求基层社会治理规范化建设中所使用的治理工具和治理方法，要符合基层社会治理的内在规律和特点，致力推动社会服务和公共事务专业化人才队伍建设，并且提高社会工作者的待遇和完善激励机制。让专业的人才使用专业的理念和知识、专业的技术和方法对社会救助、社区服务、矛盾纠纷调解等领域进行专业化治理和开展专业化社会服务。②

五、治理机制的规范化

研究者在这里借鉴褚添有的观点，认为基层社会治理创新实践与规范化建设的机制是保障基层社会治理创新实践与规范化建设的多元不同主体之间如何相互联系、相互作用，促进基层社会治理体系协调运行的过程。[137]

治理机制的规范化主要指通过制定标准和规范，确保多元不同主体之间在基层社会治理实践的创新过程中相互联系、相互作用，促进基层社会治理体系协调运行的过程。③ 综合相关研究成果，研究者总结现有的治理机制包括下列内容：

领导主导机制。党的十九大报告明确指出，构建基层社会治理格局要求党组织引领、政府主导、社会协同、公民参与。从“国家＋市场＋社会＋公众”的研究视角出发，打造党政互通、政社互动、政企互联、企社

① 龚维斌．公共安全与应急管理的新理念、新思想、新要求——学习党的十九大精神体会［J］．中国特色社会主义研究，2017（06）：11－14.

② 龚维斌．公共安全与应急管理的新理念、新思想、新要求——学习党的十九大精神体会［J］．中国特色社会主义研究，2017（06）：11－14.

③ 张明．推进基层社会治理规范化建设的思考［J］．唯实（现代管理），2014（12）：24－26.

互融和公众参与的基层一核多元互动合作社会治理主体结构。第一，基层党组织是基层社会治理与规范化建设的领导者。党的十九届四中全会明确指出，中国特色社会主义道路的最大特色就是中国共产党的领导，所以基层党组织的领导作用是实现基层治理和基层党建的整合。① 第二，政府是基层社会治理创新实践与规范化建设的主导者。借鉴元治理理论，政府应该承担起促进社会组织、企业、民众、媒体、学者等合作对话的组织者、合作的促进者、责任的承担者、制度的制定者、关系的整合者等诸多角色。[138][139][140]

参与/孵化培育机制。在确定了党委、政府在基层社会治理领导主导机制中的作用和角色之后，还要建立实现其他主体的孵化培育、有序参与机制。第一，应建立多元主体参与/孵化培育的法律服务机制。主要指建立完备的法律体系特别是社团、基金会管理的地方性法规和政策，明确社团、基金会等非公共机构参与基层社会治理和公共服务的登记注册、准入管理、材料申报等方面的手续，帮助各种多元主体依法有序参与基层社会治理和开展活动。[141]第二，应建立多元主体参与/孵化培育的经济扶助机制。社会组织、企业、专业化社会工作者、不同民族的群众等主体参与基层社会治理和公共服务的基本人、财、物、信息、技术支持需要政府通过项目直接拨款、公益创投、公共服务招标采购、税收优惠、彩票收入、小额补贴活动经费等方式提供，实现基层公共服务与基层群众需求的无缝隙对接，形成基层治理和服务的合力。[142][143]第三，应建立多元主体参与/孵化培育的学习培训机制。人非生而知之者，基层社会治理创新实践与规范化建设具有其内在的规律性和外部环境的挑战性所造成的复杂性特征。同时，参与基层社会治理的多元主体背景不同、组织文化各异、专业化水平和能力素质不同。因此，多元主体参与/孵化培育的学习培训机制不仅是加强多元社会主体互动、联动、互学、交流、融合的重要手段，而且是推

① 李浩．新时代社区复合型治理的基本形态、运转机制与理想目标［J］．求实，2019（01）：63－73，111.

动基层社会治理和公共服务专业化，总结经验，吸取教训，消除社会极化和心理疏离的有效方式之一。[144][145]

权责一致机制。摆正基层不同合作治理主体的职能，准确定位各个主体的角色是基层社会治理转型创新的首要环节。因此，建立基层社会治理权力清单，特别采用“清单式治理”技术，对明晰不同治理主体之间的权责边界、职能范畴，有效调适和重塑主体关系具有重要意义。[146]这种模式主要有两种清单类型：基层乡镇（街道）治理清单（包括权责清单和负面清单）和社区（村居）自治清单（包括公共事务准入清单、法定职责清单和公共服务清单）。基层乡镇（街道）治理清单包括权责（力）清单和负面清单。关保英指出权责（力）清单通过文本制式合同形式，发挥着对不同行政主体的限权、定责、划界的功能。[147][148]负面清单的管理模式是通过列举法律所禁止的事项或情形反向推导法律允许准入之事项或情形的制度，其在“法无禁止则可行”的私法自治精神指导下，赋予各族人民群众参与基层社会治理和公共服务的广阔自主性和能动性，不仅契合了城市社区和乡村精细化治理的需要，也能够弱化公权力对社会领域的不当干预，促进基层社会治理创新实践朝着规范化方向发展。[149]还有的研究指出，农村小微权力清单是实现对基层自治组织权力有效制约的探索，其作用主要体现在有效制衡和规范基层社会治理主体的权力。[150][151]

集体行动机制。集体行动机制的规范化建立需要：一是调查/听证/研判机制。调查/听证/研判机制是问题导向和目标导向的，是建立在要解决的社会公共问题基础之上的，而社会公共问题的确定则需要通过调查/听证/研判产生形成。这一机制的目的是整合社会合作治理主体的不同目标和利益诉求，形成共同目标和价值取向。[152]二是沟通/协商/调解机制。建立健全沟通/协商/调解机制的目的是确定彼此之间的合作步骤、各自的职责、共同决策、确定集体行动一致性和解决分歧方式的机制。三是资源配置/整合机制。资源配置/整合机制是根据基层各个社会合作治理主体拥有的资源和能力不同，有效地进行资源配置/整合，从而最大限度地实现各个主体之间的合作互补的机制。四是成本和收益分担机制。国内外研究和实践表明，政府培育社会组织主要有两种模式：以政府为主导，以行政机制为主要资源配置机制的直接培育模式；政府赋权支持型社会组织，以社会机制和市场机制配置资源的间接培育模式。[153]

激励竞争机制。激励理论通过诱导性因素可以对各种治理主体参与合作意愿，持续合作行为进行鼓励或者抑制。一方面，激励机制作为原动力主要通过采取绩效考核、行政奖励与行政惩罚等手段对基层党组织的领导责任，基层政府组织及其派出机构的元治理责任，社会组织和企业的社会责任，全体社会成员的参与责任进行激励、奖励和约束。另一方面，为了保持不同合作治理主体充满活力，竞争机制主要通过采取绩效考核、行政奖励与行政惩罚等手段对基层党组织、政府部门及其派出机构的负责人进行考核，不称职的进行调整和调离；对社会组织、企业提供的公共服务进行评估，决定其是否继续提供服务；对公民个人的参与行为进行评估，选择优秀的群众自治组织负责人。

绩效评估/责任追究/监督制约机制。主要是对基层社会治理创新实践与规范化建设的目标与治理效果是否一致的考核，并通过内外监督、责任追究等机制对各个合作治理主体进行考核、评价、监督，以及对结果进行反馈。①

冲突/矛盾化解机制。在整个集体行动治理过程中不会都是一帆风顺的，会在流程设计中出现不足和漏洞，各个主体也可能会因为自利性和目标的冲突性而产生矛盾。因此，治理机制建设需要建立冲突/矛盾化解机制。②

六、治理流程的规范化

治理流程的规范化主要是指在基层社会治理创新实践实施之前，多元

① 邵静野，来丽梅．社会治理体制创新中社会协同机制的构建［J］．东北师大学报（哲学社会科学版），2014（01）：204－206.

② 邵静野，来丽梅．社会治理体制创新中社会协同机制的构建［J］．东北师大学报（哲学社会科学版），2014（01）：204－206.

治理主体制定和发布一定标准与规范，使整个治理主体、治理边界、治理机制、治理流程、治理行为、实现路径均有“章”可循、有“据”可依；在基层社会治理创新实践实施过程之中，其相应的创新实践行为和活动在整个治理过程中有“章”可循、有“据”可依，依法有序运行；最后，基层各种社会公共事务合作治理主体要对基层社会治理创新实践的结果是否与其制定、发布和实施的标准和规范相一致进行评估检验，即检验是否取得了相应的治理效能。①

第四节　本章小结

本章主要用于阐释合作治理视角下西部地区基层社会治理创新实践与规范化建设的理论模型。首先，研究者陈述了西部地区基层社会治理和基层社会治理创新实践与规范化建设的概念及特征；其次，这一章分析了中国基层社会治理政策的演变历程与理论基础；最后，研究者依托第一章建构的合作治理理论模型，从其主要构成要素包括治理主体、治理边界、治理行为、治理流程、治理机制和实现路径的规范化建设进行了阐释。其中，规范治理主体是关键、规范治理边界是前提、规范治理流程是内容、规范治理机制是保障、规范治理路径是工具、规范治理行为是做法。

---

① 张明．推进基层社会治理规范化建设的思考［J］．唯实（现代管理），2014（12）：24－26.

第三章　合作治理视角下西部地区基层社会治理研究

这一章的目的是检测在西部地区的基层社会治理创新中，合作治理是否真实有效，西部地区基层社会治理建立在合作治理理论基础上的假设是否成立。采用实证研究方法，在合作治理理论的视角下，基于对西部地区四省区 1431 名样本的分析，研究者拟探寻合作治理各方的合作性目标和上级公共部门支持感对治理过程中合作各方的合作治理行为、共同决策和公共服务质量是否具有正向显著影响，合作主体间的信任在合作主体各方的合作性目标和公共服务质量之间，在上级公共部门支持感和合作各方的合作治理行为以及共同决策之间是否存在中介效应。这一章特别要检验治理过程中合作各方的合作治理行为对共同决策和公共服务质量是否具有正向显著影响。

第一节　研究的缘起

前文研究者提到过在中国，“社会治理”一词最早被称为“社会管理”，1998 年 3 月 6 日国务院在第九届全国人民代表大会第一次会议上所做的《关于国务院机构改革方案的说明》，第一次将“社会管理”作为政府职能的官方用语首次呈现。2002 年 11 月 17 日，中国共产党第十六次全国代表大会《全面建设小康社会，开创中国特色社会主义事业新局面》的报告中将社会管理作为维护社会稳定的重要途径，这也是首次在党的报告中正式出现“社会管理”一词。2013 年 11 月 12 日中国共产党第十八届中央委员会第三次全体会议，将推进国家治理体系和治理能力现代化作为全面深化改革的总目标之一，首次在官方文件中出现“社会治理”一词。

在第一章的研究综述中研究者得出了基层社会治理创新实践与规范化建设基本上是在合作治理的理论框架下进行的结论。从合作治理的理论视角分析基层社会治理创新，研究者可以发现在 2005 年 10 月 11 日中国共产党第十六届中央委员会第五次全体会议通过的《中共中央关于制定国民经济和社会发展第十一个五年规划的建议》报告中，已明确提出“健全党委领导、政府负责、社会协同、公众参与的社会管理格局”，将社会治理创新的主体合作格局通过党的文件正式确定下来。2012 年 11 月 8 日，中共十八大报告将社会管理和民生保障并列为社会建设的重要内容。实现了从社会管理格局向社会管理体制的转变，并且在社会管理体制中增加了“法治保障”这一新内容。同时，在学术界中，张康之从后工业化视野较为系统地提出合作治理是社会治理变革的归宿。[154] 俞可平认为当前中国的社会治理主体已经多元，其关键是如何构建“官民共治”的现代化治理体系。[165]

有鉴于基层社会治理创新中合作治理是其主要理论支撑，研究者以合作治理理论为分析框架，通过对中国西部地区四省份的实证研究，来探析基层社会治理创新中合作治理是否在创新实践和规范化建设中真实有效，以此来避免理论综述上出现研究观点偏颇。

第二节　理论阐释和研究假设

一、合作治理的理论阐释

克里斯・安塞尔（Chris Ansell）和艾莉森・盖什（Alison Gash）认为

合作治理、协作治理或者协同治理是一个或多个公共机构与直接从事治理的非公共部门利益相关者集体决策的过程安排，即通过形式化、共识化与审议制，旨在制定或实施公共政策或管理公共项目或资产。[88]黄建伟、刘军指出合作治理研究中中国话语的合作治理、协作治理和协同治理存在概念混杂、概念滥用和运用不当等主要问题，其主要表现为合作治理与协同治理、协作治理、网络治理等的替换、互换，以及将合作治理、协作治理和协同治理简单地等同于合作和治理的叠加。借鉴张康之等的观点，在中国基层社会治理变革的时代背景下，中国话语的合作治理及其所倡导的自主、平等和互惠的合作关系与西方语境下的协作治理和协同治理相比较，具有一种打破协同和协作意义且超越公众参与政府过程的中心主义结构的行为范式，因此具有显著的理论和实践意义。张康之认为，协作治理或者协同治理的共同点都是以现有的法律法规为公共事务治理中多元主体共同行为的规范。前者强调资源互补、权力共享，后者重视相互配合与协同。在国外现实的基层社会治理中，协作治理或者协同治理都是以政府为中心的治理模式，其实质是官僚科层治理的延伸。而中国基层社会治理传统中，历来有皇权不下县的说法，而且根据《中华人民共和国城市居民委员会组织法》《中华人民共和国村民委员会组织法》，我国的城市居民和农村村民对村居委的公共事务享有自治权利。所以，中国情境下的合作治理是人民群众个人、民间组织、私营企业等与党委、政府及其派出机构，各种国有经济组织、党的群体组织、专家等以平等主体间的自愿行为，超越了以往自上而下的政府全能治理范式通过权力共享与相互合作的方式共同管理社会公共事务的过程，是真正意义上强调打造人人有责、人人尽责、人人享有的基层社会治理共同体的合作治理。当然，在构建基层社会治理共同体的过程中，基层党组织和基层政府及其派出机构从主动尽责承担责任的角度来说，要发挥引领和主导的作用，以此来避免治理失灵，实现共建共治共享。因此，在中国情境下，协作治理或者协同治理可能没有合作治理的用法那么精准。①

合作治理的主要特点包括：（1）具有多元的主体，其中发起者是公共组织；（2）合作或者网络成员间的相互依赖性；（3）网络或者合作成员之间持续不断的互动性、开放性；（4）各个合作或者网络主体存在不同的利益，但奠基于互信；（5）各个合作主体之间互为主体；（6）强调公共部门内部、公共部门之间以及公共部门和非公共部门与公众之间的伙伴关系；（7）扩大政策制定和执行过程中，非政府主体参与的幅度；（8）重视信任、互利、互惠等社会资本特性；（9）治理侧重过程而不单纯是结果。[88]

二、模型构建和理论假设

借鉴现有的合作或者协同治理理论、战略合作理论、供应链理论等，通过系统的文献分析，研究者提出的理论模型如图 3.1 所示。研究者认为在西部地区的基层社会治理创新实践与规范化建设过程中，合作主体的合作目标和上级公共部门的支持是影响合作治理形成众多因素中的两个主要因素，并因此提出一系列假设。在合作治理理论的视角下，研究者拟探寻合作治理各方的合作性目标和上级公共部门支持感对治理过程中合作各方的合作治理行为、共同决策和公共服务质量是否具有正向显著影响，合作主体间的信任在合作主体各方的合作性目标和公共服务质量之间，在上级公共部门支持感和合作各方的合作治理行为以及共同决策之间是否存在中介效应，并特别要检验在治理过程中合作各方的合作治理行为对共同决策和公共服务质量是否具有正向显著影响。

Deutsch 提出的合作和竞争理论认为合作主体的独立的、合作的、竞争的不同目标类型会导致不同的合作结果。合作各方独立的目标，让他们

① 黄建伟，刘军．社会治理变革中的合作治理：辨析、建构与展望［J］．湖南社会科学，2019（01）：32－40.

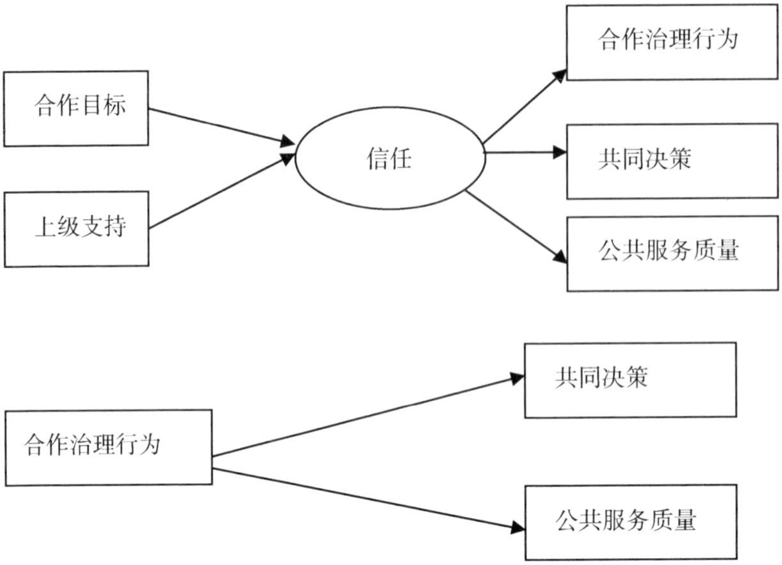

图 3.1 合作治理视角下基层社会治理创新模型

视彼此为路人，很难让他们形成合力；合作各方竞争性的目标会导致彼此将对方视为敌人，很难坐下来认真地、彼此信赖地合作。因此只有合作性目标才能够让合作各方更好地协作，也更愿意协助彼此，共同实现目标。[156]

假设 1：在西部地区的基层社会治理中，合作治理各方主体的合作性目标与合作各方在基层社会治理创新实践与规范化建设过程中的合作治理行为紧密相连，即合作治理各方的合作性目标程度越高，在治理过程中合作各方的合作治理行为程度越高。

合作治理的一个基本特征是扩大合作各方特别是非政府主体在政策制定和执行过程中参与的幅度，Deutsch 提出的合作和竞争理论认为在社会治理创新的过程中，合作各方共同决策可以有效地弥补由于信息不对称造成的公共决策制定时的失误，可以有效弥补非政府方由于资源不足造成的政策执行失误，可以有效弥补公共部门由于人力不足造成的政策执行缺憾。[248]

假设 2：在西部地区的基层社会治理中，合作治理各方主体的合作性目标与合作各方在基层社会治理创新实践与规范化建设过程中的共同决策紧密相连，即合作治理各方的合作性目标程度越高，在治理过程中合作各方的共同决策的程度越高。

基层社会治理创新过程中的合作治理，最主要是解决公共部门在公共服务供给中的责能困境这个共同的治理问题，即公共部门所能提供的有限公共产品和服务与无限的人民群众需求之间的矛盾，让私营部门、社会组织和人民群众参与基层社会治理的过程中来，可以更好地体现"国力有限、民力无穷"，也让治理各方的目标逐渐趋同。同时，在基层合作治理过程中，由于非政府部门合作方的有效参与和监督，基层合作治理各方在提供公共服务的时候，会尽量提升服务质量来满足各方的共同需求。

假设3：在西部地区的基层社会治理中，合作治理各方主体的合作性目标与合作各方在基层社会治理创新实践与规范化建设过程中所提供的公共服务质量紧密相连，即合作治理各方的合作性目标程度越高，在治理过程中合作各方所提供的公共服务质量越高。

Chris Ansell 和 Alison Gash（2007）提出的合作或者协同治理理论坚信协同或者合作治理的发起人一定是公共部门。因此，作为上级公共部门提供的组织支持是向合作各方展示关心和对合作各方成员表示福利关怀的重要手段，并且这种上级组织支持一定要能够被合作各方成员感知，上级组织对合作各方成员的关怀和奖励，能够提升合作各方的责任感，从而增强合作各方对合作治理发起的上级公共部门的拥护、爱戴和信任，也因此使其合作治理行为的程度越高。[88]

假设4：在西部地区的基层社会治理中，上级公共部门的支持感与合作各方在基层社会治理创新实践与规范化建设过程中的合作治理行为紧密相连，即上级公共部门的支持感程度越高，在治理过程中合作各方的合作治理行为的程度越高。

在基层社会治理创新实践与规范化建设的过程中，作为主导一方的上级公共部门提供的支持越多，其他合作方也就越愿意用自己的智慧、力量、汗水、勤奋的劳动来进行回报。因此，在基层社会治理创新和规范化政策的制定和实施过程中，其他合作方基于上级公共部门提供的各种支持，出于感激之心，也就越愿意提供意见和建议，参与决策。

假设5：在西部地区的基层社会治理中，上级公共部门的支持感与合作各方在基层社会治理创新实践与规范化建设过程中的共同决策紧密相连，即公共部门的支持感程度越高，在治理过程中合作各方的共同决策的程度越高。

上级公共部门基于在财力、物力、智力、技术等方面的优势，其他非公共部门的合作方则基于人力有时也包括财力的优势，相互依赖，互为主体，为实现社会治理创新的目标共同努力。因此，在合作治理公共服务提供的过程中，上级公共部门提供的支持越多，其所能够提供的公共服务质量越高。而且，合作治理过程中，非公共部门的一方本身也是公共服务的受众，其自身在参与公共服务提供的过程中，也会愿意监督好公共服务的供给，从而让公共服务质量有所提高。

假设6：在西部地区的基层社会治理中，上级公共部门的支持感与合作各方在基层社会治理创新实践与规范化建设过程中所提供的公共服务质量紧密相连，即公共部门的支持感程度越高，在治理过程中合作各方所提供的公共服务质量越高。

在合作治理的过程中，由于没有明确的制度规范约束彼此之间的权利和义务，信任因此非常重要。[157]在合作治理的过程中，信任是一种超越制度性规范之外的心理现象，信任是一种当合作各方无法观测和监督他方行为时，宁愿冒一定的风险，也依然相信他方不会有伤害行为的坚定信念，信任能够降低风险、减少合作成本、促进合作成效。在社会治理创新的合作治理过程中，即使合作各方目标再一致、公共部门提供的支持再足够，如果没有信任，在合作治理的过程中，其他各方可能也难以协同行动，难以真实地表达自己的想法，难以真正地参与决策以及愿意必要时损害自身利益来投入过多的力量参与公共服务。

假设7：在西部地区的基层社会治理中，合作各方组织间的信任在合作主体的合作目标、上级公共部门的支持感和合作各方的合作治理行为、共同决策以及公共服务质量之间起到中介作用，即合作治理各方的合作性目标、上级公共部门的支持感所导致的组织间的信任程度越高，可能会全面或者部分导致在治理过程中合作各方的合作治理行为、共同决策程度以及公共服务质量越高。

Deutsch 提出的合作和竞争理论认为在基层社会治理创新实践与规范化的建设过程中，通过扩大合作各方特别是非政府主体在政策制定和执行过程中的参与度，共同化解在公共服务过程中存在的国力有限问题，从而能够实现公共服务供给的优化协同高效，在根本上解决公共服务数量不足、服务程度不到位的问题。[156]

假设 8：在西部地区基层社会治理中，合作治理各方的合作治理行为与合作各方在基层社会治理创新实践与规范化建设过程中所提供的公共服务质量紧密相连，即合作治理各方的合作治理行为程度越高，公共服务的质量越高。

合作治理的一个基本特征是扩大合作各方特别是非政府主体在政策制定和执行过程中的参与度，Deutsch 提出的合作和竞争理论认为合作治理行为需要不同的合作治理各方主体在协同治理过程中实现信息共享，而信息共享是共同决策的基础之一。[156]因此，合作治理不同主体的合作治理行为能够提高共同决策的程度。

假设 9：在西部地区基层社会治理中，合作治理各方的合作治理行为与合作各方在基层社会治理创新实践与规范化建设过程中所做出的共同决策程度紧密相连，即合作治理各方的合作治理行为程度越高，共同决策的程度越高。

第三节　研究设计

一、数据收集

为确保本研究问卷设计的科学性，研究者首先选取了西部某省的 5 名公共部门工作人员、5 名参与社会治理的非公共部门人员（2 名企业人士、1 名社会组织人士、2 名群众）和 5 名专家进行预调研，以保证问卷设计的内容合理、文字表达准确、表述清晰。

研究者依托个人所在研究团队网络对西部四省区进行问卷调研。调研对象是参与基层社会治理的党政部门，这些部门在日常基层社会治理和公共服务的工作中与企业、群众、非营利组织等联系密切，参与问卷填写的人员也大多是基层社会治理的直接参与者（直接从事县以下基层社会治理和公共服务的工作人员）。本研究实际投放纸质问卷 1650 份，最后回收纸质问卷 1431 份，回收率为 87%。如表 3.1 所示，在 1431 名参与者中，就性别而言，男性 671 名（占比 46.9%），女性 760 名（占比 53.1%）；就年龄而言，25 岁（含）以下者 109 名（占比 7.6%），26～35（含）岁者 940 名（占比 65.7%），36～45（含）岁者 371 名（占比 25.9%），45 岁以上者 11 名（占比 0.8%）；就学历而言，高中（中专）及以下学历者 262 名（占比 18.3%），大专或同等学力者 721 名（占比 50.4%），本科或同等学力者 440 名（占比 30.7%），研究生及以上学历者 8 名（占比 0.6%）；就工作年限而言，10 年（含）以下工龄者 556 名（占比 38.9%），11～20（含）年工龄者 701 名（占比 49%），20 年以上工龄者 174 名（占比 12.2%）；就合作者的单位性质而言，党政部门工作者 445 名（占比 31.1%），企业工作者 450 名（占比 31.4%），社会组织成员 364 名（占比 25.4%），公众 172 名（占比 12.0%）。

表 3.1 研究样本特征的描述性分析

变量	类别	样本数	比例（%）
性别	男	671	46.9
	女	760	53.1
年龄	25 岁（含）以下	109	7.6
	26～35（含）岁	940	65.7
	36～45（含）岁	371	25.9
	45 岁以上	11	0.8
学历	高中（中专）及以下	262	18.3
	大专或同等学力	721	50.4
	本科或同等学力	440	30.7
	研究生及以上	8	0.6
工作年限	10 年（含）以下	556	38.9
	10～20（含）年	701	49
	20 年以上	174	12.2
合作者单位性质	党政部门	445	31.1
	企业	450	31.4
	社会组织	364	25.4
	公众	172	12.0

二、变量测量

1. 合作目标

研究者采用 Liu、Tjosvold 和 Wong 开发的中国本土合作目标 5 题项，包括：“合作各方有共同的目标”“对合作他方希望取得的成绩很感兴趣”“合作各方都希望彼此能够取得成功”“为合作他方的成功感到喜悦”“合作一方的成功有助于实现本部门的目标”。[248]

2. 上级公共部门的支持感

研究者修订、借鉴采用 Armeli、Eisenberger、Fasolo 和 Lynch 开发的 8

题目美国警务人员公共部门支持感测评问卷，包括："上级党政部门关心我们的意见""上级党政部门关心我们的健康""上级党政部门考虑我们的目标和价值""当我们需要时，上级党政部门会及时提供帮助""上级党政部门会原谅我们的诚实错误""如果有机会，上级党政部门会让我们充分发挥优势""上级党政部门总是很关心我们""当我们需要特别帮助时，上级党政部门会愿意提供"。[159]

3. 合作治理行为

研究者采用中国学者王力立、刘波和姚引良开发的政府治理合作治理行为5题项，包括："我们的合作能够互补""合作各方经常互动""我们在合作中相互支持""我们在合作中能够彼此适应""我们愿意长久合作下去"。[160]

4. 共同决策

研究者修订、借鉴采用了 Tjosvold、Sasaki 和 Moy 的 4 题目测量工具，例如"我们希望合作方能够一起解决困难问题"。[161]

5. 公共服务质量。在 SERVQUAL（服务质量缺口模型）理论指引下借鉴国内李晓园和张汉荣，张钢等，吕维霞，王力立、刘波和姚引良等研究成果[160]，研究者最终确定了 5 个题项测度公共服务质量，包括："服务硬件设施让人满意""服务专业技能让人满意""服务态度热情亲切""服务快速及时""服务便捷经济"。

6. 信任

研究者采用中国学者王力立、刘波和姚引良开发的 5 个题目来测度信任，包括："合作值得彼此投入更大的努力""我们的合作伙伴诚实可靠""我们相信合作伙伴会按约定履行义务""即使没有监督，合作伙伴也会完成任务""我们相信合作伙伴的行动对合作是有利的"。[160]

第四节　数据分析及结果

一、量表的信效度检验

1. 信度检验

信度（Reliability）是对量表所有题项测量内容一致性程度的检验，用 Cronbach's alpha 值来表示。[162] 一般 Cronbach's alpha 值超过标准值 0.6，[162] 则意味着测量题目有很好的内部一致性特征。表 3.2 显示了本研究所用所有测量变量的 Cronbach's alpha，所有的信度检测值都超过规定的标准大于 0.6。

表 3.2　潜变量信度检验

变量	上级公共部门支持	合作目标	信任	合作治理行为	公共服务质量	共同决策
Cronbach's alpha	0.856	0.777	0.789	0.740	0.817	0.733

2. 效度检验

效度（Validity）是指所使用的测量工具对其所要测量内容究竟能够测量到何种程度的检验[162]。效度可以大致区分为内容效度和结构效度[162]。就内容效度而言，本研究的所有测量工具都是基于国内外现有的理论研究开发的，并分别经过相关专家和实践工作者检验。就结构效度而言，本研究采用因子分析的方法来进行检验。具体而言，采用主轴成分因素分析法，以因子载荷不小于 0.5，特征值大于 1 的原则和 Direct Oblimin 斜交旋转法抽取因素，本研究检验发现收集的数据均满足探索性因素分析条件，KMO 和 Bartlett's 检验显示所有测量工具的 Kaiser – Meyer – Olkin 值都超过规定值 0.6，而且 Bartlett's Test of Sphericity 值显示为 0.00，达到显著水平（如表 3.3 所示）。同时，所有的测量工具均较好地显示为单因素结构，上释总方差的 54.577%，信任结构能够解释总方差的 53.950%，合作治理行为结构能够解释总方差的 54.850%，公共服务质量结构能够解释总方差的 57.784%，共同决策结构能够解释总方差的 56.136%（如表 3.4 所示）。

表 3.3 潜变量因子分析可行性检测

变量	上级公共部门支持	合作目标	信任	合作治理行为	公共服务质量	共同决策
Kaiser - Meyer - Olkin	0.877	0.770	0.808	0.787	0.803	0.704
Bartlett's Test of Sphericity	0.000	0.000	0.000	0.000	0.000	0.000

表 3.4 潜变量因子分析

变量	序号	因子载荷	总方差
上级公共部门支持	POS1	0.1654	50.363
	POS2	0.755	
	POS3	0.753	
	POS4	0.737	
	POS5	0.696	
	POS6	0.685	
	POS7	0.665	
	POS8	0.608	
合作目标	COGOAL1	0.685	54.577
	COGOAL2	0.775	
	COGOAL3	0.733	
	COGOAL4	0.728	
	COGOAL5	0.1659	

续表

变量	序号	因子载荷	总方差
信任	TRUST1	0. 648	53. 950
	TRUST2	0. 775	
	TRUST3	0. 591	
	TRUST4	0. 826	
	TRUST5	0. 803	
合作治理行为	CB1	0. 712	54. 850
	CB2	0. 700	
	CB3	0. 1659	
	CB4	0. 1655	
	CB5	0. 689	
公共服务质量	PSQ1	0. 772	57. 784
	PSQ2	0. 753	
	PSQ3	0. 689	
	PSQ4	0. 793	
	PSQ5	0. 789	
共同决策	JD1	0. 689	56. 136
	JD2	0. 784	
	JD3	0. 790	
	JD4	0. 730	

二、模型构建和解析

采用回归分析，根据 Baron 和 Kenny 建议的中介变量检验四步骤被用来验证假设 1 至假设 7。根据这四个步骤，第一步要检验自变量和因变量之间是否存在回归关系；第二步是检验自变量和中介变量之间存在回归关系；第三步检验中介变量和因变量之间是否存在回归关系；第四步检验在控制中介变量后，如果自变量和因变量之间的回归关系不存在，则意味着中介效应存在；而如果回归关系变小，则意味着部分中介关系的存在。[163]

经过检验，合作治理各方的合作性目标对治理过程中合作各方的合作治理行为呈正向显著影响（Beta = 0.977，P < 0.001），假设 1 得到验证（见表 3.5 模型 1）；合作治理各方的合作性目标对治理过程中合作各方的共同决策呈正向显著影响（Beta = 0.973，P < 0.001），假设 2 得到验证（见表 3.5 模型 1）；合作治理各方的合作性目标对治理过程中合作各方所提供的公共服务质量呈正向显著影响（Beta = 0 .955，P < 0.001），假设 3 得到验证（见表 3.5 模型 1）；上级公共部门的支持感对合作各方在社会治理创新过程中的合作治理行为呈正向显著影响（Beta = 0 .930，P < 0.001），假设 4 得到验证（见表 3.5 模型 1）；上级公共部门的支持感对合作各方在社会治理创新过程中的共同决策呈正向显著影响（Beta = 0.928，P < 0.001），假设 5 得到验证（见表 3.5 模型 1）；上级公共部门的支持感对合作各方在社会治理创新过程中所提供的公共服务质量呈正向显著影响（Beta = 0.964，P < 0.001），假设 6 得到验证（见表 3.5 模型 1）。

假设 7 认为合作各方组织间的信任在合作主体的合作目标、上级公共部门的支持感和合作各方的合作治理行为、共同决策以及公共服务质量之间起到中介作用。经过回归分析，根据 Baron 和 Kenny（1986）以及 Judd 和 Kenny（1981）的检验程序，研究者发现合作治理各方的合作性目标对治理过程中合作各方的信任呈正向显著影响（Beta = 0.914，P < 0.001），上级公共部门的支持感对合作各方在社会治理创新过程中的信任呈正向显著影响（Beta = 0.959，P < 0.001）（如表 3.6 所示）；检验结果还显示合作方彼此之间的信任对治理过程中合作各方的合作治理行为（Beta = 0.924，P < 0.001）、共同决策（Beta = 0.855，P < 0.001）和公共服务质量（Beta = 0.884，P < 0.001）呈正向显著影响（如表 3.6 所示）；在控制中介变量信任之后，合作主体各方的合作性目标对公共服务质量的正向影响变小（Beta 值从 0.955 减少至 0.349）、上级公共部门支持感对合作各方的合作治理行为（Beta 值从 0.930 减少至 0.564）和共同决策（Beta 值从 0.928 减少至 0.316）的正向影响变小（如表 3.5 模型 2 所示）。因此，假

设 7 部分获得支持。

表 3.5　自变量和因变量的回归直接和中介分析

变量间关系	模型 1 （直接效应） （Beta）	结论	模型 2 （信任的中介效应） （Beta）	结论
合作目标→合作治理行为	0.977 ***	支持	1.081 ***	不支持
合作目标→共同决策	0.973 ***	支持	1.007 ***	不支持
合作目标→公共服务质量	0.955 ***	支持	0.349 ***	部分支持
上级支持→合作治理行为	0.930 ***	支持	0.564 ***	部分支持
上级支持→共同决策	0.928 ***	支持	0.316 ***	部分支持
上级支持→公共服务质量	0.964 ***	支持	1.087 ***	不支持

注：＊＊＊表示 $p<0.001$，＊＊表示 $p<0.01$，＊表示 $p<0.05$

表 3.6　中介变量的回归分析

变量间关系	模型 1 （直接效应）（Beta）	结论
合作目标→信任	0.914 ***	支持
上级支持→信任	0.959 ***	支持
信任→合作治理行为	0.924 ***	支持
信任→共同决策	0.855 ***	支持
信任→公共服务质量	0.884 ***	支持

注：＊＊＊表示 $p<0.001$，＊＊表示 $p<0.01$，＊表示 $p<0.05$

假设 8 认为在西部地区基层社会治理中，合作治理各方的合作治理行为与合作各方在基层社会治理创新实践与规范化建设过程中所提供的公共服务质量紧密相连，即合作治理各方的合作治理行为程度越高，公共服务的质量越高。假设 9 认为在西部地区基层社会治理中，合作治理各方的合作治理行为与合作各方在基层社会治理创新实践与规范化建设过程中所做出的共同决策程度紧密相连，即合作治理各方的合作治理行为程度越高，共同决策的程度越高。在表 3.7 中，回归分析显示合作治理行为与公共服务质量（Beta = 0.932，P < 0.001）和共同决策（Beta = 0.981，P < 0.001）均呈正向显著联系。

表 3.7 合作治理行为与公共服务质量和共同决策的回归分析

变量间关系	Beta	Sig.	结论
合作治理行为→共同决策	0.981***	0.000	支持
合作治理行为→公共服务质量	0.932***	0.000	支持

注：＊＊＊表示 p < 0.01，＊＊表示 p < 0.05，＊表示 p < 0.1

第五节 本章小结

研究者以合作治理理论为指引，通过对西部地区四省区 1431 名样本的检验，发现：（1）合作治理各方的合作性目标和上级公共部门支持感对治理过程中合作各方的合作治理行为、共同决策和公共服务质量有正向显著影响；（2）合作主体各方的合作性目标和公共服务质量之间既有直接的作用关系，又能够通过组织信任起到间接的影响作用；（3）上级公共部门支持感和合作各方的合作治理行为以及共同决策之间既有直接的影响效应，又能够通过组织信任起到间接的影响作用；（4）合作治理行为与公共服务质量和共同决策之间具有显著直接联系，并呈正向关联。

鉴于以上的结果，本研究的启示如下：（1）在西部地区基层社会合作治理创新的过程中，合作治理的合作性目标的培养与形成对合作各方的共同决策和合作治理行为至关重要（其 Beta 值略高于上级公共部门支持的值）。因为，用行为心理学的原理来解释，理性的行为人是知、信、行三者的统一体，合作性的目标形成能够让合作各方知道自己的目标是什么，知道了目标之后，合作各方基于设定目标的互利互惠性，才能够更好地协同行动和更好地、真正地而非形式上地参与到社会治理创新过程中来。

（2）在西部地区基层社会合作治理创新的过程中，与合作性目标相比，上级公共部门的支持感对合作主体组织间的信任和公共服务的提供来说更为重要（其 Beta 值略高于合作性目标的值）。因此，作为基层合作治理的上级公共部门，及时为下属的公共部门、参与合作治理和公共服务的企业、社会组织、群众提供各种支持、进行奖励、展示各种人文关怀，并且这种上级组织支持一定要能够被合作各方成员感知，能够很好地增强合作各方对合作治理发起的上级公共部门的拥护、爱戴和信任，也因此使其公共服务提供过程中的质量有所保障和提高。

（3）在西部地区基层社会合作治理创新的过程中，合作主体的合作性目标以及上级公共部门的支持感对合作主体组织间的信任、公共服务质量的保障、共同决策和合作治理行为有显著的正向影响，合作主体各方的合作性目标还能够通过合作主体间的信任对公共服务质量之间起到间接的影响作用，上级公共部门支持感和合作各方的合作治理行为以及共同决策之间也能通过组织间信任起到间接的影响作用。因此，合作主体的合作性目标以及上级公共部门的支持感是影响基层社会治理创新的重要因素。

（4）在西部地区基层社会合作治理创新与规范化建设的过程中，不同合作治理主体的合作治理行为对公共服务质量和共同决策具有积极的、正向的显著关联和有效影响。因此，在本研究有限的 1431 名样本中，研究者发现合作治理行为在西部地区的基层社会治理创新与规范化建设过程中，确实能够提升治理效率，提高公共服务质量和合作治理各主体的共同决策质量。

第四章　中国地方基层社会治理的合作效能评估

基于第一章和第二章的研究成果，研究者发现似乎理论界和实践者已基本达成基层社会治理创新实践与规范化建设是在基层共建共治共享的社会治理格局基础之上进行的共识。这种共识学术概念一般描述为合作治理、协同治理、协作治理。虽然在理论上有学者指出协作治理似乎在西方语境下最精准地描述了共建共治共享的社会治理，但是在学界和业界，合作治理似乎是大家使用最广泛、应用最广泛、表述最精准，也最容易理解的学术概念。[164]因此，虽然第一章的文献综述显示中国地方基层社会治理创新实践与规范化建设是在合作治理的理论框架下进行的，但是在第三章研究者还是通过实证研究检验了合作治理在西部地区基层社会治理中是否真实有效，以此化解学者臆想和事实之间可能存在的脱节问题。

鉴于合作治理在西部地区基层社会治理创新中的重要理论指导作用，这一章的目标是在合作治理的学术框架下，从基层社会公共事务合作治理效能的视角对中国地方基层社会治理现状进行测评，以便找出西部地区和中国其他省区之间的差距。在合作治理理论视角下，本书旨在对中国地方基层公共事务协作治理在不同理论分支角度（区域主义、族际主义、边境治理）下进行对比比较，在研究中未对香港、澳门两个特别行政区和台湾省进行检验。

第一节　文献综述

一方面，现有的研究显示中国地方基层社会治理现状评估存在如下的问题：第一，由于历史文化、政治体制、经济水平、社会进步等综合因素的影响，国内外学术界没有对任一基层社会治理测评指标体系达成通用性的、权威性的、公认性的共识。第二，各种统计数据发布的科学性、客观性、局限性也受到了广泛的质疑。第三，现有的基层社会治理测评指标体系基本存在范围广泛、指标各异、主题不突出、权重的科学性值得商榷等学者自说自话的问题。第四，各种指标体系之间缺乏继承和创新，指标的可靠性，即测评的内容是否准确一致和有效，测评指标是否可以反复使用等问题，严重缺乏修正和检验。第五，有些指标数据由于敏感性等原因很难获得，容易对指标设定造成科学性不足的问题。[165]

另一方面，既有的研究又具有极强的借鉴意义，这些研究表明：第一，指标设计上应尽量采用定量为主的客观指标设计方法，解决好评什么的问题。基于“目标责任制”“目标管理”“3E 原则”等理论，现有的研究认为基层社会治理评估应该采用定量为主的客观指标设计测评方法。因为基层社会治理的实际工作成效不能够单纯由公众进行主观判断，也因为部分公众对公共部门的工作了解不够透彻和深入，所以要避免公众评估主观判断上的失误。研究者经过系统梳理，发现现有的可供借鉴的测评量表包括世界银行、联合国人类发展中心、联合国人居署、奥斯陆治理研究中心、经济合作与发展组织等分别开发的“世界治理指标”“城市治理指标”“人文治理指标”“民主治理测评体系”“人权与民主治理测评指标体系”[166]等和国内学者俞可平等带领研制的“中国社会治理评价指标体系”[2]，樊红敏、张玉娇研制的“县域社会治理评价体系”，[167]田发、周琛影研制的“社会治理水平指标体系”，[168]吴新叶研制的“农村社会治理绩效评估体系”，[169]徐汉明、张新平研制的“社会治理法治建设指标体系”，[170]黄强等研制的“地方政府社会管理能力绩效评价指标体系”，[171]祁海军研制的“地方政府社会治理能力评估体系”，[172]范柏乃等开发的“中国地方政府社会治理绩效测评量表”[173]等。这些研究主要采用量化的指标通过统计数据或者专家评估的方法对各地的基层社会治理绩效进行评估。同时，也有学者借鉴国外满意度的基本理论和公众进行测评的方法论，将主观指标量化之后进行测评，如张欢、胡静构建的涵盖公平感、满意度和幸福感的社会治理三个主观测评维度指标。①

在上述研究的基础上，研究者：第一，采用主观指标量化之后进行测评的方法解决了从什么角度进行测评的问题，就是将主观指标量化之后进行测评。代表性的研究如范柏乃、段忠贤、张兵的绩效视角②，谭英俊的能力视角③，张欢、胡静的公平感、满意度和幸福感视角④等实例。这主要是因为该方法比较契合本研究，基层社会治理现状测评需要对乡镇、街道以下村居社区社会治理现状进行研究，是很难从统计年鉴的数据中找出相应测评数据的，所以要采用将主观指标量化之后进行测评的方法。但是，这里呈现的一个新问题是采用什么样的视角进行研究。“族际主义”治理价值取向强调西部地区治理的差异性，认为应采用“因俗而治”异中有同的治理方式，“区域主义”的治理价值取向认为西部地区的地方治理，应该采用与其所在区域其他非民族省区非常相似的、同中有异的治理方式。[174]此外，第三种学术观点提出传统西部地区边疆治理视角已不能适应当今时代的需求，特别是跨境治理和开放开发动态发展的要求，因此应向边境治理角色转换。[175]所以，这篇文章认为在合作治理视角下有必要从“族际主义”“区域主义”“边境治理”等不同理论视角对中国不同省区地

① 范柏乃，段忠贤，张兵．中国地方政府社会管理绩效测评量表编制及应用［J］．上海行政学院学报，2012（06）：38－47.

② 范柏乃，段忠贤，张兵．中国地方政府社会管理绩效测评量表编制及应用［J］．上海行政学院学报，2012（06）：38－47.

③ 谭英俊．地方政府公共事务合作治理能力测评体系构建探究［J］．广东行政学院学报，2012，24（01）：45－50.

④ 张欢，胡静．社会治理绩效评估的公众主观指标体系探讨［J］．四川大学学报（哲学社会科学版），2014（02）：120－126.

方基层社会治理能力差异性进行评估。因此，在族际主义视角下，根据中华人民共和国国家民族事务委员会认定的中国民族地区，主要包括广西壮族自治区、内蒙古自治区、西藏自治区、新疆维吾尔自治区、宁夏回族自治区以及青海省、云南省、贵州省三个多民族聚居区。因此，研究者在这里将八个民族地区和中国其他省区进行对比和比较研究。在这八个民族地区中，在边境治理视角下，边境地区包括广西、内蒙古、新疆、西藏、云南五个省、自治区。因此，研究者开发的地方基层社会公共事务合作治理测评，将此五个地区和辽宁省、黑龙江省、吉林省、甘肃省定位为边境地区，将其和其他地区进行比较和对比研究。在区域主义视角下，按照中国统计年鉴的区域划分，将其分为东部地区（东北地区划为东部地区）、西部地区、中部地区。

第二，评估主体上要由公共部门自身向社会公众和专家评估转变，解决谁来评的问题。早期的社会治理主要由公共部门自身进行评价，近年来国内外学者正逐步倾向于使用专家等的第三方评估①和公众评估②等方法，这主要是因为第三方评估相对具有公信力高等诸多优势。③

第三，评估数据的来源总体倾向于采用政府统计年鉴等官方数据为主，解决了怎么评的问题。但是，研究者一个比较麻烦的问题是要测评的基层社会治理建设现状，需要测评县以下（乡镇或者街道）基层社会公共事务治理与规范化的现状，而现有的统计年鉴仅仅满足提供县（区）一级的统计数据。因此，研究者似乎只能选择张欢、胡静将主观指标量化之后进行测评社会治理的方法。④ 当然研究者自身必须清楚这种方法的弊端。如采用将主观判断性指标转化为量化指标后进行测评，其衡量尺度上存在

① 崔月琴，龚小碟．支持性评估与社会组织治理转型——基于第三方评估机构的实践分析［J］．国家行政学院学报，2017（04）：55－60，145－146.

② 范柏乃，段忠贤，张兵．中国地方政府社会管理绩效测评量表编制及应用［J］．上海行政学院学报，2012（06）：38－47.

③ 蓝志勇，胡税根．中国政府绩效评估：理论与实践［J］．政治学研究，2008（03）：106－115.

④ 张欢，胡静．社会治理绩效评估的公众主观指标体系探讨［J］．四川大学学报（哲学社会科学版），2014（02）：120－126.

所谓“自谦”、“中庸”与“自满”之争的问题。具体而言，如果是由基层公共部门的社会治理实践者来进行评判，那么基层公共部门的实践者很可能有意给自己一个较高的分数或者出于对自己付出的回报心理而存在给出较高分数的可能，即所谓的“自满”问题。公众可能存在对基层社会治理不满意造成的有意打低分“误判”的可能，而且还可能由于中国传统文化的中庸之道产生所谓倾向于“打中间分”的可能。公共部门实践者和本地公众还可能同时存在一种由于中国传统文化的谦虚要求，而在自我评估时将分数自行打低分的“自谦”可能。为此，研究者最好的方式是采取当地的学者、实践者和各族人民群众平均分的方式进行测评。①

第二节 研究方法

一、研究设计

研究者在综合分析现有研究的基础上，决定采用专家、各族群众、基层社会治理从业实践者综合打分测评的定量评估方法在合作治理视角下对中国31个省、自治区、直辖市的基层社会治理合作效能现状进行评估。具体而言，针对基层社会治理评估范围广泛、主题不突出和敏感数据获得不易等问题，研究者聚焦于基层合作社会治理的共建共治共享即合作治理现状，借鉴其他学者开发的合作治理效能测评指标理论成果②，通过专家评价进行指标修正和创新，并通过公认的统计数据处理方法对测评指标进行有效性和可靠性检测，最后再进行测评。研究者之所以从可供选择的范

① 谭英俊．地方政府公共事务合作治理能力测评体系构建探究［J］．广东行政学院学报，2012，24（01）：45－50.

② 谭英俊．地方政府公共事务合作治理能力测评体系构建探究［J］．广东行政学院学报，2012，24（01）：45－50.

柏乃、段忠贤、张兵的社会治理绩效量表①，谭英俊的基层社会公共事务合作治理能力量表②，张欢、胡静的社会治理公平感、满意度和幸福感视角③三个量表中选取合作治理能力量表是因为：第一，该量表的理论基础与本研究的理论框架即合作（协作、协同）理论一致，学界已经达成合作治理是基层社会治理创新实践与规范化建设的基础和逻辑出发点。第二，该量表设计的指标虽然名为能力实际上还是测量了合作治理绩效的结果，具有较强的结果导向性。例如，用清华大学马克思主义学院韩冬雪教授的话来评价基层社会公共事务合作治理效能量表，虽然名为测评能力，实际上还是以结果为导向的基层社会治理效果测评。第三，进行基层社会合作治理能力的效能测评可以和第五章、第六章的实证研究在理论视角上互为补充，相得益彰，从多种理论视角进行研究分析。但是，一个新的问题是研究者旨在对基层社会治理创新实践及规范化建设现状进行测评，如果仅是测评基层社会治理效果是否会有失偏颇。经过研究者与清华大学马克思主义学院、华南理工大学等5位政治学、公共管理领域从事社会治理研究的专家多次讨论，大家的讨论结果是基层社会治理创新实践与规范化建设现状是小概念，基层社会治理现状是大概念，如果测评采用大概念的视角可以更好地把握基层社会治理创新实践及规范化建设现状（由大及小），而用小概念的视角来概括基层社会治理现状，则很可能造成一叶障目不见泰山、只见树木不见森林。

二、指标构建和权重赋分

研究者首先在其他学者开发的合作治理能力测评指标基础上，邀请清

① 范柏乃，段忠贤，张兵．中国地方政府社会管理绩效测评量表编制及应用［J］．上海行政学院学报，2012（06）：38－47.

② 谭英俊．地方政府公共事务合作治理能力测评体系构建探究［J］．广东行政学院学报，2012，24（01）：45－50.

③ 张欢，胡静．社会治理绩效评估的公众主观指标体系探讨［J］．四川大学学报（哲学社会科学版），2014（02）：120－126.

华大学马克思主义学院、华南理工大学公共管理学院的5位政治学、公共管理领域从事社会治理研究的专家对该测评量表进行集体研讨修订（具体见表4.1）。根据文献分析，研究者对量表进行了如下修改：（1）将测评指标中的所有地方政府均改为公共部门，因为党组织对基层社会治理具有领导的职责，不能单纯地认为基层社会治理是政府的工作。（2）根据前面文献分析，研究者发现媒体（传统媒体和新型媒体）、学校（科研院所）是基层合作治理的重要主体力量，因此在二级指标培育协作伙伴能力中增加了培育学校（科研院所）的能力、培育各类媒体的能力等内容。（3）删除了“非政府组织的总体实力”“企业的总体实力水平”“本地居民的公共精神水平”等指标。因为根据 Nagy[177]、Wanous、Reichers、Hudy 等[178]的测评指标设定有效性理论，上述三个项目是关于非政府组织、企业、本地居民合作治理效能的总体评价，而其后的相关具体题项如“公共部门对非政府组织的重视程度”与该题项是属于整体和部分的关系，具有高度重复性。因此，Nagy 等认为在测评指标设定时要么仅考虑整体测评指标，要么仅编制测评内容的具体指标，但是不应该重复测量，否则会影响评估者的判断和打分。（4）根据专家建议，本研究修改了三项指标文字，分别是“地方公共部门对非政府组织发展的干预程度”改为“地方公共部门在政策上对非政府组织发展的支持程度”（因为“支持”在字面上优于“干预”，且不容易产生歧义），“企业的社会责任感程度”改为“企业参与社会建设的责任感程度”（突出基层社会治理的功能），“地方公共部门支持公民参与的力度”改为“地方公共部门在政策上支持公民参与的力度”（因为支持公民参与基层社会治理可以仅仅是态度，而政策上支持公民参与则是依法依规鼓励公民参与基层社会治理，不仅是态度，还包括行为，且与前面企业、媒体等测评项目文字表述一致）。

表 4.1　地方基层社会合作治理能力测评指标

一级指标	二级指标	三级指标	四级指标	修订或者增补	原因
地方基层社会公共事务合作治理	培育合作伙伴的能力（0.35）	培育各类媒体的能力（0.18）	地方公共部门对各类媒体的重视程度（0.33）	增补	通过文献分析研究发现媒体是打造基层合作治理的重要主体力量
			地方公共部门在政策上对各类媒体的支持程度（0.34）	增补	
			地方公共部门对各类媒体的监管程度（0.33）	增补	
		培育学校（科研院所）的能力（0.20）	地方公共部门对学校（科研院所）的重视程度（0.33）	增补	通过文献分析研究发现学校（科研院所）是打造基层合作治理的重要主体力量
			地方公共部门在政策上对学校（科研院所）的支持程度（0.34）	增补	
			地方公共部门对学校（科研院所）的监管程度（0.33）	增补	
		培育非政府组织的能力(0.21)	非政府组织的总体实力	删除	容易与其他培育非政府组织能力具体测评指标产生混淆，引起误判。
			地方公共部门对非政府组织的重视程度（0.33）		
			地方公共部门在政策上对非政府组织发展的干预程度（0.34）	修改：地方公共部门在政策上对非政府组织发展的支持程度	原条目测评干预程度，但干预未必扶持，而且干预可以分为正常有效干预和非正常无效甚至有害干预，容易引起歧义
			地方公共部门管理非政府组织的制度合理性程度（0.33）		

续表

一级指标	二级指标	三级指标	四级指标	修订或者增补	原因
地方基层社会公共事务合作治理	培育合作伙伴的能力（0.35）	培育企业的能力（0.19）	企业的总体实力	删除	容易与其他具体培育企业能力测评指标产生混淆，引起误判
			企业的社会责任感程度（0.33）	修改：企业参与社会建设的责任感程度	将“企业的社会责任感程度”表述改为“企业参与社会建设的责任感程度”不仅更为清楚且突出企业参与社会治理的功能
			地方公共部门在政策上支持企业社会责任建设的力度（0.34）		
			地方公共部门监管企业社会责任建设的能力（0.33）		
		培育公民的能力（0.22）	本地居民的公共精神水平	删除	容易与其他培育公民能力具体测评指标产生混淆，引起误判
			地方公共部门对公民参与公共事务的重视程度（0.33）		
			地方公共部门支持公民参与的力度（0.34）	修改：地方公共部门在政策上支持公民参与的力度	因前后关于媒体、企业等的测评内容均有“政策上”几个字，前后要一致
			地方公共部门保护公民参与权利的程度（0.33）		

续表

一级指标	二级指标	三级指标	四级指标	修订或者增补	原因
地方基层社会公共事务合作治理	运营合作关系的能力(0.34)	设计合作战略的能力(0.26)	合作治理目标的合理程度（0.34）		
			合作决策的科学性程度（0.33）		
			合作决策的民主性程度（0.33）		
		选择合作伙伴的能力(0.24)	合作伙伴的合作意愿程度（0.33）		
			合作伙伴胜任公共事务治理的程度(0.34)		
			公共部门与合作伙伴的资源互补程度(0.33)		
		处理合作关系的能力(0.25)	制定合作制度的能力（0.18）		
			沟通合作各方的能力（0.16）		
			激励合作行为的能力（0.18）		
			利益整合能力(0.18)		
			消除合作冲突的能力（0.15）		
			监督合作行为的能力（0.15）		
		实现合作绩效的能力(0.25)	合作的经济性(0.24)		
			合作的效率性(0.26)		
			合作的效益性(0.26)		
			合作的公平性(0.24)		

续表

一级指标	二级指标	三级指标	四级指标	修订或者增补	原因
地方基层社会公共事务合作治理	供给合作资源的能力 (0.31)	供给权威资源的能力 (0.34)	地方公共部门的整体绩效水平（0.34）		
			地方公共部门的公共形象（0.33）		
			地方公共部门的公信力（0.33）		
		供给信息资源的能力 (0.32)	地方公共部门网站的建设情况（0.40）		
			地方公共部门政务公开的情况（0.60）		
		供给财政资源的能力 (0.34)	本地年度财政收入占本地 GDP 的比重 (0.49)		
			本地公共事务（公共服务）支出占财政支出的比重（0.51）		

研究者在专家咨询法、均方根法、层次分析法、乘算模型法、比较平均法、几何平均法、多元统计法、模糊方程求解法等诸多的研究方法中，参照谭英俊的研究方法①，采取最常用的加权求和综合算法，邀请 5 位公共管理和政治学领域的专家学者（均具有博士学位、副教授以上职称）和 5 位地方政法、民政等部门的公务人员来对本研究的 38 个指标进行赋分。赋分的过程中，研究者要求每位专家对三个层级的每个指标都按照百分制进行打分，各个次级层次的指标综合分值也均为 100 分。因此，本研究二级、三级、四级指标全部按照公式 $ai = \sum_{i=1}^{n}(ain)/mn$，其中 ai 为某项二级、三级、四级指标的最终分数，i = 从 1 到 n，n 表示专家的人数，m 为该层指标的指标总数，ain 表示从第 1 位专家到第 n 位专家的打分数。通过

① 谭英俊．地方政府公共事务合作治理能力测评体系构建探究［J］．广东行政学院学报，2012，24（01）：45－50.

对各位专家赋权的原始数据进行处理，得出各二级指标、三级指标和四级指标的权重（保留到小数点后 2 位）如表 4.2 所示。

表 4.2　地方基层社会合作治理能力测评指标及其权重

一级指标	二级指标及其权重	三级指标及其权重	四级指标及其权重
地方基层社会公共事务合作治理	培育合作伙伴的能力(0.35)	培育各类媒体的能力（0.18）	公共部门对各类媒体的重视程度（0.33）
			公共部门在政策上对各类媒体的支持程度（0.34）
			公共部门对各类媒体的监管程度（0.33）
		培育学校（科研院所）的能力（0.20）	公共部门对学校（科研院所）的重视程度（0.33）
			公共部门在政策上对学校（科研院所）的支持程度（0.34）
			公共部门对学校（科研院所）的监管程度（0.33）
		培育非政府组织的能力（0.21）	公共部门对非政府组织的重视程度（0.33）
			公共部门在政策上对非政府组织发展的支持程度（0.34）
			公共部门管理非政府组织的制度合理性程度（0.33）
		培育企业的能力（0.19）	企业参与社会建设的责任感程度（0.33）
			公共部门在政策上支持企业社会责任建设的力度（0.34）
			公共部门监管企业社会责任建设的能力（0.33）
		培育公民的能力（0.22）	公共部门对公民参与公共事务的重视程度（0.33）
			公共部门在政策上支持公民参与的力度（0.34）
			公共部门保护公民参与权利的程度（0.33）

续表

一级指标	二级指标及其权重	三级指标及其权重	四级指标及其权重
地方基层社会公共事务合作治理	运营合作关系的能力(0.34)	设计合作战略的能力(0.26)	合作治理目标的合理程度(0.34)
			合作决策的科学性程度(0.33)
			合作决策的民主性程度(0.33)
		选择合作伙伴的能力(0.24)	合作伙伴的合作意愿程度(0.33)
			合作伙伴胜任公共事务治理的程度(0.34)
			公共部门与合作伙伴的资源互补程度(0.33)
		处理合作关系的能力(0.25)	制定合作制度的能力(0.18)
			沟通合作各方的能力(0.16)
			激励合作行为的能力(0.18)
			利益整合能力(0.18)
			消除合作冲突的能力(0.15)
			监督合作行为的能力(0.15)
		实现合作绩效的能力(0.25)	合作的经济性(0.24)
			合作的效率性(0.26)
			合作的效益性(0.26)
			合作的公平性(0.24)

续表

一级指标	二级指标及其权重	三级指标及其权重	四级指标及其权重
地方基层社会公共事务合作治理	供给合作资源的能力(0.31)	供给权威资源的能力(0.34)	公共部门的整体绩效水平（0.34）
			公共部门的公共形象（0.33）
			地方政府的公信力（0.33）
		供给信息资源的能力(0.32)	公共部门网站的建设情况（0.40）
			公共部门政务公开的情况（0.60）
		供给财政资源的能力(0.34)	本地年度财政收入占本地 GDP 的比重（0.49）
			本地公共事务（公共服务）支出占财政支出的比重（0.51）

三、数据采集流程

研究者采用“雪球式”（Snowball Sampling）的样本采集技术和调研问卷、电话现场打分、电子邮件打分相结合的数据采集方式来获得研究结果。① 本研究通过清华大学马克思主义学院韩冬雪教授的帮助，以清华大学马克思主义学院和华南理工大学公共管理学院为依托，获得中国 31 个省、自治区、直辖市从事公共管理和公共政策研究的学者信息，从 MBA/MPA 学员中获得从事基层社会治理工作的公务人员的帮助。之后，由该学者或者公务人员再从本地区选取一名从事基层社会治理工作的公务人员或者学者，以及一名当地普通群众帮助对该地区地方基层社会合作治理效能现状进行评价。在整个数据采集的过程中，研究者再三请求参与者务必对数据填写完整。对不完整的数据信息，研究者再通过上述程序进行数据采集，以此来确保每一个省、自治区、直辖市的数据均来自学者、群众、基

① Bryman A，Bell E. Business Research Methods［M］. Oxford：Oxford University Press，200.

层从业人员，以便体现学界与政界、理论与实践的相结合。

第三节 数据分析

研究者对通过调研问卷、电话现场打分、电子邮件打分的数据采集方式获得的研究结果经过系统整理之后，对数据的可靠性通过 IBM SPSS STATISICS（英文版）进行检测。可靠性指的是对研究结果是否稳定可靠所进行的检验。可靠性检验的标准大于0.7 意味着可以接受，大于0.8 意味着比较理想，最低的要求是可靠性结果不能小于0.5。[162] 在本研究中，由于各地区培育学校（科研院所）参与基层社会治理能力的分布不均，其可靠性为0.516，而基层供给财政资源的能力也由于不均衡和不充分的问题，其可靠性为0.565，勉强能用之外，其余均超过0.7，视为可靠（具体见表4.3）。

表 4.3 地方基层社会合作治理效能测评指标可靠性检验

<table>
<tr><th>一级指标</th><th>二级指标及其可靠性</th><th>三级指标及其可靠性</th></tr>
<tr><td rowspan="12">地方基层社会公共事务合作治理（0.809）</td><td rowspan="5">培育合作伙伴的能力（0.875）</td><td>培育各类媒体的能力（0.878）</td></tr>
<tr><td>培育学校（科研院所）的能力（0.516）</td></tr>
<tr><td>培育非政府组织的能力（0.951）</td></tr>
<tr><td>培育企业的能力（0.941）</td></tr>
<tr><td>培育公民的能力（0.940）</td></tr>
<tr><td rowspan="4">运营合作关系的能力（0.854）</td><td>设计合作战略的能力（0.756）</td></tr>
<tr><td>选择合作伙伴的能力（0.856）</td></tr>
<tr><td>处理合作关系的能力（0.905）</td></tr>
<tr><td>实现合作绩效的能力（0.925）</td></tr>
<tr><td rowspan="3">供给合作资源的能力（0.811）</td><td>供给权威资源的能力（0.914）</td></tr>
<tr><td>供给信息资源的能力（0.726）</td></tr>
<tr><td>供给财政资源的能力（0.565）</td></tr>
</table>

参照现有的研究成果，（1）研究者采用加权平均的方法即根据公式 D_i（$i=1\cdots\cdots3$）$=1/n\sum d_i$（$n=3$，$i=1\cdots\cdots3$）计算出31个省、自治区、直辖市的在第四级指标上的分数；（2）三级指标根据公式 $C_i = \omega_1 D_1 + \omega_2 D_2\cdots.. + \omega_n D_n$ 来计算获得，其中 ω_1 至 ω_n 表示各级不同四级指标所占该级指标的权重系数，D_1 至 D_n 表示该第四级指标的分数；（3）二级指标根据公式 $B_i = \omega_1 C_1 + \omega_2 C_2\cdots.. + \omega_n C_n$ 来计算获得，其中 ω_1 至 ω_n 表示各级不同三级指标所占该级指标的权重系数，C_1 至 C_n 表示该第三级指标的分数；（4）一级指标根据公式 $A_i = \omega_1 B_1 + \omega_2 B_2\cdots. + \omega_n B_n$ 来计算获得，其中 ω_1 至 ω_n 表示各级不同二级指标所占该级指标的权重系数，B_1 至 B_n 表示该第二级指标的分数。

第四节　研究结果

一、描述性统计分析

中国的西部地区有重庆、四川、贵州、云南、广西、陕西、甘肃、青海、宁夏、西藏、新疆、内蒙古十二个省、直辖市和自治区，就其总体一级和二级指标而言，具体情况如表4.4所示：

（1）就西部民族地区地方基层社会合作治理效能的总体现状来说，云南排第8位，分数是2.479182；宁夏排第10位，分数是2.414112；重庆排第11位，分数是2.36044；西藏排第12位，分数是2.343689；四川排第13位，分数是2.310075；甘肃排第15位，分数是2.28494；广西排第17位，分数是2.281369；新疆排第19位，分数是2.23482；贵州排第23位，分数是2.18935；内蒙古排第26位，分数是2.178796；陕西排第27位，分数是2.149068；青海排第29位，分数是2.13786。

（2）就培育合作伙伴的能力而言，西藏排第8位，分数是1.472532；

重庆排第10位，分数是1.38222；内蒙古排第14位，分数是1.3501657；广西排第17位，分数是1.286297；宁夏排第20位，分数是1.268027；新疆排第21位，分数是1.261902；贵州排第22位，分数是1.233797；陕西排第23位，分数是1.230203；四川排第24位，分数是1.224533；甘肃排第25位，分数是1.205878；青海排第27位，分数是1.195308；云南排第31位，分数是1.123897。

（3）就运营合作关系的能力而言，西藏排名第8位，分数是1.829235；重庆排第9位，分数是1.77543；云南排第10位，分数是1.71015；宁夏排第11位，分数是1.693597；新疆排第12位，分数是1.668387；甘肃排第15位，分数是1.641725；陕西排第18位，分数是1.626659；四川排第19位，分数是1.623535；青海排第20位，分数是1.622813；广西排第22位，分数是1.619725；贵州排第29位，分数是1.5416502；内蒙古排第30位，分数是1.545137。

（4）就供给合作资源的能力而言，云南排第2位，分数是4.6035；宁夏排第6位，分数是4.280713；四川排第10位，分数是4.082248；甘肃排第12位，分数是4.007215；广西排第13位，分数是3.938085；重庆排第14位，分数是3.92367；贵州排第19位，分数是3.78665；新疆排第20位，分数是3.774173；西藏排第23位，分数是3.7293；内蒙古排第25位，分数是3.640485；青海排第26位，分数是3.595458；陕西排第27位，分数是3.590343。

表4.4　地方基层社会合作治理效能测评结果及其排名

	地区	总体能力	地区	培育合作伙伴的能力	地区	运营合作关系的能力	地区	供给合作资源的能力
1	北京	2.820082	北京	1.86137	北京	2.062568	上海	4.6035
2	上海	2.809329	广东	1.854288	上海	2.02929	云南	4.6035
3	浙江	2.1650171	天津	1.82315	天津	2.015449	北京	4.536308

续表

	地区	总体能力	地区	培育合作伙伴的能力	地区	运营合作关系的能力	地区	供给合作资源的能力
4	天津	2. 678305	上海	1. 795197	浙江	1. 983199	浙江	4. 5043
5	江苏	2. 666599	浙江	1. 793015	辽宁	1. 964449	江苏	4. 387508
6	辽宁	2. 5165149	江苏	1. 713028	江苏	1. 899261	宁夏	4. 280713
7	广东	2. 501016	辽宁	1. 565048	河北	1. 842602	辽宁	4. 19895
8	云南	2. 479182	西藏	1. 472532	西藏	1. 829235	天津	4. 196315
9	河北	2. 433177	山西	1. 39174	重庆	1. 77543	河北	4. 092
10	宁夏	2. 414112	重庆	1. 38222	云南	1. 71015	四川	4. 082248
11	重庆	2. 36044	安徽	1. 37858	宁夏	1. 693597	广东	4. 017058
12	西藏	2. 343689	河北	1. 36493	新疆	1. 668387	甘肃	4. 007215
13	四川	2. 310075	山东	1. 358292	安徽	1. 664959	广西	3. 938085
14	安徽	2. 30153	内蒙古	1. 3501657	福建	1. 644963	重庆	3. 92367
15	甘肃	2. 28494	黑龙江	1. 3316553	甘肃	1. 641725	江西	3. 88337
16	广西	2. 281369	吉林	1. 324837	广东	1. 631703	安徽	3. 86105
17	江西	2. 257226	广西	1. 286297	山东	1. 630796	吉林	3. 858415
18	吉林	2. 246653	江西	1. 285655	陕西	1. 626659	海南	3. 80618
19	新疆	2. 23482	湖南	1. 268797	四川	1. 623535	贵州	3. 78665
20	湖南	2. 211945	宁夏	1. 268027	青海	1. 622813	新疆	3. 774173
21	山西	2. 192115	新疆	1. 261902	黑龙江	1. 621021	湖南	3. 759215
22	海南	2. 189724	贵州	1. 233797	广西	1. 619725	湖北	3. 7541
23	贵州	2. 18935	陕西	1. 230203	湖北	1. 614037	西藏	3. 7293
24	湖北	2. 18309	四川	1. 224533	湖南	1. 607825	河南	3. 682335
25	黑龙江	2. 182127	甘肃	1. 205878	山西	1. 604106	内蒙古	3. 640485
26	内蒙古	2. 178796	福建	1. 196032	江西	1. 602654	青海	3. 595458
27	陕西	2. 149068	青海	1. 195308	海南	1. 575886	陕西	3. 590343
28	福建	2. 13962	海南	1. 187107	吉林	1. 565707	黑龙江	3. 587708
29	青海	2. 13786	河南	1. 18349	贵州	1. 5416502	山西	3. 5805
30	山东	2. 126829	湖北	1. 181133	内蒙古	1. 545137	福建	3. 577865
31	河南	2. 120075	云南	1. 123897	河南	1. 494399	山东	3. 3914

就培育合作伙伴的能力而言，其具体情况见表4.5：

（1）分析表4.4的时候，研究者已经指出就培育合作伙伴的能力而言，西藏排第8位，分数是1.472532；重庆排第10位，分数是1.38222；内蒙古排第14位，分数是1.3501657；广西排第17位，分数是1.286297；宁夏排第20位，分数是1.268027；新疆排第21位，分数是1.261902；贵州排第22位，分数是1.233797；陕西排第23位，分数是1.230203；四川排第24位，分数是1.224533；甘肃排第25位，分数是1.205878；青海排第27位，分数是1.195308；云南排第31位，分数是1.123897。

（2）就培育各类媒体的能力而言，重庆排第7位，分数是4.101；四川排第11位，分数是3.702；广西排第14位，分数是3.6；西藏排第18位，分数是3.396；陕西和新疆排第20位，分数是3.297；宁夏排第23位，分数是3.102；贵州排第26位，分数是3.099；内蒙古排第27位，分数是3；云南排第29位，分数是2.898；甘肃排第30位，分数是2.796；青海排第31位，分数是2.7。

（3）就培育学校（科研院所）的能力而言，重庆排第7位，分数是4.101；四川排第11位，分数是3.702；广西排第14位，分数是3.6；西藏排第18位，分数是3.396；新疆排第20位，分数是3.297；陕西排第21位，分数是3.297；宁夏排第23位，分数是3.102；贵州排第25位，分数是3.099；内蒙古排第27位，分数是3；云南排第29位，分数是2.898；甘肃排第30位，分数是2.796；青海排第31位，分数是2.7。

（4）就培育非政府组织的能力而言，重庆排第1位，分数是4.893333；西藏排第4位，分数是4.22；青海排第6位，分数是4.003333；贵州排第10位，分数是3.786667；新疆排第16位，分数是3.67；内蒙古排第16位，分数是3.67；广西排第23位，分数是3.56；宁夏排第25位，分数是3.556667；云南排第27位，分数是3.556667；甘肃排第28位，分数是3.45；陕西排第30位，分数是3.336667；四川排第31位，分数是3.333333。

（5）就培育企业的能力而言，广西排第9位，分数是4.6655；贵州排第10位，分数是4.557；宁夏排第11位，分数是4.5465；陕西排第13位，分数是4.431；内蒙古排第14位，分数是4.319；云南排第18位，分数是4.2；新疆排第19位，分数是4.1965；青海排第21位，分数是4.0845；重庆排第24位，分数是4.081；西藏排第25位，分数是4.081；甘肃排第26位，分数为4.081；四川排第28位，分数是3.969。

（6）就培育公民的能力而言，内蒙古排第8位，分数是3.9016567；四川排第15位，分数是3.071667；陕西排第18位，分数是2.964；新疆排第19位，分数是2.951333；云南排第20位，分数是2.856333；甘肃排第21位，分数是2.7455；青海排第22位，分数是2.742333；西藏排第24位，分数是2.739167；贵州排第25位，分数是2.641；重庆排第27位，分数是2.641；广西排第29位，分数是2.637833；宁夏排第30位，分数是2.637833。

就运营合作关系的能力而言，其具体情况见表4.6：

（1）分析表4.4的时候，研究者已经指出就运营合作关系的能力而言，西藏排名第8位，分数是1.829235；重庆排第9位，分数是1.77543；云南排第10位，分数是1.71015；宁夏排第11位，分数是1.693597；新疆排第12位，分数是1.668387；甘肃排第15位，分数是1.641725；陕西排第18位，分数是1.626659；四川排第19位，分数是1.623535；青海排第20位，分数是1.622813；广西排第22位，分数是1.619725；贵州排第29位，分数是1.5416502；内蒙古排第30位，分数是1.545137。

（2）就设计合作战略的能力而言，西藏排第5位，分数是7.371；重庆排第10位，分数是6.656；青海排第12位，分数是6.357；云南、新疆排第13、14位，分数是6.3526667；陕西、四川排第16位，分数是6.214；广西排第18位，分数是6.2096667；甘肃排第19位，分数是6.071；宁夏排第23位，分数是5.928；贵州排第28位，分数是5.7806667；内蒙古排第30位，分数是5.4946667。

表 4.5 地方基层社会合作治理效能中的培育合作伙伴能力测评结果及其排名

	地区	培培育合作伙伴的能力	地区	培育各类媒体的能力	地区	培育学校（科研院所）的能力	地区	培育非政府组织的能力	地区	培育企业的能力	地区	培育公民的能力
1	北京	1.86137	上海	4.398	上海	4.398	重庆	4.893333	北京	6.3	北京	5.491
2	广东	1.854288	江苏	4.299	江苏	4.299	浙江	4.33	广东	6.3	广东	5.3865
3	天津	1.82315	北京	4.2	北京	4.2	广东	4.223333	天津	6.3	浙江	5.383333
4	上海	1.795197	天津	4.101	广东	4.101	西藏	4.22	浙江	6.0655	天津	5.282
5	浙江	1.793015	浙江	4.101	天津	4.101	湖南	4.013333	上海	5.95	江苏	5.278833
6	江苏	1.713028	广东	4.101	浙江	4.101	青海	4.003333	江苏	5.25	上海	5.174333
7	辽宁	1.565048	重庆	4.101	重庆	4.101	北京	4	辽宁	5.0165	辽宁	4.433333
8	西藏	1.472532	辽宁	3.999	辽宁	3.999	上海	3.89	江西	4.7775	内蒙古	3.9016567
9	山西	1.39174	福建	3.897	福建	3.897	天津	3.886667	广西	4.6655	山西	3.9045
10	重庆	1.38222	江西	3.708	江西	3.708	贵州	3.786667	贵州	4.557	河北	3.8
11	安徽	1.37858	四川	3.702	四川	3.702	河北	3.78	宁夏	4.5465	山东	3.8
12	河北	1.36493	山东	3.699	山东	3.699	河南	3.78	山西	4.4345	黑龙江	3.6955
13	山东	1.358292	安徽	3.6	安徽	3.6	辽宁	3.7165667	陕西	4.431	安徽	3.6955
14	内蒙古	1.3501657	广西	3.6	广西	3.6	黑龙江	3.673333	内蒙古	4.319	吉林	3.4865
15	黑龙江	1.3316553	吉林	3.501	吉林	3.501	山东	3.67	黑龙江	4.3165	四川	3.071667

续表

	地区	培培育合作伙伴的能力	地区	培育各类媒体的能力	地区	培育学校（科研院所）的能力	地区	培育非政府组织的能力	地区	培育企业的能力	地区	培育公民的能力
16	吉林	1.324837	黑龙江	3.399	黑龙江	3.399	新疆	3.67	河北	4.2	湖南	3.055833
17	广西	1.286297	湖北	3.399	湖北	3.399	内蒙古	3.67	海南	4.2	福建	3.055833
18	江西	1.285655	西藏	3.396	西藏	3.396	福建	3.666667	云南	4.2	陕西	2.964
19	湖南	1.268797	湖南	3.3	湖南	3.3	湖北	3.666667	新疆	4.1965	新疆	2.951333
20	宁夏	1.268027	陕西	3.297	新疆	3.297	江苏	3.66	安徽	4.1965	云南	2.856333
21	新疆	1.261902	新疆	3.297	陕西	3.297	江西	3.56	青海	4.0845	甘肃	2.7455
22	贵州	1.233797	河北	3.198	河北	3.198	安徽	3.56	山东	4.0845	青海	2.742333
23	陕西	1.230203	宁夏	3.102	宁夏	3.102	广西	3.56	吉林	4.0845	河南	2.742333
24	四川	1.224533	山西	3.099	山西	3.099	山西	3.56	重庆	4.081	西藏	2.739167
25	甘肃	1.205878	河南	3.099	贵州	3.099	宁夏	3.556667	西藏	4.081	贵州	2.641
26	福建	1.196032	贵州	3.099	河南	3.099	海南	3.556667	甘肃	4.081	海南	2.641
27	青海	1.195308	内蒙古	3	内蒙古	3	云南	3.556667	湖南	3.9725	重庆	2.641
28	海南	1.187107	海南	2.898	海南	2.898	甘肃	3.45	四川	3.969	湖北	2.641
29	河南	1.18349	云南	2.898	云南	2.898	吉林	3.446667	河南	3.619	广西	2.637833
30	湖北	1.181133	甘肃	2.796	甘肃	2.796	陕西	3.336667	湖北	3.5	宁夏	2.637833
31	云南	1.123897	青海	2.7	青海	2.7	四川	3.333333	福建	2.8	江西	2.533333

表 4.6 地方基层社会合作治理效能中的运营合作关系能力测评结果及其排名

	地区	运营合作关系的能力	地区	设计合作战略的能力	地区	选择合作伙伴的能力	地区	处理合作关系的能力	地区	实现合作绩效的能力
1	北京	2. 062568	北京	7. 8	北京	7. 128	北京	3. 7125	北京	5. 625
2	上海	2. 02929	辽宁	7. 657	上海	7. 128	上海	3. 75	云南	5. 625
3	天津	2. 015449	天津	7. 6526667	浙江	7. 128	浙江	3. 71875	河南	5. 625
4	浙江	1. 983199	上海	7. 371	天津	6. 996	江苏	3. 59375	浙江	5. 55
5	辽宁	1. 964449	西藏	7. 371	重庆	6. 996	辽宁	3. 541667	青海	5. 55
6	江苏	1. 899261	浙江	7. 085	西藏	6. 864	天津	3. 5125	西藏	5. 4
7	河北	1. 842602	河北	6. 9333333	江苏	6. 864	河北	3. 408333	重庆	5. 3125
8	西藏	1. 829235	江苏	6. 799	辽宁	6. 6	福建	3. 129167	四川	5. 0875
9	重庆	1. 77543	安徽	6. 7903333	河北	6. 336	宁夏	3. 091667	天津	5
10	云南	1. 71015	重庆	6. 656	江西	6. 204	云南	3. 06875	江苏	4. 68125
11	宁夏	1. 693597	福建	6. 6473333	黑龙江	6. 204	广西	3. 016667	福建	4. 61875
12	新疆	1. 668387	青海	6. 357	新疆	5. 94	黑龙江	3. 010417	广西	4. 53125
13	安徽	1. 664959	云南	6. 3526667	山东	5. 94	广东	3. 010417	广东	4. 4625
14	福建	1. 644963	新疆	6. 3526667	甘肃	5. 808	陕西	3. 010417	吉林	4. 45625
15	甘肃	1. 641725	广东	6. 3483333	吉林	5. 808	安徽	3. 010417	河北	4. 45625
16	广东	1. 631703	陕西	6. 214	福建	5. 6165	河南	2. 983333	宁夏	4. 45

续表

	地区	运营合作关系的能力	地区	设计合作战略的能力	地区	选择合作伙伴的能力	地区	处理合作关系的能力	地区	实现合作绩效的能力
17	山东	1.630796	四川	6.214	四川	5.6165	甘肃	2.979167	湖南	4.4
18	陕西	1.626659	广西	6.2096667	湖北	5.6165	湖南	2.947917	陕西	4.38125
19	四川	1.623535	甘肃	6.071	湖南	5.6165	山西	2.947917	新疆	4.375
20	青海	1.622813	湖北	6.071	广东	5.544	青海	2.947917	上海	4.375
21	黑龙江	1.621021	山东	6.0666667	陕西	5.544	海南	2.947917	山东	4.375
22	广西	1.619725	湖南	6.0666667	山西	5.544	贵州	2.947917	安徽	4.375
23	湖北	1.614037	宁夏	5.928	安徽	5.412	四川	2.916667	辽宁	4.36875
24	湖南	1.607825	山西	5.9236667	青海	5.412	内蒙古	2.916667	湖北	4.3
25	山西	1.604106	江西	5.9236667	宁夏	5.28	西藏	2.910417	内蒙古	4.29375
26	江西	1.602654	河南	5.9193333	海南	5.28	新疆	2.885417	江西	4.29375
27	海南	1.575886	海南	5.7806667	云南	5.148	吉林	2.885417	黑龙江	4.225
28	吉林	1.565707	贵州	5.7806667	广西	5.148	山东	2.879167	甘肃	4.21875
29	贵州	1.5416502	黑龙江	5.63165667	内蒙古	5.148	重庆	2.854167	海南	4.0625
30	内蒙古	1.545137	内蒙古	5.4946667	河南	5.016	湖北	2.841667	山西	3.9
31	河南	1.494399	吉林	5.3516667	贵州	5.016	江西	2.664583	贵州	3.6625

（2）就设计合作战略的能力而言，西藏排第5位，分数是7.371；重庆排第10位，分数是6.656；青海排第12位，分数是6.357；云南排第13位，分数是6.3526667；新疆排第14位，分类是6.356007；陕西排第16位，分数是6.214；广西排第18位，分数是6.2096667；甘肃排第19位，分数是6.071；宁夏排第23位，分数是5.928；贵州排第28位，分数是5.7806667；内蒙古排第30位，分数是5.4946667。

（3）就选择合作伙伴的能力而言，重庆排第5位，分数是6.996；西藏排第6位，分数是6.864；新疆排第12位，分数是5.94；甘肃排第14位，分数是5.808；四川排第17位，分数是5.6165；陕西排第21位，分数是5.544；青海排第24位，分数是5.412；宁夏排第25位，分数是5.28；云南、广西、内蒙古排第27位，分数是5.148；贵州排第31位，分数是5.016。

（4）就处理合作关系的能力而言，宁夏排第9位，分数是3.091667；云南排第10位，分数是3.06875；广西排第11位，分数是3.016667；陕西排第14位，分数是3.010417；甘肃排第17位，分数是2.979167；青海排第20位，分数是2.947917；贵州排第22位，分数是2.947917；四川排第23位，分数是2.916667；内蒙古排第24位，分数是2.916667；西藏排第25位，分数是2.910417；新疆排第26位，分数是2.885417；重庆排第29位，分数是2.854167。

（5）就实现合作绩效的能力而言，云南排第2位，分数是5.625；青海排第5位，分数是5.55；西藏排6位，分数是5.4；重庆排第7位，分数是5.3125；四川排第8位，分数是5.0875；广西排第12位，分数是4.53125；宁夏排第16位，分数是4.45；陕西排第18位，分数是4.38125；新疆排第19位，分数是4.375；内蒙古排第25位，分数是4.29375；甘肃排第28位，分数是4.21875；贵州排第31位，分数是3.6625。

就供给合作资源的能力而言，其具体情况见表4.7：

（1）分析表4.4的时候，研究者已经指出就供给合作资源的能力而言，云南排第3位，分数是4.6035；宁夏排第6位，分数是4.280713；四川排第10位，分数是4.082248；甘肃排第12位，分数是4.007215；广西排第13位，分数是3.938085；重庆排第14位，分数是3.92367；贵州排第19位，分数是3.78665；新疆排第20位，分数是3.774173；西藏排第23位，分数是3.7293；内蒙古排第25位，分数是3.640485；青海排第26位，分数是3.595458；陕西排第27位，分数是3.590343。

（2）就供给权威资源的能力而言，云南排第2位，分数是10.2；宁夏排第7位，分数是9.826；西藏排第11位，分数是8.494333；四川排第13位，分数是8.307333；贵州排第14位，分数是8.120333；青海排第15位，分数是8.120333；陕西排第16位，分数是8.120333；广西排第20位，分数是7.746333；新疆排第21位，分数是7.746333；内蒙古排第22位，分数是7.746333；甘肃排第24位，分数是7.740667；重庆排第31位，分数是6.981333。

（3）就供给信息资源的能力而言，云南排第2位，分数是14.4；宁夏排第4位，分数是14.4；甘肃排第8位，分数是13.12；广西排第13位，分数是12.64；四川排第14位，分数是12.32；西藏排第16位，分数是12.16；贵州排第21位，分数是11.68；陕西排第22位，分数是11.68；重庆排第25位，分数是11.68；新疆排第28位，分数是11.2；青海排第30位，分数是10.88；内蒙古排第31位，分数是10.72。

（4）就供给财政资源的能力而言，云南排第2位，分数是15.3；四川排第8位，分数是14.0165；重庆排第9位，分数是13.634；宁夏排第11位，分数是13.2175；新疆排第12位，分数是13.1495；广西排第13位，分数是12.1657；内蒙古排第14位，分数是12.1657；贵州排第16位，分数是12.75；甘肃排第17位，分数是12.733；青海排第22位，分数是12.3165；西藏排第27位，分数是11.9；陕西排第29位，分数是11.4835。

表 4.7 地方基层社会合作治理效能中的供给合作资源能力测评结果及其排名

	地区	供给合作资源的能力	地区	供给权威资源的能力	地区	供给信息资源的能力	地区	供给财政资源的能力
1	北京	4. 536308	北京	10. 2	北京	14. 4	上海	15. 3
2	上海	4. 6035	云南	10. 2	云南	14. 4	云南	15. 3
3	云南	4. 6035	天津	10. 2	上海	14. 4	浙江	15. 3
4	浙江	4. 5043	江苏	10. 013	宁夏	14. 4	北京	14. 8665
5	江苏	4. 387508	上海	9. 826	浙江	13. 165	江苏	14. 8665
6	宁夏	4. 280713	浙江	9. 826	广东	13. 6	辽宁	14. 45
7	辽宁	4. 19895	宁夏	9. 826	江苏	13. 44	天津	14. 433
8	天津	4. 196315	辽宁	9. 633333	甘肃	13. 12	四川	14. 0165
9	河北	4. 092	河北	9. 066667	江西	13. 12	重庆	13. 634
10	四川	4. 082248	山西	8. 5	河北	12. 8	河北	13. 6
11	广东	4. 017058	西藏	8. 494333	天津	12. 64	宁夏	13. 2175
12	甘肃	4. 007215	安徽	8. 324333	辽宁	12. 64	新疆	13. 1495
13	广西	3. 938085	四川	8. 307333	广西	12. 64	广西	12. 1657
14	重庆	3. 92367	贵州	8. 120333	四川	12. 32	内蒙古	12. 1657
15	江西	3. 88337	青海	8. 120333	湖北	12. 32	安徽	12. 75
16	安徽	3. 86105	陕西	8. 120333	西藏	12. 16	贵州	12. 75
17	吉林	3. 858415	海南	7. 933333	安徽	12. 16	甘肃	12. 733
18	海南	3. 80618	河南	7. 933333	吉林	12. 16	湖南	12. 733
19	贵州	3. 78665	湖北	7. 922	海南	11. 84	吉林	12. 733
20	新疆	3. 774173	广西	7. 746333	河南	11. 84	海南	12. 716
21	湖南	3. 759215	新疆	7. 746333	贵州	11. 68	广东	12. 3165
22	湖北	3. 7541	内蒙古	7. 746333	陕西	11. 68	青海	12. 3165
23	西藏	3. 7293	广东	7. 740667	黑龙江	11. 68	江西	11. 934
24	河南	3. 682335	甘肃	7. 740667	山东	11. 68	河南	11. 917
25	内蒙古	3. 640485	黑龙江	7. 559333	重庆	11. 68	湖北	11. 9

续表

	地区	供给合作资源的能力	地区	供给权威资源的能力	地区	供给信息资源的能力	地区	供给财政资源的能力
26	青海	3. 595458	吉林	7. 553667	湖南	11. 52	山西	11. 9
27	陕西	3. 590343	福建	7. 366667	山西	11. 2	西藏	11. 9
28	黑龙江	3. 587708	山东	7. 366667	新疆	11. 2	福建	11. 883
29	山西	3. 5805	江西	7. 361	福建	11. 2	陕西	11. 4835
30	福建	3. 577865	湖南	7. 174	青海	10. 88	黑龙江	11. 4665
31	山东	3. 3914	重庆	6. 981333	内蒙古	10. 72	山东	10. 2

二、聚类分析

1. 中国基层社会治理合作效能总体态势分析

研究者首先采用加权求和的指标综合评价方法计算出四级指标的分数。之后，本研究再根据正、逆指标无量纲化计算公式（如下所示）对采集的数据进行无量纲化即标准化处理，借此清除原始变量（指标）量纲对数据的影响。

正指标无量纲化计算公式：

$$Z_i = \frac{X_i - X_{\min}^i}{X_{\max}^i - X_{\min}^i}$$

逆指标无量纲化计算公式：

$$Z_i = \frac{X_{\max}^i - X_i}{X_{\max}^i - X_{\min}^i}$$

最后，研究者通过 IBM SPSS Statistics 19. 0 软件以“物以类聚”的原则为理论指导，对采集的 31 个省、自治区、直辖市的数据进行聚类分析（Cluster Analysis），以便指出各个类别之间的相似性或者差异性。在表 4. 8 中，聚类分析显示中国 31 个省、自治区、直辖市地方基层社会公共事务合作治理效能现状分为三个层次：属于第一个层次的地区是北京、天津、上海、江苏、浙江 5 个省、直辖市；属于第二个层次的地区是河北、辽宁、广东、重庆、云南、西藏、宁夏 7 个省、自治区和直辖市；属于第三个层次的地区是山西、内蒙古、吉林、黑龙江、安徽、福建、江西、山东、河南、湖北、湖南、广西、海南、四川、贵州、陕西、甘肃、青海、新疆 19 个省、自治区（参见表 4.8）。

表 4.8　地方基层社会合作治理效能聚类分析

案例号	地区	聚类	距离
1	北京	1	0.343
2	天津	1	0.321
3	河北	2	0.051
4	山西	3	0.066
5	内蒙古	3	0.128
6	辽宁	2	0.619
7	吉林	3	0.190
8	黑龙江	3	0.113
9	上海	1	0.292
10	江苏	1	0.3165
11	浙江	1	0.062
12	安徽	3	0.447
13	福建	3	0.312
14	江西	3	0.239
15	山东	3	0.371
16	河南	3	0.403
17	湖北	3	0.108
18	湖南	3	0.027
19	广东	2	0.267
20	广西	3	0.352
21	海南	3	0.077
22	重庆	2	0.391
23	四川	3	0.487

续表

案例号	地区	聚类	距离
24	贵州	3	0.079
25	云南	2	0.165
26	西藏	2	0.470
27	陕西	3	0.267
28	甘肃	3	0.369
29	青海	3	0.320
30	宁夏	2	0.140
31	新疆	3	0.134

借鉴李超显的雁行分布图研究工具①，研究者描绘了中国31个省、自治区、直辖市地方基层社会合作治理效能现状如图4.1所示。

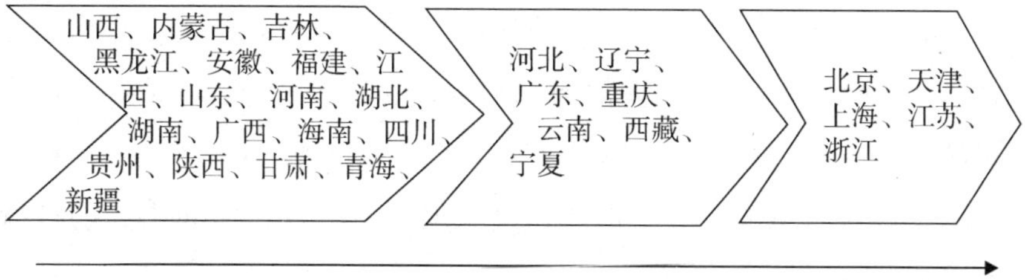

图4.1　中国地方基层社会合作治理效能现状雁行分布

2. 民族地区与非民族地区间的比较分析：独立样本T检验

独立样本T检验主要用来检验两个不同类型组别之间在某一变量上的差异。这篇文章根据中华人民共和国国家民族事务委员会的分类，将中国地方31个省、自治区、直辖市划分为民族地区包括广西壮族自治区、内蒙古自治区、西藏自治区、新疆维吾尔自治区、宁夏回族自治区以及青海省、云南省、贵州省三个多民族聚居区和其余23个非民族地区。IBM SPSS Statistics 19.0软件中的independent - sample T Test检验显示民族地区

① 李超显．基于DEA模型的我国政府社会管理职能绩效评价研究——以30个省（直辖市、自治区）为统计样本的实证分析［J］．中国行政管理，2012（07）：110－115.

和非民族地区在总体合作治理效能、培育合作伙伴的能力、运营合作关系的能力和供给合作资源的能力等一级和二级指标上均没有显著差异（*P* 值均大于 0.005，没有达到显著水平），因此可以推断民族地区和非民族地区在地方基层公共事务合作治理效能上基本上不存在显著差异。但是，在三个三级指标包括培育各类媒体的能力（$P = 0.007 < 0.05$，均值差值 = 1.06404529）、培育企业的能力（$P = 0.030 < 0.05$，均值差值 = 0.816591782）和选择合作伙伴的能力上（$P = 0.034 < 0.05$，均值差值 = 0.851652422）以及与其相关的六个四级指标包括地方公共部门对各类媒体的重视程度（$P = 0.000 < 0.05$，均值差值 = 1.37428250）、地方公共部门在政策上对各类媒体的支持程度（$P = 0.013 < 0.05$，均值差值 = 0.99433980）、企业参与社会建设的责任感程度（$P = 0.034 < 0.05$，均值差值 = 0.85746348）、地方公共部门在政策上支持企业社会责任建设的力度（$P = 0.019 < 0.05$，均值差值 = 0.94097750）、合作伙伴的合作意愿程度（$P = 0.040 < 0.05$，均值差值 = 0.83545792）、地方公共部门与合作伙伴的资源互补程度（$P = 0.014 < 0.05$，均值差值 = 0.98361899）存在显著差异，非民族地区略强于民族地区，显示出同中有异、大同小异的细微差距（见表 4.9）。

表 4.9 独立样本 T 检验关于民族地区与非民族地区间的比较分析

		总体显著性	个体显著性	均值差值
Zscore（地方公共部门对各类媒体的重视程度）	假设方差相等	0.578	0.000	1.37428250
	假设方差不相等		0.000	1.37428250
Zscore（地方公共部门在政策上对各类媒体的支持程度）	假设方差相等	0.024	0.013	0.99433980
	假设方差不相等		0.001	0.99433980
Zscore（培育各类媒体的能力）	假设方差相等	0.064	0.007	1.06404529
	假设方差不相等		0.002	1.06404529

续表

		总体显著性	个体显著性	均值差值
Zscore（企业参与社会建设的责任感程度）	假设方差相等	0.003	0.034	0.85746348
	假设方差不相等		0.003	0.85746348
Zscore（地方公共部门在政策上支持企业社会责任建设的力度）	假设方差相等	0.084	0.019	0.94097750
	假设方差不相等		0.004	0.94097750
Zscore（培育企业的能力）	假设方差相等	0.007	0.030	0.816591782
	假设方差不相等		0.003	0.816591782
Zscore（合作伙伴的合作意愿程度）	假设方差相等	0.993	0.040	0.83545792
	假设方差不相等		0.071	0.83545792
Zscore（地方公共部门与合作伙伴的资源互补程度）	假设方差相等	0.281	0.014	0.98361899
	假设方差不相等		0.025	0.98361899
Zscore（选择合作伙伴的能力）	假设方差相等	0.378	0.034	0.851652422
	假设方差不相等		0.038	0.851652422

3. 边境地区与非边境地区间的比较分析：独立样本 T 检验

同样使用独立样本 T 检验，根据马大正等的研究成果①，研究者将中国 31 个省、自治区、直辖市划分为边境地区辽宁、吉林、黑龙江、广西、云南、新疆、西藏、甘肃、内蒙古 9 个省、自治区与 22 个非边境省、自治区、直辖市。Independent - sample T Test 检验显示边境地区与非边境地区在总体合作治理效能、培育合作伙伴能力、运营合作关系能力和供给合作资源能力等所有一级、二级、三级、四级指标上均没有显著差距（“*P*”

① 马大正．中国边疆治理：从历史到现实［J］．思想战线，2017，43（04）：56 - 66.

值均大于0.005，没有达到显著水平）。

4. 东部、西部、中部地区间的比较分析：ANOVA 方差分析

方差分析（Analysis of Variance，简称 ANOVA）主要是用于检验两个以上样本在同一指标上是否存在差别显著的数量分析。研究者将中国分为三个区域即东部地区（含东北地区）、中部地区、西部地区。东部地区包括北京、上海、天津、山东、江苏、浙江、福建、广东、海南、黑龙江、吉林、辽宁12个省和直辖市；西部地区包括内蒙古、陕西、四川、西藏、青海、新疆、宁夏、贵州、云南、甘肃、广西、重庆12个省、自治区和直辖市，中部地区包括河北、河南、安徽、山西、江西、湖南、湖北7个省。经过 ANOVA 系统分析，研究发现 Tukey HSD 检验显示：（1）在总体合作治理效能上，东部地区与中部地区存在显著差异，东部地区的水平高于中部地区（$P=0.022<0.05$，均值差 $=1.08620630^{*}$），中、西部地区没有明显不同。（2）在二级指标培育合作伙伴关系的能力上，东部地区与中、西部地区存在显著差异（$P=0.021<0.05$），东部地区水平明显高于中、西部地区（均值差 $=1.19880078^{*}$；均值差 $=1.30350837^{*}$），中、西部地区没有明显不同。（3）在三级指标培育各类媒体能力上，东部地区和中、西部地区存在显著差异，东部地区优于中部地区（$P=0.018<0.05$，均值差 $=1.12336370^{*}$）和西部地区（$P=0.001<0.05$，均值差 $=1.31970135^{*}$）；在培育非政府组织的能力上，东部地区和中、西部地区存在显著差异，东部地区优于中部地区（$P=0.004<0.05$，均值差 $=1.21262972^{*}$）和西部地区（$P=0.000<0.05$，均值差 $=1.52633636^{*}$）；在培育企业能力上，东部地区和中、西部地区存在显著差异，东部地区优于中部地区（$P=0.037<0.05$，均值差 $=1.11637082^{*}$）和西部地区（$P=0.046<0.05$，均值差 $=0.92046675^{*}$）；在培育公民能力上，东部地区和西部地区存在显著差异，东部地区优于西部地区（$P=0.014<0.05$，均值差 $=1.09226991^{*}$）；在选择合作伙伴的能力上，东部地区与西部地区存在显著差异，东部地区优于西部地区（$P=0.032<0.05$，均值差 $=0.98980287^{*}$）；在处理合作关系的能力上，东部地区和中、西部地区存在

显著差异，东部地区优于中部地区（$P = 0.024 < 0.05$，均值差 = 1.13349325*）和西部地区（$P = 0.006 < 0.05$，均值差 = 1.16683128*）；在以上所有指标中，中、西部地区没有明显不同。(4) 在四级指标地方公共部门对各类媒体的重视程度上，东部地区和中、西部地区存在显著差异，东部地区优于中部地区（$P = 0.014 < 0.05$，均值差 = 1.07557356*）和西部地区（$P = 0.000 < 0.05$，均值差 = 1.51471306*）；在地方公共部门在政策上对各类媒体的支持程度上，东部地区和西部地区存在显著差异，东部地区优于西部地区（$P = 0.008 < 0.05$，均值差 = 1.16616623*）；在地方公共部门对各类媒体参与社会事务的监管程度上，东部地区和中部地区存在显著差异，东部地区优于中部地区（$P = 0.015 < 0.05$，均值差 = 1.26663891*）；在地方公共部门对非政府组织的重视程度上，东部地区和中、西部地区存在显著差异，东部地区优于中部地区（$P = 0.036 < 0.05$，均值差 = 1.10061621*）和西部地区（$P = 0.022 < 0.05$，均值差 = 1.02517074*）；在地方公共部门在政策上对非政府组织发展的支持程度上，东部地区和中、西部地区存在显著差异，东部地区优于中部地区（$P = 0.043 < 0.05$，均值差 = 1.08908650*）和西部地区（$P = 0.041 < 0.05$，均值差 = 0.94035662*）；在企业参与社会建设的责任感程度上，东部地区和中、西部地区存在显著差异，东部地区优于中部地区（$P = 0.005 < 0.05$，均值差 = 1.18979581*）和西部地区（$P = 0.000 < 0.05$，均值差 = 1.55697316*）；在地方公共部门在政策上支持企业社会责任建设的力度上，东部地区和中、西部地区存在显著差异，东部地区优于中部地区（$P = 0.006 < 0.05$，均值差 = 1.25812823*）和西部地区（$P = 0.001 < 0.05$，均值差 = 1.33508820*）；在地方公共部门监管企业社会责任建设的能力上，东部地区和中、西部地区存在显著差异，东部地区优于中部地区（$P = 0.035 < 0.05$，均值差 = 0.97810452*）和西部地区（$P = 0.000 < 0.05$，均值差 = 1.45233701*）；在地方公共部门支持公民参与公共事务的力度上，东部地区和西部地区存在显著差异，东部地区优于西部地区（$P = 0.042 < 0.05$，均值差 = 0.962947165*）；在地方公共部门对公民参与公共事务的

重视程度上，东部地区和中、西部地区存在显著差异，东部地区优于中部地区（$P = 0.018 < 0.05$，均值差 = 1.24809050*）和西部地区（$P = 0.004 < 0.05$，均值差 = 1.21864425*）；在合作决策的民主性程度上，东部地区和西部地区存在显著差异，东部地区优于西部地区（$P = 0.013 < 0.05$，均值差 = 1.10396441*）；在合作伙伴的合作意愿程度上，东部地区和西部地区存在显著差异，东部地区优于西部地区（$P = 0.029 < 0.05$，均值差 = 0.991165941*）；在地方公共部门与合作伙伴的资源互补程度上，东部地区和西部地区存在显著差异，东部地区优于西部地区（$P = 0.036 < 0.05$，均值差 = 0.99111323*）；在制定合作制度的能力上，东部地区和中、西部地区存在显著差异，东部地区优于中部地区（$P = 0.037 < 0.05$，均值差 = 1.04669654*）和西部地区（$P = 0.004 < 0.05$，均值差 = 1.23005943*）；在沟通合作各方的能力上，东部地区和西部地区存在显著差异，东部地区优于西部地区（$P = 0.028 < 0.05$，均值差 = 1.02797801*）；在激励合作行为的能力上，东部地区和中、西部地区存在显著差异，东部地区优于中部地区（$P = 0.026 < 0.05$，均值差 = 1.13406496*）和西部地区（$P = 0.011 < 0.05$，均值差 = 1.09990637*）；在利益整合能力上，东部地区和中、西部地区存在显著差异，东部地区优于中部地区（$P = 0.014 < 0.05$，均值差 = 1.20808511*）和西部地区（$P = 0.005 < 0.05$，均值差 = 1.17452719*）；在合作的经济性上，东部地区和中部地区存在显著差异，东部地区优于中部地区（$P = 0.035 < 0.05$，均值差 = 1.15443135*）；在以上所有指标中，中、西部地区无明显差异（具体见表 4.10 所示）。

表 4.10　ANOVA 方差关于东部、中部和西部地区间的比较分析

因变量	(I) 区域	(J) 区域	均值差 (I - J)	总体显著性	显著性
Zscore（地方公共部门对各类媒体的重视程度）	东部地区	中部地区	1.07557356*	0.000	0.014
		西部地区	1.51471306*		0.000
	中部地区	东部地区	-1.07557356*		0.014
		西部地区	0.43913950		0.444
	西部地区	东部地区	-1.51471306*		0.000
		中部地区	-0.43913950		0.444
Zscore（地方公共部门在政策上对各类媒体的支持程度）	东部地区	中部地区	0.75893358	0.011	0.184
		西部地区	1.16616623*		0.008
	中部地区	东部地区	-0.75893358		0.184
		西部地区	0.40723265		0.599
	西部地区	东部地区	-1.16616623*		0.008
		中部地区	-0.40723265		0.599
Zscore（地方公共部门对各类媒体参与社会事务的监管程度）	东部地区	中部地区	1.26663891*	0.013	0.015
		西部地区	0.82096966		0.077
	中部地区	东部地区	-1.26663891*		0.015
		西部地区	-0.44566925		0.548
	西部地区	东部地区	-0.82096966		0.077
		中部地区	0.44566925		0.548
Zscore（培育各类媒体的能力）	东部地区	中部地区	1.12336370*	0.001	0.018
		西部地区	1.31970135*		0.001
	中部地区	东部地区	-1.12336370*		0.018
		西部地区	0.196331655		0.867
	西部地区	东部地区	-1.31970135*		0.001
		中部地区	-0.196331655		0.867

续表

因变量	（I）区域	（J）区域	均值差（I－J）	总体显著性	显著性
Zscore（地方公共部门对非政府组织的重视程度）	东部地区	中部地区	1.10061621*	0.012	0.036
		西部地区	1.02517074*		0.022
	中部地区	东部地区	－1.10061621*		0.036
		西部地区	－0.07544547		0.982
	西部地区	东部地区	－1.02517074*		0.022
		中部地区	0.07544547		0.982
Zscore（地方公共部门在政策上对非政府组织发展的支持程度）	东部地区	中部地区	1.08908650*	0.012	0.043
		西部地区	0.94035662*		0.041
	中部地区	东部地区	－1.08908650*		0.043
		西部地区	－0.14872987		0.936
	西部地区	东部地区	－0.94035662*		0.041
		中部地区	0.14872987		0.936
Zscore（培育非政府组织的能力）	东部地区	中部地区	1.11637082*	0.019	0.037
		西部地区	0.92046675*		0.046
	中部地区	东部地区	－1.11637082*		0.037
		西部地区	－0.19590407		0.891
	西部地区	东部地区	－0.92046675*		0.046
		中部地区	0.19590407		0.891
Zscore（企业参与社会建设的责任感程度）	东部地区	中部地区	1.18979581*	0.000	0.005
		西部地区	1.55697316*		0.000
	中部地区	东部地区	－1.18979581*		0.005
		西部地区	0.36717734		0.539
	西部地区	东部地区	－1.55697316*		0.000
		中部地区	－0.36717734		0.539

续表

因变量	(*I*) 区域	(*J*) 区域	均值差 (*I*-*J*)	总体显著性	显著性
Zscore（地方公共部门在政策上支持企业社会责任建设的力度）	东部地区	中部地区	1.25812823*	0.000	0.006
		西部地区	1.33508820*		0.001
	中部地区	东部地区	-1.25812823*		0.006
		西部地区	0.016595997		0.977
	西部地区	东部地区	-1.33508820*		0.001
		中部地区	-0.016595997		0.977
Zscore（地方公共部门监管企业社会责任建设的能力）	东部地区	中部地区	0.97810452*	0.000	0.035
		西部地区	1.45233701*		0.000
	中部地区	东部地区	-0.97810452*		0.035
		西部地区	0.47423249		0.418
	西部地区	东部地区	-1.45233701*		0.000
		中部地区	-0.47423249		0.418
Zscore（培育企业的能力）	东部地区	中部地区	1.21262972*	0.000	0.004
		西部地区	1.52633636*		0.000
	中部地区	东部地区	-1.21262972*		0.004
		西部地区	0.31370664		0.643
	西部地区	东部地区	-1.52633636*		0.000
		中部地区	-0.31370664		0.643
Zscore（地方公共部门对公民参与公共事务的重视程度）	东部地区	中部地区	1.24809050*	0.002	0.018
		西部地区	1.21864425*		0.004
	中部地区	东部地区	-1.24809050*		0.018
		西部地区	0.06055375		0.987
	西部地区	东部地区	-1.21864425*		0.004
		中部地区	-0.06055375		0.987

续表

因变量	(*I*) 区域	(*J*) 区域	均值差 (*I*-*J*)	总体显著性	显著性
Zscore（地方公共部门支持公民参与的力度）	东部地区	中部地区	0. 78512117	0. 042	0. 193
		西部地区	0. 962947165*		0. 042
	中部地区	东部地区	-0. 78512117		0. 193
		西部地区	0. 17782659		0. 914
	西部地区	东部地区	-0. 962947165*		0. 042
		中部地区	-0. 17782659		0. 914
Zscore（培育公民的能力）	东部地区	中部地区	0. 96041575	0. 012	0. 075
		西部地区	1. 09226991*		0. 014
	中部地区	东部地区	-0. 96041575		0. 075
		西部地区	0. 13185416		0. 947
	西部地区	东部地区	-1. 09226991*		0. 014
		中部地区	-0. 13185416		0. 947
Zscore（培育合作伙伴能力）	东部地区	中部地区	1. 19880078*	0. 001	0. 011
		西部地区	1. 30350837*		0. 001
	中部地区	东部地区	-1. 19880078*		0. 011
		西部地区	0. 10470758		0. 960
	西部地区	东部地区	-1. 30350837*		0. 001
		中部地区	-0. 10470758		0. 960
Zscore（合作决策的民主性程度）	东部地区	中部地区	0. 97779705	0. 011	0. 067
		西部地区	1. 10396441*		0. 013
	中部地区	东部地区	-0. 97779705		0. 067
		西部地区	0. 12616736		0. 951
	西部地区	东部地区	-1. 10396441*		0. 013
		中部地区	-0. 12616736		0. 951

续表

因变量	(*I*) 区域	(*J*) 区域	均值差 (*I* - *J*)	总体显著性	显著性
Zscore (合作伙伴的合作意愿程度)	东部地区	中部地区	1.04489991	0.017	0.052
		西部地区	0.991165941*		0.029
	中部地区	东部地区	-1.04489991		0.052
		西部地区	-0.05313050		0.991
	西部地区	东部地区	-0.991165941*		0.029
		中部地区	0.05313050		0.991
Zscore (地方公共部门与合作伙伴的资源互补程度)	东部地区	中部地区	0.60328632	0.045	0.370
		西部地区	0.99111323*		0.036
	中部地区	东部地区	-0.60328632		0.370
		西部地区	0.38782692		0.657
	西部地区	东部地区	-0.99111323*		0.036
		中部地区	-0.38782692		0.657
Zscore (选择合作伙伴的能力)	东部地区	中部地区	0.94724830	0.024	0.089
		西部地区	0.98980287*		0.032
	中部地区	东部地区	-0.94724830		0.089
		西部地区	0.04264457		0.995
	西部地区	东部地区	-0.98980287*		0.032
		中部地区	-0.04264457		0.995
Zscore (制定合作制度的能力)	东部地区	中部地区	1.04669654*	0.003	0.037
		西部地区	1.23005943*		0.004
	中部地区	东部地区	-1.04669654*		0.037
		西部地区	0.18336290		0.892
	西部地区	东部地区	-1.23005943*		0.004
		中部地区	-0.18336290		0.892

续表

因变量	(I) 区域	(J) 区域	均值差 (I-J)	总体显著性	显著性
Zscore(沟通合作各方的能力)	东部地区	中部地区	0.45391237	0.036	0.559
		西部地区	1.02797801*		0.028
	中部地区	东部地区	-0.45391237		0.559
		西部地区	0.57406564		0.400
	西部地区	东部地区	-1.02797801*		0.028
		中部地区	-0.57406564		0.400
Zscore(激励合作行为的能力)	东部地区	中部地区	1.13406496*	0.006	0.026
		西部地区	1.09990637*		0.011
	中部地区	东部地区	-1.13406496*		0.026
		西部地区	-0.03424858		0.996
	西部地区	东部地区	-1.09990637*		0.011
		中部地区	0.03424858		0.996
Zscore(利益整合能力)	东部地区	中部地区	1.20808511*	0.003	0.014
		西部地区	1.17452719*		0.005
	中部地区	东部地区	-1.20808511*		0.014
		西部地区	-0.03355792		0.996
	西部地区	东部地区	-1.17452719*		0.005
		中部地区	0.03355792		0.996
Zscore(处理合作关系的能力)	东部地区	中部地区	1.13349325*	0.004	0.024
		西部地区	1.16683128*		0.006
	中部地区	东部地区	-1.13349325*		0.024
		西部地区	0.03333803		0.996
	西部地区	东部地区	-1.16683128*		0.006
		中部地区	-0.03333803		0.996

续表

因变量	(I) 区域	(J) 区域	均值差 (I-J)	总体显著性	显著性
Zscore（合作的经济性）	东部地区	中部地区	1.15443135*	0.040	0.035
		西部地区	0.61822007		0.245
	中部地区	东部地区	-1.15443135*		0.035
		西部地区	-0.53621129		0.450
	西部地区	东部地区	-0.61822007		0.245
		中部地区	0.53621129		0.450
Zscore（总体合作治理效能）	东部地区	中部地区	1.08620630*	0.022	0.045
		西部地区	0.91028414		0.051
	中部地区	东部地区	-1.08620630*		0.045
		西部地区	-0.17592216		0.912
	西部地区	东部地区	-0.91028414		0.051
		中部地区	0.17592216		0.912

第五节　本章小结

中国地方基层社会合作治理效能是打造基层共建共治共享社会治理共同体和实现基层社会治理优化协同高效的关键。本研究采用量化的数据统计分析方法，基于边境治理、族际主义和区域主义的不同理论视角，对中国31个省、自治区、直辖市的基层社会合作治理效能进行测评。研究结果显示支持区域主义关于西部地区治理的理论论断，中国的东部、西部和中部地区之间在基层公共事务的合作治理效能上有明显差异，东部地区优于中部地区和西部地区。同时，中国民族地区与非民族地区之间在地方基层公共事务的合作治理效能上表现出同中有异的细微差距。

根据这些研究结果，研究者可以将中国地方基层社会合作治理效能特征概括如下：第一，中国不同省区地方基层公共事务合作治理效能具有不均衡性和复杂性。就中国31个省、自治区、直辖市的地方基层公共事务合作治理效能而言，研究显示其可以分为三个梯队。第一梯队是位于东部的北京、天津、上海、江苏、浙江5个省区和直辖市；第二梯队是东部的辽宁、广东，中部的河北，西部的重庆、云南、西藏、宁夏7个省区、自治区和直辖市；属于第三梯队的省区是东部的吉林、黑龙江、福建、山东、海南，中部的安徽、河南、湖北、湖南、江西、山西，西部的内蒙古、广西、四川、贵州、陕西、甘肃、青海、新疆19个省区、自治区和直辖市。因此，我们可以看出中国31个省、自治区、直辖市的地方基层公共事务合作治理效能具有发展的不均衡性。同时，本研究显示一个地区的经济发展水平很可能与该地方的基层公共事务合作治理效能不存在必然关联。例如，西藏自治区的经济发展水平在2017年的全国GDP排名中基本处于末位。但是，冉昊的研究指出2013年开始西藏自治区推行的“双联户”（在规定户数中如5至10户选出户长，实施邻里互助守望工程即联户平安、联户增收）的服务管理模式极大地推动了基层公共事务合作治理效能的开发，有效地为打造共建共治共享的基层社会治理新格局提供了鲜活的经验。[14]西藏也因此跻身第二个类别层次。同样的情况还存在于宁夏的数据分析中。因此，中国不同区域地方基层公共事务合作治理效能具有复杂性。

第二，同一区域不同省区之间地方基层公共事务合作治理效能具有不均衡性。东部地区地方基层公共事务合作治理效能既有处于第一梯队的北京、天津、上海、江苏、浙江5个省区和直辖市；又有处于第二梯队的辽宁、广东；还有处于第三梯队的海南、黑龙江、吉林、山东、福建等省区。西部地区地方基层公共事务合作治理效能既有处于第二梯队的重庆、云南、西藏、宁夏4个省区、自治区和直辖市，又有处于第三梯队的内蒙古、陕西、四川、青海、新疆、贵州、甘肃、广西8个省区、自治区和直辖市。中部地区基于处于第二梯队的河北省，又有处于第三梯队的河南、安徽、山西、江西、湖南、湖北6个省区。因此，同一区域不同省区之间地方基层公共事务合作治理效能具有不均衡性。

第三，中国不同区域的省区之间在地方基层公共事务合作治理效能上具有差异性（东部地区总体上优于中、西部地区）。具体而言，ANOVA 方差分析显示：在一级指标合作治理的总体能力上，二级指标培育合作伙伴关系的能力上，三级指标培育各类媒体能力、培育非政府组织能力、培育公民能力、选择合作伙伴能力上，四级指标地方公共部门对各类媒体的重视程度、地方公共部门在政策上对各类媒体的支持程度、地方公共部门对各类媒体参与社会事务的监管程度、地方公共部门对非政府组织的重视程度、地方公共部门在政策上对非政府组织发展的支持程度、企业参与社会建设的责任感、地方公共部门在政策上支持企业社会责任建设程度、地方公共部门监管企业社会责任建设的能力、地方公共部门对公民参与公共事务的重视程度、地方公共部门支持公民参与公共事务的力度、合作决策的民主性程度、合作伙伴的合作意愿程度、地方公共部门与合作伙伴的资源互补程度、制定合作制度的能力、沟通合作各方的能力、激励合作行为的能力、利益整合能力和合作的经济性上，东部地区与中部地区或者西部地区或者中、西部地区均有显著的差异性，东部地区优于中、西部地区，而中、西部地区没有明显的差异性。

第四，民族地区与非民族地区在地方基层公共事务合作治理效能上具有“大同小异”的细微差异性。民族地区和非民族地区在一级指标总体合作治理效能，二级指标培育合作伙伴能力、运营合作关系能力和供给合作资源能力等项目上均没有显著差异。因此，我们可以推断民族地区与非民族地区在地方基层公共事务合作治理效能上没有过多的差异，但是在三个三级指标包括培育各类媒体的能力、培育企业的能力和选择合作伙伴的能力以及与其相关的六个四级指标如地方公共部门对各类媒体的重视程度、地方公共部门在政策上对各类媒体的支持程度、企业参与社会建设的责任感程度、地方公共部门在政策上支持企业社会责任建设的力度、合作伙伴的合作意愿程度、地方公共部门与合作伙伴的资源互补程度存在显著差异，非民族地区略强于民族地区，总体显示出同中有异的区域主义治理价值取向。同时，由于民族地区的西藏、青海、新疆、宁夏、贵州、云南、内蒙古、广西又可以归类于西部地区，因此还存在一种解释可能是因为区域治理能力的差异造成了民族地区地方基层公共事务合作治理效能的“大同小异”。

最后，边境治理视角下，边境地区和非边境地区在地方基层公共事务合作治理效能上不具备差异性。独立样本 T 检验显示边境地区和非边境地区之间不存在地方基层公共事务合作治理效能上的差异，再次为民族、边境和区域治理提供了支持区域主义理论价值取向的依据。

第五章　中国地方基层社会治理创新实践与规范化建设研究

——基于九届“全国创新社会治理典型案例奖”获奖项目的实证分析

这一章主要针对深度研究略有欠缺、研究方法相对单一等问题，通过对 248 个 2011—2020 年人民网和国家行政学院政治学部联合主办九届的“全国创新社会治理典型案例奖”获奖项目案例共性规律进行分析研究，以此来验证第一章和第二章建构的合作治理视角下包括治理主体、治理机制、治理行为、治理边界、治理流程、实现路径六个主要因素的中国地方基层社会治理创新实践与规范化建设研究理论框架是否具有共性和适用性。

第一节　研究问题的提出

地方基层社会治理与国家治理、基层政府治理和基层政党治理一样，具有强烈的实践导向性。基层社会治理创新实践与规范化建设是中国地方党政部门秉承“摸着石头过河”和“勇于推进实践基础上的理论创新”精神所从事的大量基础性工作。自 1978 年以来，中国地方党政部门在创新基层社会治理实践的过程中积累了大量值得深入研究的案例。这些案例作为地方基层社会治理创新的孵化成果，为中国各地以较低成本探寻更好的基层社会治理方式，不断地试错容错，顺应历史趋势，因地制宜、因时制宜选择最佳的治理实践和提升规范化建设水平，提供了大量的素材和探索解决基层治理难题的诸多可行路径。但是，目前关于中国地方基层社会治理创新实践与规范化建设典型案例共性规律的认识和理解仍然有待于进一步深化。因此，这一章研究者拟在第一章和第二章构建的理论分析框架基础上对 2011—2020 年人民网和国家行政学院政治学部联合主办的九届“全国创新社会治理典型案例奖”获奖项目进行分析，试图从中找出共性规律，以及发现西部地区和我国其他地区在基层社会治理实践创新和规范化建设中可能存在的差异性，并探寻其发展演变趋势。

在方法应用上，这一章借鉴国内外学术界采用多案例数据采集，并通过文本内容分析的方法，提炼研究案例共性规律的方法。[181]在这方面比较有代表性的研究如 Sandford 基于美国“国家和政府创新奖”众多入选项目分析发达国家和发展中国家公共管理创新的共同特征，归纳公共管理创新规律的研究；[182]何增科在不同论文中对“中国政府创新奖”入选项目创新发展趋势和特征的研究；[183]吴建南、马亮、苏婷、杨宇谦等对 100 多个“中国政府创新奖”入选项目归纳中国地方政府创新类型的研究[184]。

第二节　研究方法

一、研究设计

研究者采用多案例研究的方法，以 2011—2020 年总共九届人民网和国家行政学院政治学部联合主办的“全国创新社会治理典型案例奖”获奖项目作为分析对象进行研究。之所以采用案例研究的方法，主要基于以下的考虑：第一，基层社会治理创新实践与规范化建设具有极强的实践导向，很多学者认为理论是在实践基础上产生的，因此对典型实践案例进行分析具有极强的针对性。[179]第二，本书的研究对象主要是基层社会治理创新实践，在类别上有别于其他学者采用的“中国地方政府创新奖”获奖案例中的政治改革类、行政改革类和公共服务创新类案例，更能体现精准性。第三，案例研究一直是公共管理学研析共性规律，创建共性理论的重要研究方法，因此具有极强的应用性。第四，本研究选用的人民网和国家行政学院政治学部联合主办评选的“全国创新社会治理典型案例奖”案例既具有科学性又具有政策代表性。本研究分析的这些获奖案例是按照网络投票和专家评审相结合的方式产生的，因此评选既具有一定的科学性，又因其案例聚焦服务党和国家关于基层社会治理创新的政策，具有政策上的代表性。[185]第五，“全国创新社会治理典型案例奖”的获奖项目不仅涵盖范围广、质量高，而且更有利于研究者讲好中国基层社会治理创新实践与规范化建设的好故事。第六，案例研究是集归纳逻辑和演绎逻辑二者之长的分析方法，因此具有多重比较优势。案例研究的归纳逻辑一般是指在现有理论成果不是非常丰硕的情况下，基于田野调查或采用探索性研究，归纳其获得资料的共性规律的一种方法；而演绎逻辑则是指现有的理论成果已经较为成熟，通过验证性案例研究的方法对理论的适用性进行检验的一种方法。① 在这本著作中，研究者既在理论演绎逻辑的基础上通过文献综述构建了合作治理视角下涵盖治理主体规范化建设、治理机制规范化建设、治理行为规范化建设、治理流程规范化建设、实现路径规范化建设、治理边界规范化建设的理论分析框架，又通过实证研究对“全国创新社会治理典型案例奖”获奖项目的共性规律进行总结、提炼、归纳，以此来丰富、完善、修正理论分析框架。

---

① Bryman, A. and Bell, E., Business Research Methods [M], Oxford: Oxford University Press, 200.

二、数据采集

本研究使用的案例来自2011—2020年人民网和国家行政学院政治学部联合主办的“全国创新社会治理典型案例奖”九届270个获奖项目，其中包括10个最佳案例和20个优秀案例。该奖项申报和评选程序包括地方公共部门自愿申报→专家组初选→网上公示→群众投票→专家复选决定。鉴于其评选的独立性和公正性，在一定程度上其获奖项目可以代表中国地方基层社会治理创新的现状与趋势。在实际的数据采集过程中，由于2013年第二届“全国创新社会治理典型案例奖”的20个优秀案例和2016年“河南省洛阳市孟津县：双管齐下铸平安”案例以及“河南省新乡市运用改革创新公式，做好加减乘除试题”案例没有能够在人民网公开发布的信息进行数据采集。所以，研究者最后收集到的案例数量为248个，占全部获奖案例的91.85%。虽然“全国创新社会治理典型案例奖”的申报项目和获奖项目在中国地方基层社会治理创新实践与规范化建设中的样本数量极其有限，但是其较好的代表性成为研究者选取其作为样本的重要依据。[①]

三、数据分析

研究者对收集到的由人民网和国家行政学院政治学部2011—2020年联合评选的九届“全国创新社会治理典型案例奖”248个获奖项目，采用内容分析法来进行研究。内容分析法（Content Analysis Method）是一种对目标文本语义的特征与属性进行频率计数，明晰其共性规律的方法，是一种将“质性”的语言文字转换为数量表示方法的“定量”研究方法。采用该分析方法是为了更好地发现2011—2020年人民网和国家行政学院政

① Bryman, A. and Bell, E., Business Research Methods [M], Oxford: Oxford University Press, 200.

治学部联合主办的九届“全国创新社会治理典型案例奖”获奖项目中的发展趋势、现状，并进一步将其与西部地区的基层社会治理创新实践与规范化建设案例进行对比和比较。与解读式内容分析法（Hermeneutic content analysis）旨在发现文字背后深层次的内容含义不同，研究者采用实验式内容分析法（Empirical content analysis），该方法主要包括定量内容分析和定性内容分析相结合的方法，按照建立研究主要目标、确定研究总体和选择分析单位、设计文本分析维度结构、抽样和量化分析材料、进行评判记录和分析推论六部分进行。在定性内容分析中，研究者在对248个“全国创新社会治理典型案例奖”的文本进行分析编码的过程中，研究者先根据研究目标，请两名分析人员从案例分析材料中随机抽取两个案例，进行编码，之后完成对随机抽取的100个案例进行分析，以便检验所设定的理论分析框架的有效性。接着，他们在分析100个案例的基础上，再完成100个案例的分析，以检验文本分析维度结构即理论分析框架的系统性和准确性。研究者请数据分析员最后将剩余的48个案例材料进行编码分析后，未发现新的概念和结构维度，各个概念和结构维度间关系也没有发生新的变化，说明其通过了理论饱和性检验，具有较强的现实解释力。同时，为确保编码的可信度，两位数据分析员也分别根据案例材料内容进行编码，之后验证其编码内容是否具备一致性，如果存在编码分歧，则由第三位独立数据分析员加入进行讨论，直至达到最终共识。①最后，借鉴吴建南等的研究分类，在这里研究者将基层社会治理创新实践与规范化建设的区域分布划分为东部（含东北部）、中部和西部；地区划分为西部地区和非西部地区；集聚的领域划分为城市和乡村等。②③

---

① 吴建南，马亮，苏婷，杨宇谦．政府创新的类型与特征——基于“中国政府创新奖”获奖项目的多案例研究［J］．公共管理学报，2011（01）：94－103＋127.

② 吴建南，马亮，苏婷，杨宇谦．政府创新的类型与特征——基于“中国政府创新奖”获奖项目的多案例研究［J］．公共管理学报，2011（01）：94－103＋127.

③ Colaizzi P. Psychological research as the phenomenologists view it［M］. New York：Oxford University Press，1978：48－71.

第三节 研究结果

以本研究第二章所建构的理论分析框架为依据，经过文本内容分析法的数据整理方式，研究者发现本研究的248个案例在治理主体上均显示不少于两个以上的主体参与，因此中国地方基层社会治理创新实践与规范化建设是在合作治理理论框架下进行的理论假设成立。在此基础上，研究者进一步对治理主体、治理机制、治理边界、实现路径、治理流程、治理行为六个因素逐一分析。在修改完善研究的时候，有专家专门提出第五章值得西部地区借鉴推广的案例没有很好地体现出来。有鉴于此，根据相关专家建议，研究者采用德尔菲法（Delphi Method）邀请西部地区5名基层社会治理创新实践与规范化建设的从业人员、5名普通群众、5名高校（科研院所）专家对研究者收集的案例，按照技术重要性指数 I_{index} 进行意见征询。研究者按照德尔菲法（Delphi Method）的技术重要性指数设置原则，将所有其他地区获奖案例赋值为“非常值得借鉴”（分值100）、“比较值得借鉴”（分值75）、“可能值得借鉴”（分值50）、“不适合借鉴”（分值5）和“非常不适合借鉴”（分值0）来进行打分。研究者在第五章和第六章所汇报的案例均为专家集体打分超过75分以上的案例材料。

一、地方基层社会治理创新实践与规范化建设的治理边界及其演化

基于本研究第二章所建构的以合作治理理论为基础涵盖治理主体规范化建设、治理边界规范化建设、治理行为规范化建设、治理机制规范化建设、实现路径规范化建设、治理流程规范化建设六要素的分析框架。经过文本内容分析法的数据整理方式，研究者分析发现“全国创新社会治理典型案例奖”248个案例的治理边界包括流动人口和特殊人群服务、社会组织治理、互联网治理、基层参与式社区治理、社会治安防控协同治理、维

护市场经济秩序、化解社会矛盾、应急管理与风险治理、经济组织治理、维护群众权益十个领域。

总体来说，表5.1显示研究者收集的从2011至2020年“全国创新社会治理典型案例奖”248个获奖项目案例的治理边界规范化建设主要集中在基层参与式社区治理（占比20.19%）、化解社会矛盾（占比19.95%）、维护群众权益（占比18.89%）、社会治安防控协同治理（占比11.45%）、社会组织治理（占比10.98%）、应急管理与风险治理（占比6.49%）、流动人口和特殊人群服务（占比5.79%）、经济组织治理（占比2.72%）、维护市场经济秩序（占比1.77%）和互联网治理（占比1.77%）十个领域。

从表5.1可以看出基层参与式社区治理、化解社会矛盾、维护群众权益、社会治安防控协同治理等治理范围，基本上在不同年份处于平缓波动起伏的状态，但总体数量基本上一直处于领先地位。应急管理与风险治理和社会组织治理处于一个先增再减到再增加的过程，前者在2013—2014年和2015—2016年分别达到了数量的波峰，后者则在2014—2015达到了峰值。互联网治理、维护市场经济秩序、经济组织治理、流动人口和特殊人群服务基本上处于低位徘徊不定的状态，而互联网治理、维护市场经济秩序、经济组织治理、流动人口和特殊人群服务在2012—2013年处于缺位状态。但是，这里需要说明的是，这不代表2012—2013这两年中上述四个治理领域有所缺失，一种可能性的解释是研究者收集到这一届的样本数量过少，仅有优胜奖案例十个。

表 5.1 地方基层社会治理创新实践与规范化建设中治理边界的演化

	第一届（2011—2012）	第二届（2012—2013）	第三届（2013—2014）	第四届（2014—2015）	第五届（2015—2016）	第九届（2016—2017）	第七届（2017—2018）	第八届（2018—2019）	第九届（2019—2020）	合计比例
应急管理与风险治理	6	1	10	6	12	2	5	6	7	6. 49%
基层参与式社区治理	14	7	27	19	24	18	18	20	24	20. 19%
社会治安防控协同治理	9	1	14	11	17	9	11	12	13	11. 45%
维护市场经济秩序	2		2	2	1	2	2	2	2	1. 77%
经济组织治理	2		4	7	1	2	2	2	3	2. 72%
维护群众权益	13	6	16	16	21	18	23	24	23	18. 89%
社会组织治理	8	4	10	18	7	4	14	13	15	10. 98%
流动人口和特殊人群服务	4		6	6	8	5	7	6	7	5. 79%
互联网治理	1		4	1	1	3	2	2	1	1. 77%
化解社会矛盾	18	8	20	19	23	15	23	21	22	19. 95%

说明：由于一个案例可以属于多个不同范畴，因此频数数量总和大于样本量248，百分比统计也与此同理。

就基层参与式社区治理而言，可以划分为体制内的力量整合和体制外的力量整合，即通过纵向整合上下级党政机构，水平整合同级政府部门，内外整合社会组织、群众自治组织、党的群团组织、企业、社会工作者、公众、媒体、学校（科研院所）、专家学者等合作伙伴，建立合作关系。就体制内机关企事业单位参与社区治理而言，湖北省武汉市武昌区徐家棚街道以打造公共空间、培育公共精神和公共责任为目标，以区域化党建为纽带，推动驻区的事业机关单位（如与湖北大学开展街校共建）、辖区党员积极到社区“双报到”（党组织向社区、党员向社区报到）工作，推动社区、群众自治组织、驻区企事业单位、党的群团组织、社会工作者、公众、媒体、专家学者、社区居民等各种主体开好“联席”会议，服务群众“最后一公里”。就体制外合作关系而言，还可根据参与主体，划分为企业、社会组织和群众参与等。就社会组织参与社区治理而言，四川省成都市锦江区在积极推进社区治理工作中，整合社区两委的力量不仅引进外来社会组织，而且努力培育本地社会组织，并将社会组织根据居民需求划分为功能型、互助类、文化类等，成立社区基金，为社会组织提供办公场地、项目资金，或者购买基层社会组织服务。就不同群体的人民群众参与社区治理而言，辽宁省辽阳市文圣区成立由文圣区政府部门负责人，区“两代表（党代表、人大代表）一委员（政协委员）”，在职和离退休法官、律师、人民陪审员，不同行业专业技术人员，新乡贤如有威望的社会人士、村民（社区居民）代表等组成不同的“调解评议团”，以志愿者身份同时深入不同镇街开展矛盾纠纷调解活动。就体制外企业参与社区治理而言，广东省珠海市香洲区社区通过构建“社区点菜（政府搭台）—微公益中心统筹—企业资助—社会组织承接实施—居民受益—社会公众对项目监督”的社区公益路径，通过微公益利民事业点亮了社区居民民生服务之灯。

就互联网治理而言，其主要是指以党委领导、政府管理、企业履责、社会监督、网民自律的针对互联网领域所实施的引导、规制等治理行为。典型的案例有四川省遂宁市大英县“善管（全县统筹协调、部门镇乡联动、网络监督员志愿引领组建阶梯级网络管理队伍，资金保障与平台建设到位，依法管理与行业自律相结合，技术过滤与人工审查相结合）、善引（推进企业文明办网、人民群众文明上网，加强网络安全教育与从业人员培训，加强网络舆情管理和引导）、善用（搭建了基层社会治理交流对话平台，扩大了影响力，提升了大英对外形象，促进了经济文化发展和民生改善）”三招并举治理互联网的新实践和规范化建设非常值得推广学习。四川省成都市武侯区探索“三转（转变监管思维，多手段强化属地责任；转变统计路径，多渠道搜寻治理对象；转变治理方式，多部门实施联动共治）、双向（政府服务企业以服务鼓励企业健康发展；企业服务区域发展）、两护（实施网络安全“自查自纠”；实施网络安全“督查督办”）”基层网络空间治理的经验也非常值得学习。

就维护市场经济秩序而言，其主要指党委、政府等不同公共服务主体充分发挥主导作用，利用法律、道德、行政、经济等手段调节社会经济利益分配格局，建立健全社会诚信体系和规范市场经济秩序，保证社会成员在机会平等的条件下，依法获得经济利益。例如，吉林省延吉市建立健全同市场经济主体及其行为相适应的劳动、工资标准，规范其市场经济的利益协调行政法律制度，建立健全食品药品和安全生产监管体系，实现合理的初次分配，并建立健全群众利益协调机制。再例如，广东省东莞市建立健全社会诚信体系，定期在全省以新闻发布会形式发布劳资履约、食品药品等领域和行业的诚信“红黑榜”。

就经济组织治理而言，一是侧重规范壮大农村集体经济组织运作，提高村级党组织和自治组织的凝聚力和服务能力。例如，广东省清远市以问题为导向，突出农民的主体地位，依法依规破解行政村不掌握集体资产，不同村民小组的集体资产统筹发展难度大，行政村集体经济产权与行政村治权相分离的问题，以土地等集体资产归属为指导原则，成立经济合作社和经济联合社，实现基层党组织、村民自治组织和公共服务“三个重心下移”的目标。二是规范非公有制经济组织的运作。例如，贵州省贵阳市成立了由市委非公企业和社会组织工作委员会牵头，选派相关部门党建工作指导员，下拨资金，在非公经济组织加强党的建设。

就流动人口和特殊人群服务而言，2018年3月，习近平总书记参加十三届全国人大一次会议广东代表团审议时强调："要创新社会治理体制，把资源、服务、管理放到基层，把基层治理同基层党建结合起来，拓展外来人口参与社会治理途径和方式，加快形成社会治理人人参与、人人尽责的良好局面。"各地针对流动人口和特殊人群的服务关爱有针对性地推出了一系列举措。例如，黑龙江省牡丹江市加强特殊人群的服务教育管理，解决好特殊人群生产生活问题；陕西省商洛市镇安县建立"民情气象服务站"，重点服务特殊人群；辽宁省铁岭市公安局推出政策，使流动人口与当地居民在各种公共服务上享受同等待遇；广东省东莞市创新制定积分制管理办法，在公共服务领域，推行本地人口和外来居民积分制度，实现"同城共享"积分制公共服务体系；北京市探索建立"社区青年汇"的新居民互助服务站；贵州省贵阳市的"一核多元、五力（党委、政府、社会、群众、制度）共治"对流动人口和特殊人群的服务实践等。

就应急管理与风险治理而言，一是寓管理于服务之中。例如，安徽省宿州市城市管理局致力于推动"宿州城管服务超市"信息系统建设，所有服务对象可以通过智慧平台建设，仅需电话联系、鼠标点击，就能启动应急管理服务体系。二是整合资源实现协同和智慧治理。例如，浙江省杭州市上城区探索"平安365"智慧治理平台和机制，整合多部门机构，建立融合台风、禽流感等自然灾害和公共疫情的应急联动处置机制。

就社会组织治理而言，现有的规范化建设主要聚焦其准入、培育、参与、评估的规范化建设。如北京市东城区建国门街道狠抓推广"多元参与，协商共治"的理念，最大范围营造共识建立了社区俱乐部联席会等制度；健全组织领导（成立领导小组）和智力支持（民政部专家提供建议）机制；完善社会组织登记备案、注册、反馈监管、动态评价年度审核体系，等等。江苏省徐州市云龙区，通过出台政策调整社会组织进入公共服务领域准入标准；成立专门为社会组织服务的支持性服务中心；实施公益创投，解决社会组织募集资金困难；扶持优秀社会工作者开办专业化服务机构；以及加强社会组织成员和志愿者的专业培训，等等。

就维护群众权益而言，维护群众权益就是要保护人民群众的人身权、财产权、人格权。例如，广西壮族自治区河池市东兰县通过访民情等七民工作法维护群众权益。黑龙江省牡丹江市健全党和政府主导的维护群众土地征收征用、城市建设拆迁、征用拆迁补偿等权益的机制，为经济社会更好更快发展创造了先决条件。

就社会治安协同治理而言，其规范性建设主要侧重于谁来协同，集体行动治理的边界和运行机制等。如山东省菏泽市的基层综治工作规范化建设，就提出了党政相关部门（社区党组织、自治组织、社会组织、驻社区企事业单位）和基层群众的部门协作、社会治安、矛盾纠纷、突出治安、基层平安、重点人员管控等“六联”社会治安协同治理实践。

就化解社会矛盾而言，其规范性建设侧重于源头化解、系统化解、依法化解和综合手段的应用。例如，湖北省三门峡市，以群众工作为引领，从教育、就业、劳资纠纷、医疗、养老、住房保障等源头上化解社会矛盾。贵州省黔东南州剑河县打造信息化网格联系微平台、推行网格事务社会化的微治理、建立网格化精细化微服务，并在网格化基础上实施多元化的社会矛盾微调解，实现了治理无盲点、矛盾不上交的工作目标。江苏省南通市通过先后建立健全规范性政策文件，包括源头预防、排查研判、分级调处、应急处置（《关于实施矛盾纠纷排查“零报告”制度和责任查究制度的意见》《关于进一步加强依法化解社会矛盾纠纷的指导意见》）、职业管理（《南通市调解专业人员职业水平考试和评价实施办法（试行）》）、奖惩考核（《南通市社会矛盾纠纷大调解个案奖补办法》）、责任追究（《关于实行“大调解”效能监察的意见》《关于加强“大调解”效能建设的意见》）、工作保障“八大工作运行机制”，通过规范性的组织保障和制度支撑，大大提高了其运行效能。

二、地方基层社会治理创新实践与规范化建设中的治理行为及其演化

经过文本内容分析法的数据整理，本书收集的 248 个“全国创新社会

治理典型案例奖”案例按治理行为规范化建设可以分为建设基层组织、强化公共服务、改进工作方法、创新体制机制、整合基层资源、使用专门人才、推进基层民主和重视思想文化八个类型。总体来说，从表5.2可以看出改进工作方法（占比26.68%）、强化公共服务（占比25.62%）、建设基层组织（占比21.49%）、整合基层资源（占比21.25%）四个治理行为类型数量较多；推进基层民主（占比6.73%）、重视思想文化（占比9.68%）、使用专门人才（占比11.57%）三个治理行为类型数量较少。

从表5.2细细地分析这八个治理行为规范化建设的演变趋势，可以发现创新体制机制经历了从一般活跃到非常活跃的变化，创新案例数量不断增加。改进工作方法、强化公共服务、整合基层资源、建设基层组织在不同年份处于平缓起伏波动的状态，但是与其他类别的治理行为相比，其总体数量增加和减少的幅度不大。使用专门人才和推进基层民主经历了从不活跃到活跃的发展历程。重视思想文化经历了增加、减少到再增加的发展历程，整体应用数量还不是很多。

强化公共服务。第一，改善民生福利。例如，吉林省延吉市大力实施“民生行动100项”，该行动涵盖社会保障、九年制义务教育、公共医疗卫生、政策保障性住房、生态环境保护、公共文化服务等内容。第二，服务特殊人群。例如，北京市朝阳区团结湖街道智慧型社区建设充分考虑特殊群体的需求，设置社区一键通电话和动态健康监护仪，成为独居老人、残疾人的“家庭保姆”，也为流动人口设立一号定位系统，为他们提供交通指南等即时便利服务。第三，服务方式创新。这里主要指在理念上以便民为主，在实践中采用整体性治理的思维，突出放管服的理念，通过一站式、一门式、一窗式服务（如广东省佛山市禅城区的一门式政务服务改革；如湖北省武汉市武昌区的徐家棚空间·平台·邻里情的“一楼式办公、一窗式受理、一站式服务、一次性收费、一网式运行”的高效率行政服务中心运行实践）、代办制度（如江苏省南通市，创建“网上公共服务中心”，建立健全党员干部通过平台民意代言、事务代办、便民代理等直接联系服务群众制度）、智慧服务（如北京市朝阳区团结湖街道智慧型社区建设）等创新提升公共服务的质量。

表 5.2　地方基层社会治理创新实践与规范化建设中治理行为的演化

	第一届（2011—2012）	第二届（2012—2013）	第三届（2013—2014）	第四届（2014—2015）	第五届（2015—2016）	第九届（2016—2017）	第七届（2017—2018）	第八届（2018—2019）	第九届（2019—2020）	合计比例
建设基层组织	11	8	27	23	23	16	24	25	25	21.49%
强化公共服务	15	9	25	30	28	28	27	28	27	25.62%
改进工作方法	21	7	30	28	28	28	28	28	28	26.68%
创新体制机制	8	2	12	15	24	24	23	24	23	18.30%
整合基层资源	12	9	23	25	20	22	23	24	22	21.25%
使用专门人才	7	3	11	13	15	7	13	14	15	11.57%
推进基层民主	5	1	11	4	9	5	7	8	7	6.73%
重视思想文化	7	0	14	5	13	8	12	11	12	9.68%

说明：由于一个案例可以属于多个不同范畴，因此频数数量总和大于样本量248，百分比统计也与此同理。

建设基层组织。建设基层组织是以建立村居党组织为核心，多元主体协同参与的一核多元基层社会治理格局。根据复合治理理论，建设基层组织也就是实现党建与治理相复合、政府与社会相复合、管理与服务相复合的治理。例如，广东省中山市在村居创新组建社区服务中心，由村居“两委”成员、党代表、人大代表、政协委员、辖区企事业单位、本地村（居）民、优秀异地务工人员代表等组成农村社区建设协调委员会成员，从而形成基层党组织领导、建设协调委员会协商议事和监督、基层自治组织执行的复合型基层治理格局。

改进工作方法。改进工作方法主要聚焦依法治理、道德约束、管理创新、技术治理和协同合作等几个方面。例如，贵州省贵阳市开阳县采用合力富民（采用“支部 + 专业合作社 + 农户”的模式；推行“十户联保”等）、合群惠民（对特殊困难群体实行“就医、上学、养老三保障”制度；明确村班子成员“错时服务制”）、合心聚民（班子、党员、党群合心建立了酒席申报制、村容村貌保洁制等移风易俗活动）的“三合三民”的治理行为实践是其中的代表。

重视思想文化。各地的具体治理行为聚焦于实施公民道德建设工程，深化社会主义核心价值观等群众性精神文明创建活动，逐步健全乡规民约等非制度性约束；推动志愿服务活动；重视基层公共文化服务体系建设和社会心理服务体系建设等方面。例如，四川省成都市温江区涌泉街道侧重搭建“涌泉·滴水”志愿服务平台，组建企事业单位、高校学生和居民的志愿者队伍，开展社区治安参与、日间护理、环境保洁等公共服务，并在社区为居民建立心理健康档案，提供心理疏导和咨询服务。四川省都江堰市通过党建引领，院落自治，自下而上，立规执纪，研讨制定党员工作手册和行为规范、院落（小区）自治章程、村（院）规民（院）约、行业规章等制度，广开民智，通过柔性的制度软约束，不断完善社会治理制度体系。浙江省台州市仙居县的美丽乡村治理行为，通过建立《绿色公约十条》，进一步保留了淳朴民风，逐步改善村民之间的关系，让家风、家训进村入户，通过孝老敬亲、和睦家庭、集体贡献、道德医务室、创业实干等的评比，形成了慈孝、和睦、勤劳、积极的村风民风，成为美丽乡村和精神文明建设的典范。

推进基层民主。第一种是民主协商和基层社会治理相融合的“议治相济”方式。例如，广东省珠海市香洲区以居民需求为导向的“议治相济”民主协商式治理，建立了“居民（提出议事事项建议）—代表（对议事事项梳理后提出议案）—小区（集体商议提案）—党委（审议提案）—议事会（决议提案）—群众（评议提案决策执行情况）”的“六议工作法”，而且还在社区推广了“提案、程序、结果、方案、资金、公示”等的“六公开”监督机制。第二种是议治分离的治理方式。例如，广东省中山市在村居组建村居“两委”成员、党代表、人大代表、政协委员、辖区企事业单位、本地村（居）民、优秀异地务工人员代表等组成农村社区建设协调委员会成员，从而形成基层党组织领导、建设协调委员会协商议事和监督、基层自治组织执行的复合型基层治理格局。

整合治理资源。治理资源是基层社会治理创新实践与规范化建设的现实基础，各地的具体实践包括：第一，整合辖区管辖范围体制内的资源（如山东省青岛市西海岸新区的网格化基层社会治理体系建设）。二是整合驻区单位和组织的资源［如湖北省武汉市武昌区徐家棚街道，推动驻区的事业机关单位，如与湖北大学开展街校共建、辖区党员到社区“双报到”工作（单位党组织进社区、在职党员到社区报到）］。三是培育民间组织（如四川省成都市温江区涌泉街道的“积极型社区”治理注重培育辖区内社区志愿者）。整合治理资源最终目标是实现体制内外治理主体在治理过程中实现集体治理行为的优化协同高效。如将城管、住建、环保、人社、药监、安监、质监、市场监管、治安警察、巡警、交警、卫生、投促、文化、教育、消防等力量综合整合起来。

使用专门人才。第一，使用专业化的社会工作者队伍（如上海、江西、深圳等地的创新实践）。第二，挖掘本土人才。如借助老教师、老党员、老劳模、老干部、退伍军人等新乡贤熟悉当地人文地域情况，且具有较高群众威望的优势，将其培养成为专门治理人才，提升基层社会治理效能。① 例如，贵州省黔东南州剑河县建立由“老党员、老教师、老干部、老军人、老模范”等“五老”调解员组成的矛盾纠纷多元排查化解机制。再如广东省东莞市的小区“微治理”将德行服众、经济文化达人、热心群众等小区能人组织起来成为新乡贤参与基层社区治理。

创新体制机制。各地在创新实践中的治理行为规范化建设包括：第一，纵向而言，其主要是指降低组织层级过多产生的行政干扰和执行偏差。例如，上海市浦东新区陆家嘴加强基层建设，因地制宜推广“镇管社区”，取消了街道招商引资职能，并把“小巷总理”从台账中解放出来，特别是适当弱化了经济领域的考核，重点强化了公共服务、基层社会治理等政府主导职能的考核。第二，横向而言，为减轻行政负担和减少行政干预，避免条块分割，职能不清，各地基本上形成“一委（党委或党支部）一居（居委会、村委会）一站（工作站）一中心（服务中心）”的常态组织架构，形成了“居站分离”（如深圳，并衍生出一居一站和一居多站的不同模式）和“居站合一”（如北京）两种实践。② 例如，广东省广州市越秀区探索的社会发布机制，推行了居委会配置专职社工牵头开展社区居民自治工作，社区公共服务站承接政务服务工作的“居站分设”工作模式。

三、地方基层社会治理创新实践与规范化建设中的治理主体及其演化

经过文本内容分析法的材料分析，研究者收集的 248 个“全国创新社会治理典型案例奖”获奖项目的分析显示，治理主体规范化建设可以分为党的组织、政府及其派出机构、企业、社会组织（群团、非营利组织）、群众、媒体、高校（科研院所）七类主体的规范化建设。总体来说，从表

① 龚维斌．基层社会管理创新的探索与思考［J］．国家行政学院学报，2012（03）：35－40.

② 龚维斌．基层社会管理创新的探索与思考［J］．国家行政学院学报，2012（03）：35－40.

5.3 可以看出政府及其派出机构（占比 23.83%）、党的组织（占比 23.35%）、群众（占比 19.94%）、社会组织（占比 14.98%）是基层社会治理创新实践与规范化建设的主要力量。高校（科研院所）（占比 4.67%）、媒体（占比 5.54%）、企业（占比 7.68%）作为理论上参与基层社会治理创新实践与规范化建设的重要主体，从事社会公共事务治理的数量似乎略少。具体来说，党组织、政府及其派出机构、基层自治组织、社会组织、志愿者、群众等群体参与基层社会治理创新实践与规范化建设的案例相对丰富。在前文，研究者已经举了很多例子。因此，在这里主要就媒体和高校（科研院所）参与基层社会治理创新实践与规范化建设进行具体举例阐释。就媒体参与基层社会治理创新实践与规范化建设而言，陕西省西安市构建党委主导、媒体聚焦、群众参与、督查督办、执纪问责"五方联动"是其中的典范。广东省广州市越秀区探索的社会发布机制，也是一个通过报纸、网站、电台、微博、电视台、微信等信息平台将传统媒体和新媒体融合开展治理的范例。再例如，重庆市南岸区花园路街道南湖社区"微益坊"培育的《南湖人家报》（社区建设）、《方寸俱乐部》（集邮活动）等报刊，对社区的文化建设起到了了解、引领的作用。

就高校（科研院所）参与基层社会治理创新实践与规范化建设而言，浙江省庆元县实现社会治安、应急处置、城市治理、公共服务等政府职责整合的"五台合一"治理实践就是邀请专家、第三方评估机构、"两代表一委员"等进行论证，实现智库扶助功能的典范。再例如，湖北省武汉市武昌区探索城市精准扶贫新路径时，在出台《武昌区人民政府关于加强困难群众帮扶工作的意见》文件之前，结合入户调查中反映的共性问题，特聘请高校专家教授为城市精准扶贫专家顾问，征求各部门及街道意见，反复商讨修订现有帮扶政策。

从表 5.3 细细地分析这七个治理主体参与基层社会治理创新实践与规范化建设的演变趋势，政府及其派出机构和党的组织在打造共建共治共享的基层社会治理创新实践与规范化建设的基层社会治理共同体中处于主导地位，总体数量在细微的起伏波动中领先。社会组织（群团、非营利组织）、

表 5.3　地方基层社会治理创新实践与规范化建设中治理主体的演化

	第一届（2011—2012）	第二届（2012—2013）	第三届（2013—2014）	第四届（2014—2015）	第五届（2015—2016）	第六届（2016—2017）	第七届（2017—2018）	第八届（2018—2019）	第九届（2019—2020）	合计比例
党的组织	24	8	30	30	28	30	30	30	30	23.35%
政府及其机构	28	9	30	30	28	30	30	30	30	23.83%
企业	8	5	9	11	4	7	11	11	13	7.68%
社会组织（群团、非营利组织）	14	8	22	23	17	12	20	19	19	14.98%
群众	17	8	26	28	26	20	27	26	27	19.94%
媒体	8		10	5	4	6	9	8	7	5.54%
高校（科研院所）	1	1	6	4	4	3	7	11	11	4.67%

说明：由于一个案例可以属于多个不同范畴，因此频数数量总和大于样本量248，百分比统计也与此同理。

群众经历了由少至多再减少到再增加的起伏波动发展过程。企业、媒体、高校（科研院所）也是经历了由少至多再减少到再增加的起伏波动发展过程，企业在2019—2020年达到了高峰，而媒体、高校（科研院所）则先后在2017—2018年、2018—2019年和2019—2020年达到了高峰。

为进一步明晰这些主体之间关系的社会性本质，而非行动者个体属性，研究者采用社会网络分析方法对这248个案例中的政府及其派出机构、党的组织、群众、社会组织、高校（科研院所）、媒体、企业等基层社会治理主体之间的真实互动联系及整体的网络结构进行测度分析（结果如表5.4所示）。图5.1显示的是地方基层社会治理创新实践主体与规范化建设合作治理的网络结构图。采用UCINET 6 for windows—version 6.186对上述7个主体进行分析，“样本数量”为参与基层社会治理创新实践与规范化建设治理主体的信息总量，在研究者中样本数量是248个案例。“网络规模”是参与基层社会公共事务合作治理网络的行动者个数，在本研究中网络规模是政府及其派出机构、党的组织、群众、社会组织、高校（科研院所）、媒体、企业7个治理主体。“网络密度”显示的是政府及其派出机构、党的组织、群众、社会组织、高校（科研院所）、媒体、企业7个不同行动者主体在社会公共事务合作治理网络结构中彼此之间关系关联的疏密程度。整体网密度是与不同网络成员即基层社会公共事务合作治理的各个主体之间关系的疏密呈正相关关系。网络密度越大，各个合作治理主体参与合作治理的态度、行为的影响就越大，彼此的关系越紧密，相互协作支持程度就越高。总体上来看，本研究248个案例中的7个主要基层社会治理创新实践与规范化建设主体的网络密度是51.41652%，整体适中，不是特别高，但也不是特别低。

表 5.4 地方基层社会治理创新实践与规范化建设中治理主体的结构特征

	数量统计
样本数量	248
网络规模	7
网络密度	51.41652%

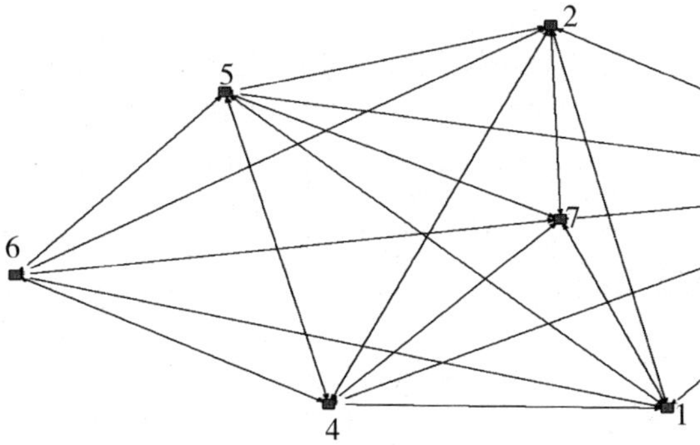

图 5.1 地方基层社会治理创新实践主体与规范化建设合作治理的网络结构

说明：1 = 党的组织；2 = 政府及其派出机构；3 = 企业；4 = 社会组织；5 = 群众；6 = 媒体；7 = 高校（科研院所）

接下来，研究者采用网络中心度（点度中心度、接近中心度、中间中心度）的测量方法，来检测基层社会公共事务合作治理网络中各个主体居于怎样的中心位置。点度中心度（degree centrality）的指标指的是不同治理主体在整个基层社会公共事务合作治理网络中的中心化程度、主动性和影响力。接近中心度（closeness centrality）是采用相对距离来测量某个行动者在基层社会公共事务合作治理网络中的中心程度，该数值越大，越表明该点不是网络的核心点。中间中心度（betweenness centrality）是测量基层社会公共事务合作治理网络中的行动者对资源控制的程度，其数值越高，表明其控制能力越强，使用资源为其他成员搭建桥梁的能力越强。表 5.5 是地方基层社会治理创新实践与规范化建设治理主体的网络中心度分析。就点度中心度的分析来看，群众作为治理主体在整个基层社会治理创新实践与规范化建设合作治理网络中位置的中心化程度最高，其次是政府及其派出机构和党的组织，说明群众的主动性和影响力越来越高，也说明基层党组织作为基层治理的领导者，政府及其派出机构作为主导者，在基层社会治理的合作网络中的主动性和影响力均非常重要。就接近中心度的分析而言，企业和媒体不是社会公共事务合作治理网络的核心点，其他的主体则均居于核心地位。中间中心度的测量，显示的结果与接近中心度的分析一致，企业和媒体为其他成员搭建桥梁的控制能力不是特别的强。

表 5.5　地方基层社会治理创新实践与规范化建设中治理主体的网络中心度分析

	点度中心度	接近中心度	中间中心度
党的组织（1）	413.000	6	0.200
政府及其派出机构（2）	437.000	6	0.200
企业（3）	254.000	7	0.000
社会组织（群团、非营利组织）（4）	383.000	6	0.200
群众（5）	514.000	6	0.200
媒体（6）	107.000	7	0.000
高校（科研院所）（7）	54.000	6	0.200

在社会网络的分析中，由于各个行动者之间不同的协调和合作程度，往往会出现结构洞（structural holes）。结构洞的存在能够给节点成员带来利益，利用其自身优势形成控制力和影响力。研究者采用网络限制指标（值越大表明存在结构洞的可能性越小）和网络的有效大小指标（值越大表明结构洞的存在可能较大）等进行结构洞的测量（见表 5.6）。分析数据网络限制指标显示，群众、政府及其派出机构、社会组织、党的组织的网络限制指标值最小，分别是 0.562、0.593、0.605、0.690，说明存在结构洞的可能性较大。网络的有效大小指标显示群众、社会组织（群体、非营利组织）、政府及其派出机构、党的组织存在结构洞的可能性较大，因为其指标值分别是 3.104、3.003、2.896、2.672。因此，群众、社会组织（群体、非营利组织）、政府及其派出机构、党的组织是基层社会公共事务合作治理网络中最有可能掌握结构洞的节点。

表 5.6　地方基层社会治理创新实践与规范化建设中治理主体的结构洞分析

	Degree	EffSize	Efficie	Constra	Hierarc Ego	Bet
	---	---	---	---	---	---
1	6.000	2.672	0.445	0.690	0.255	0.400
2	7.000	2.896	0.414	0.593	0.205	0.333
3	5.000	1.946	0.389	0.849	0.210	0.000
4	7.000	3.003	0.429	0.605	0.183	0.333
5	7.000	3.104	0.443	0.562	0.165	0.333
6	6.000	2.496	0.416	0.747	0.150	0.000
7	6.000	2.475	0.413	0.800	0.186	0.400

说明：1 = 党的组织；2 = 政府及其派出机构；3 = 企业；4 = 社会组织；5 = 群众；6 = 媒体；7 = 高校（科研院所）

最后，研究者采用子群分析（cliques）来对基层社会治理创新实践与规范化建设中治理主体之间的行动关系进行子集合，以便确定，在基层社会公共事务合作治理的网络中是否存在小团体，彼此进行合作互动。经过分析，研究者发现对现有 248 个案例的子群分析显示分成两组：第一组含 1、2、4、5、6、7（数据分析显示的是不同治理主体的编码代号，详见表 5.6），第二组含 1、2、3、4、5、7。因此，可见 1、2、4、5、7 分别与或 6 组成不同的小组互动，说明政府及其派出机构、党的组织、社会组织、群众、高校（科研院所）的专家在社会公共事务的合作治理中起到关键作用（如图 5.2 所示）。

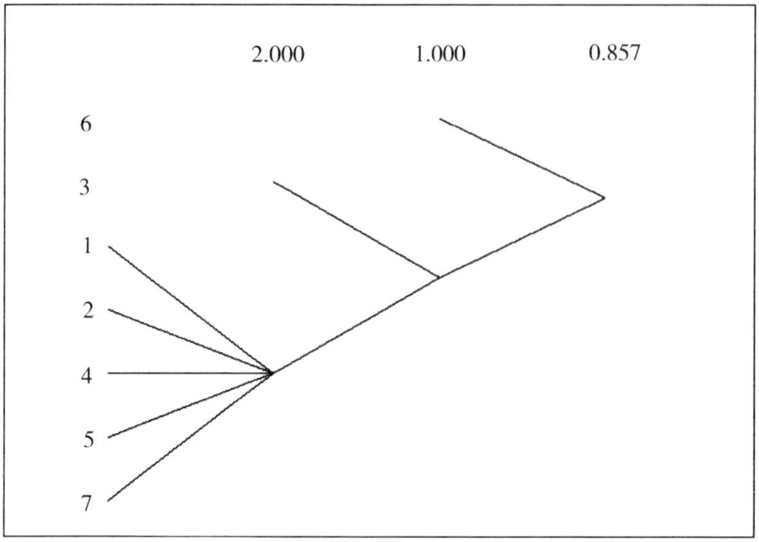

图 5.2 地方基层社会治理创新实践与规范化建设中治理主体合作治理的子群分析

说明：1＝党的组织、2＝政府及其派出机构、3＝企业、4＝社会组织、5＝群众、6＝媒体、7＝ 高校（科研院所）

四、地方基层社会治理创新实践与规范化建设中的治理机制及其演化

经过数据分析，在研究者收集的248个“全国创新社会治理典型案例奖”获奖项目案例中，治理机制规范化建设可以分为领导主导机制、参与/孵化培育机制（法律服务、经济扶助、学习培训）、权责一致机制、集体行动机制（调查/听证/研判、沟通/协商/调解、资源配置/整合、成本和收益分担）、激励竞争机制、绩效评估/责任追究/监督制约机制、冲突/矛盾化解机制七项机制。

从表5.7分析这七个机制规范化建设的演变趋势，可以看出领导主导机制（占比12.38%）、集体行动机制（占比10.79%）、参与/孵化培育机制（占比9.60%）、绩效评估/责任追究/监督制约机制（占比7.72%）四个机制是占比最多的机制。在这七项机制规范化建设中，冲突/矛盾化解机制（占比6.70%）、权责一致机制（占比4.88%）、激励竞争

表 5.7　地方基层社会治理创新实践与规范化建设中治理机制的演化

	第一届（2011—2012）	第二届（2012—2013）	第三届（2013—2014）	第四届（2014—2015）	第五届（2015—2016）	第六届（2016—2017）	第七届（2017—2018）	第八届（2018—2019）	第九届（2019—2020）	合计比例
领导主导机制	30	10	30	30	28	30	30	30	30	12.38%
参与/孵化培育机制	11	6	21	21	23	22	22	21	22	9.60%
法律服务	7	5	1	12	14	9	13	14	13	5.00%
经济扶助	20	8	20	23	18	25	23	24	24	10.51%
学习培训	3	1	8	9	5	8	8	7	8	3.24%
权责一致机制	7	5	1	12	14	9	13	12	13	4.88%
集体行动机制	22	10	24	24	21	23	22	21	23	10.79%
调查/听证/研判	4	4	6	2	3	2	4	3	3	1.165%
沟通/协商/调解	13	6	12	13	18	8	10	13	12	5.96%
资源配置/整合	10	8	20	21	19	20	23	22	24	9.43%
成本和收益分担	3	8	20	23	18	25	20	19	17	8.75%
激励竞争机制	3	0	9	10	5	5	8	9	9	3.29%
绩效评估/责任追究/监督制约	7	7	18	19	17	17	17	17	17	7.72%
冲突/矛盾化解机制	13	5	15	17	13	13	15	14	13	6.70%

说明：由于一个案例可以属于多个不同范畴，因此频数数量总和大于样本量248，百分比统计也与此同理。

机制（占比3.29%）相对占比数量较少，有待进一步健全规范。在修改完善的时候，专家们一致认为参与/孵化培育机制和集体行动机制存在问题比较明显，需要进一步细化研究。因此，研究者重新分析了数据，建立了这两个治理机制规范化建设的细化分析框架。具体而言，在参与/孵化培育机制中，经济扶助机制占比10.51%，在整体保障机制建设中所占比例比较高，法律服务机制和学习培训机制相比则占比较小。在集体行动机制中，资源配置/整合（占比9.43%）机制与成本和收益分担（占比8.75%）所占比例也相应较高，调查/听证/研判机制、沟通/协商/调解机制占比较小。

文本内容分析显示研究结果如下所示：(1) 领导主导机制。领导主导机制主要指在基层党组织领导下，政府及其派出机构作为元治理者，主导基层复合治理。例如，如湖北省武汉市武昌区徐家棚街道，推动驻区的事业机关单位，与湖北大学开展街校共建、辖区党员到社区“双报到”工作(单位党组织进社区、在职党员到社区报到)。

(2) 参与/孵化培育机制。参与/孵化培育机制主要指为拓展合作治理的主体力量，实现共建共治共享，基层党组织、政府及其派出机构、基层自治组织如何发展和培育社会组织、专业社工、志愿者和群众参与治理。例如，江苏省徐州市云龙区，通过出台政策调整社会组织进入公共服务领域准入标准；成立专门为社会组织服务的支持性服务中心；实施公益创投，解决社会组织募集资金困难；扶持优秀社会工作者开办专业化服务机构；以及加强社会组织成员和志愿者的专业培训，等等。参与/孵化培育机制具体包括：第一，应建立多元主体参与/孵化培育的法律服务机制。这里主要指建立完备的法律体系特别是社团、基金会管理的地方性法规和政策，从而明确社会组织、企事业单位、全体公民等参与基层社会治理和公共服务的登记注册、准入管理、材料申报等方面的手续，帮助各种多元主体依法有序规范地参与基层社会治理和开展活动。① 再如安徽省合肥市

① 杨建军．社会管理创新的地方经验与实践探索［J］．政法论丛，2013（05）：39－47.

西园街道，通过成立专业化支持型社会组织“社会工作协会”为其他社会组织提供准入登记备案服务、项目评估、人员培训和发展规划等服务。第二，应建立多元主体参与/孵化培育的经济扶助机制。社会组织、志愿者、专业化社会工作者、公民个人等主体参与基层社会治理和公共服务的基本人、财、物、信息、技术支持需要政府通过项目直接拨款、公益创投、公共服务招标采购、税收优惠、彩票收入、小额补贴活动经费等方式提供支持，实现基层社会治理服务与基层群众需求的无缝隙对接，形成基层治理和服务的合力。①② 例如，上海市浦东新区建立专业化的人民调解队伍，由政府财政通过购买公共服务的方式对其活动经费进行经济扶助。最后，应建立多元主体参与/孵化培育的学习培训机制。基层社会治理具有其内在的规律性和外部环境的挑战性所造成的复杂性特征，而参与基层社会治理多元合作主体拥有不同的背景、不同的组织文化、不同的专业化水平和能力素质。因此，有针对性的学习培训，不仅是加强多元社会主体互动、联动、互学、交流、融合的重要手段，而且也是推动基层社会治理专业化，总结经验，吸取教训，消除社会极化和心理疏离的有效方式之一。③④ 如安徽省合肥市西园街道，通过成立专业化支持型社会组织“社会工作协会”为其他社会组织提供准入登记备案服务、项目评估、人员培训和发展规划等服务。

（3）权责一致机制。摆正不同合作治理主体的职能，通过机制清晰界定他们之间的责权利，明确治理边界，准确定位各个主体的角色是基层社会治理实践规范化建设转型创新的关键环节。因此，科学的界定政府职能，明晰政府权力清单是基础而关键的工作。其内容主要包括权责清单、

① 袁金辉．中国乡村治理的回顾与展望［J］．云南行政学院学报，2016（01）：112－117.

② 申锦莲．国外社会管理创新的经验与启示［J］．行政与法，2012（07）：61－64.

③ 陶希东．中国特大城市社会治理模式及机制重建策略［J］．社会科学，2010（11）：78－86.

④ 孙柏瑛，李卓青．政策网络治理：公共治理的新途径［J］．中国行政管理，2008（5）：106－109.

负面清单和自治清单。例如，江苏省南京市深化街道和社区体制改革，制定出台了《南京市街道办事处工作职责清单》《基层群众自治组织依法履行职责事项》《基层群众自治组织协助政府工作事项》，对不同基层社会治理主体的权责进行规范。四川省成都市金牛区的网格化服务管理新实践，按照“费、事、责、权”相一致的原则实施，梳理制定了自治清单、可转移公共服务清单、协助事项清单和负面清单四项清单，明确社区依法履职、协助中心工作、购买服务、负面不可为等工作事项，有效推动基层社区治理的“还权、赋能、归为”。

（4）集体行动机制。基层社会公共事务协作治理网络中的集体行动机制是破解公地悲剧和囚徒困境的主要途径，也是实现个体由原子走向集体团结的重要行动逻辑。例如，广东省广州市番禺区搭建电梯事务社区治理平台就是通过基层群众自治组织发现问题，集体协商，共同决策，展开行动的重要范例。其规范化建设子机制需要：第一是调查/听证/研判机制。调查/听证/研判机制是发现问题、整合目标、实现集体行动的前提。例如，广西壮族自治区河池市东兰县通过访民情等七民工作法维护群众权益，其第一个步骤就是通过调查、收集、分析、倾听群众的呼声，形成问题导向，并整合目标，便于集体行动。第二是沟通/协商/调解机制。有了目标，还需要沟通协商如何采取措施，处理问题。湖北省武汉市武昌区徐家棚空间・平台・邻里情治理实践，就是通过充实街道党工委成员，定期召开由驻区机关事业单位和非公企业党组织组成的党建联席会，建立报告制度，健全沟通协商机制，推动街道社会责任的共驻共建共治共享。第三是资源配置/整合机制。根据不同基层社会合作治理主体拥有的资源和能力不同，有效地进行资源配置/整合，从而最大限度地实现各个主体之间的合作互补是集体行动机制的物质保障。例如，重庆市南岸区花园路街道南湖社区探索建立社区社会组织的孵化、培训、活动、展示、整合的“微益坊”基地，打造基层社会组织孵化基地，通过无偿提供活动场地、办公设备、业务培训等，整合政府项目拨款，居民、驻社区单位等爱心捐款，社区其他公共收入，为辖区社会组织发展提供支持，有效地化解了其无办公活动场地、缺少资金等问题，有效“造血”提升了居民的参与程度，并致力于通过共建共治共享解决社区公共事务，提高了社区融入程度，增进了居民和驻区单位之间的互助互利互惠。第四是成本和收益分担机制。国内外研究和实践表明，政府培育社会组织主要有两种模式：以政府为主导、以行政机制为主要资源配置机制的直接培育模式；与政府赋权支持型社会组织、社会机制和市场机制配置资源的间接培育模式。① 前者如重庆市南岸区花园路街道南湖社区“微益坊”着力助推资源整合，以申请政府公益基金购买公共服务的方式。后者如安徽省合肥市西园街道，通过成立专业化支持型社会组织“社会工作协会”为其他社会组织提供准入登记备案服务、项目评估、人员培训和发展规划等服务。

（5）激励竞争机制。激励理论告诉我们可以通过诱导性因素对各种治理主体参与合作意愿，持续合作的行为进行鼓励或者抑制。例如，浙江省台州市仙居县的美丽乡村治理实践就是通过在群众中开展“绿色村庄”创建“五星”评比活动，进行督评奖励，榜样引导。同时对外来游客自觉践行乡村低碳旅游建立绿币兑换制度，对符合《绿色生活清单》的游客通过抵价使用、兑换物品等实现激励。

（6）绩效评估/责任追究/监督制约机制。例如，四川省成都市成华区打造社区网格化管理服务新实践，就特别注重“绩效考核指导意见”，将积分制引入考评，通过量化考评促进社区工作者网格管理服务水平提升。再例如，山西省晋中市扎实开展矛盾纠纷排查调处工作，以建立外部稳评专家库来推动第三方评估平台建设，推动工作效能提升。

（7）冲突/矛盾化解机制。在整个集体行动过程中不会都是一帆风顺的，会在流程设计中出现不足和漏洞，各个主体也可能会因为自利性和目标的冲突而产生矛盾。因此，基层社会公共事务合作治理需要建立冲突/

① 郁建兴，滕红燕．政府培育社会组织的模式选择：一个分析框架［J］．政治学研究，2018（06）：42－52、127.

矛盾化解机制。① 例如，广东省揭阳市社工委提出“党建带社团工作”思路，针对外来人口成立各种民间组织服务平台，通过党群工作联席会议制度，实现民间组织党群工作的规范化建设，化解多元主体合作治理中出现的矛盾和冲突，对外来人口实现柔性治理。再例如，四川省成都市成华区在打造社区网格化管理服务新实践的过程中，建立健全涵盖民主监督、协商共议、公众评价的居民议事会制度，实现了全员参与、事务自治、规范管理、民主协商、服务共建的合作治理。其中，居民议事会制度的主要作用还在于化解各个治理主体由于分歧产生的矛盾，弥合冲突，打造基层社会治理共同体，实现共建共治共享。

五、地方基层社会治理创新实践与规范化建设中的实现路径及其演化

研究者对收集的“全国创新社会治理典型案例奖”248 个获奖项目案例，按第一章和第二章构建的理论模型进行数据分析，发现其规范化建设可以分为社会化、法治化、智能化、专业化四个路径。总体来说，从表 5. 8可以看出地方基层社会治理创新实践与规范化建设的实现路径，主要表现为基层社会治理创新实践与规范化建设的社会化（占比 35. 03%），所占数量最多。其次，基层社会治理创新实践与规范化建设的实现路径，主要表现为专业化和法治化，所占比例分别为 22. 67% 和 23. 84% 。最后，基层社会治理创新实践与规范化建设的智能化路径所占比例最少，仅有 18. 46% 。

从表 5. 8 细细地分析这四个实现路径的演变趋势，可以看出基层社会治理创新实践与规范化建设的主要路径是社会化。从 2011 年至 2020 年，社会化建设一直保持着显著的领先地位，即便有所细微减少，总体占优的趋势没有改变。其次，法治化和专业化实现路径的发展趋势基本相同，经

① 邵静野，来丽梅．社会治理体制创新中社会协同机制的构建［J］．东北师大学报（哲学社会科学版），2014（01）：204 - 206.

历了前期虽有起伏波动，但总体上呈现明显增长的趋势，特别是2013年党的十八届三中全会提出“党委领导、政府负责、社会协同、公众参与、法治保障”的要求之后，法治化实现路径在2014—2015年获奖案例中数量，由2013—2014年的11个增至20个，又由20个增至2015—2016年的26个；在2016—2017年又下降至21个，又由21个增至2019—2020年的26个，总体数量还是非常明显具有优势。专业化实现路径在2014—2015年获奖案例中数量由2013—2014年的16个增至24个，又由24个增加至2015—2016年的25个，在2016—2017年下降至16个，再增至2019—2020年的23个。智能化实现路径总体上也保持了明显增加的趋势，从第一届2011年的8个增加至2017年的17个，最后到2020年的23个，在这中间，2014—2015年有所下降，由前一届的16个减少至9个。横向比较显示，基层社会治理创新实践规范化建设的途径中在第三届（2013—2014）之前，社会化是最主要的路径，从第四届2015年开始，法治化、智能化和专业化路径逐渐增多。

就专业化实现路径而言，贵州省黔东南州剑河县建立由“老党员、老教师、老干部、老军人、老模范”为“五老”调解员组成的矛盾纠纷多元排查化解机制是其中典范。就法治化实现路径而言，山东省曲阜市在弘扬优秀传统文化，通过法治化建设宣传基层社会治理的法治化，通过街道、书屋、讲堂、红黑榜，推进基层社会治理过程中的“全民守法”教育实践活动。就智能化实现路径而言，浙江省杭州上城区探索的“平安365”智慧治理实践强调“智慧社会治理”将技术导向的智慧城市和制度导向的基层社会治理相融合，实现了基层党组织、政府及其派出机构的主导治理和社区、社会组织、企业等的协作治理相融合的复合治理。

六、地方基层社会治理创新实践与规范化建设中的治理流程及其演化

治理流程的规范化主要是指创新实践和活动实施前和实施中均要有

"章"可循、有"据"可依，实施后要进行考核评价。①

经过数据分析，在研究者收集的248个"全国创新社会治理典型案例奖"获奖项目案例中，治理流程规范化建设可以分为治理前规范化、治理过程中规范化和治理后规范化。治理前规范化和治理中规范化各自有40.12%的案例显示制定有规范性的文件或者法律、政策依据或者在依据相应的文件或者法律、政策进行治理，但是依据文件进行绩效考核的案例仅有19.74%（详见表5.9）。

七、地方基层社会治理创新实践与规范化建设中的城乡演化

从这一节开始，在5.3.7、5.3.8和5.3.9三部分，研究者在对前文收集到的248个"全国创新社会治理典型案例奖"获奖项目案例进行分析基础上，这三部分研究补充了2016年"河南省洛阳市孟津县：双管齐下铸平安"以及"河南省新乡市运用改革创新公式，做好加减乘除试题"两个案例的城乡分布。因为虽然这两个案例具体做法不详，但是基础信息还是比较详细和全面，因此可用来做案例特征分析。具体而言，研究者收集的"全国创新社会治理典型案例奖"250个获奖项目，按城乡分类可以分为乡村、城市、城乡一体化三个类型。总体来说，从表5.10可以看出地方基层社会治理创新实践与规范化建设，主要集聚在城市地区（占比50%），所占数量最多。其次，城乡一体化的地方基层社会治理创新实践与规范化建设所占比例为27.6%。最后，地方乡村基层社会治理创新实践与规范化建设所占比例最少，仅有22.4%。

① 张明．推进基层社会治理规范化建设的思考［J］．唯实（现代管理），2014（12）：24－26.

表 5.8　地方基层社会治理创新实践与规范化建设中实现路径的演化

	第一届（2011—2012）	第二届（2012—2013）	第三届（2013—2014）	第四届（2014—2015）	第五届（2015—2016）	第六届（2016—2017）	第七届（2017—2018）	第八届（2018—2019）	第九届（2019—2020）	合计比例
社会化	26	10	28	29	28	30	30	30	30	35.03%
法治化	5	2	11	20	26	21	26	27	26	23.84%
智能化	8	2	16	9	13	17	19	20	23	18.46%
专业化	9	5	16	24	25	16	18	20	23	22.67%

说明：由于一个案例可以属于多个不同范畴，因此频数数量总和大于样本量 248，百分比统计也与此同理。

表 5.9　地方基层社会治理创新实践与规范化建设治理流程的演化

	第一届（2011—2012）	第二届（2012—2013）	第三届（2013—2014）	第四届（2014—2015）	第五届（2015—2016）	第六届（2016—2017）	第七届（2017—2018）	第八届（2018—2019）	第九届（2019—2020）	合计比例
治理前	30	10	30	30	28	30	30	30	30	40.12%
治理中	30	10	30	30	28	30	30	30	30	40.12%
治理后	7	7	18	19	17	17	10	16	11	19.74%

说明：由于一个案例可以属于多个不同范畴，因此频数数量总和大于样本量 248，百分比统计也与此同理。

从表5.10分析这三个特征类别的演变趋势，可以看出城市地方基层社会治理创新实践与规范化建设处于相对稳定增长的发展趋势。虽然第五届2015—2016年数量相比前一届有所回落，但是总体还是处于领先地位。乡村和城乡一体化的地方基层社会治理创新实践与规范化建设处于忽高忽低的波动发展趋势。例如，地方乡村基层社会治理创新实践与规范化建设案例在第三届（2013—2014）和第主届（2015—2016）都经历了快速增长的势头，之后又经历显著回落如第四届（2014—2015）和第九届（2016—2017），分别由12个和14个减少至3个和4个。

八、地方基层社会治理创新实践与规范化建设中的地区演化

研究者收集的250个“全国创新社会治理典型案例奖”获奖项目按区域分类可以分为东部地区、中部地区和西部地区三个类型。总体来说，从表5.11可以看出地方基层社会治理创新实践与规范化建设主要集聚在东部地区，案例占比超过一半以上（50%），所占数量最多。中部和西部地区所占地方基层社会治理创新实践与规范化建设案例的比例分别为22%和28%，差别不是很大。

从表5.11分析这三个地区的演变趋势，可以看出东部地区的地方基层社会治理创新实践与规范化建设案例，基本上每一届均处于领先地位，其数量在第四届（2014—2015）达到了最高峰19个之后，后几届数量有所回落。中部地区地方基层社会治理创新实践与规范化建设的获奖项目经历了增加、减少再增加的趋势，在第三届（201—2014）和第九届（2016—2017）分别达到了波峰14个和10个。西部地区的地方基层社会治理创新实践与规范化建设，获奖项目也经历了减少、增加再减少的趋势，在第七届（2017—2018）达到了最高值13个。

表 5.10 地方基层社会治理创新实践与规范化建设中案例的城乡演化

	第一届（2011—2012）	第二届（2012—2013）	第三届（2013—2014）	第四届（2014—2015）	第五届（2015—2016）	第六届（2016—2017）	第七届（2017—2018）	第八届（2018—2019）	第九届（2019—2020）	合计比例
乡村	9	0	12	3	14	4	5	2	7	22.4%
城市	4	5	10	15	11	20	20	13	17	50%
城乡一体	17	5	8	12	5	6	5	5	6	27.6%

表 5.11 地方基层社会治理创新实践与规范化建设中案例的地区演化

	第一届（2011—2012）	第二届（2012—2013）	第三届（2013—2014）	第四届（2014—2015）	第五届（2015—2016）	第六届（2016—2017）	第七届（2017—2018）	第八届（2018—2019）	第九届（2019—2020）	合计比例
东部	18	5	15	19	14	12	13	15	14	50%
中部	4	1	14	4	6	10	4	7	5	22%
西部	8	3	1	7	10	8	13	8	11	28%

九、地方基层社会治理创新实践与规范化建设中的区域演化

研究者收集的250个“全国创新社会治理典型案例奖”获奖项目，按地区类型分类可以分为西部地区12省区、非西部地区两项特征。总体来说，从表5.12可以看出地方基层社会治理创新实践与规范化建设案例，主要集聚在非西部地区，占比超过一半以上（72%），所占数量最多。西部地区所占的地方基层社会治理创新实践与规范化建设比例分28%。

从表5.12细细地分析这两个地区类别的演变趋势，可以看出非西部地区基本上在每一届均处于领先地位，特别是从第三届（2013—2014）开始数量呈现逐年增长的态势。西部地区所占数量非常少，数量的最高值为13个，出现在第七届（2017—2018）。

十、地方基层社会治理创新实践与规范化建设的城乡、地区、区域比较分析

Analysis of variance（简称ANOVA）即方差分析主要是用于两个以上样本的均数差别是否显著的一种检验。研究者采用IBM SPSS 19.0以城乡、地区、区域为自变量，以治理主体、治理边界、治理行为、治理机制、治理过程、实现路径的规范化建设为因变量，考察城市、乡村、城乡一体，东部地区、中部地区、西部地区，西部地区和非西部地区在上述因变量是否存在显著差异，结果显示无明显差异。

表 5.12　地方基层社会治理创新实践与规范化建设中案例的区域演化

	第一届（2011—2012）	第二届（2012—2013）	第三届（2013—2014）	第四届（2014—2015）	第五届（2015—2016）	第六届（2016—2017）	第七届（2017—2018）	第八届（2018—2019）	第九届（2019—2020）	合计比例
非西部	22	6	29	23	20	22	17	22	19	72%
西部	8	3	1	7	10	8	13	8	11	28%

第四节　本章小结

在本章，研究者依据第一章和第二章建构的合作治理视域下中国地方基层社会治理创新实践与规范化建设研究理论框架，对 2011—2020 年九届人民网和国家行政学院政治学部联合主办的 248 个“全国创新社会治理典型案例奖”获奖项目的适用性进行验证，检验了不同地区、不同区域等不同特征的获奖案例中治理主体、治理机制、治理行为、治理边界、实现路径、治理流程六个共性要素规范化建设的普遍规律，发现该框架具有理论适用性。同时，在 248 个案例补充两个案例的基础上，研究者用 250 个地方基层社会治理创新实践与规范化建设案例的数量分析显示其在城乡、地区、区域比较上显示无显著差异。

第六章　西部地区基层社会治理创新实践与规范化建设研究

——基于**12**省、自治区、直辖市的实证分析

这一章主要目的也是在合作治理理论框架下，对中国西部地区的重庆、四川、贵州、云南、广西、陕西、甘肃、青海、宁夏、西藏、新疆、内蒙古等12个省、自治区、直辖市的165个典型案例，从治理主体、治理机制、治理行为、治理边界、实现路径、治理流程规范化建设6个不同方面进行深入研究，以期从中找出西部地区基层社会治理创新实践与规范化建设与其他地区的差异性和共性。

第一节　研究缘起

在第一章和第二章构建的理论分析框架基础上，研究者经过对第五章收集的248个2011—2020年人民网和国家行政学院政治学部联合主办九届“全国创新社会治理典型案例奖”获奖项目的共性规律进行实证研究之后（详见第五章），在这一章研究者将同样在合作治理理论框架下，对中国西部地区的重庆、四川、贵州、云南、广西、陕西、甘肃、青海、宁夏、西藏、新疆、内蒙古12个省、自治区、直辖市的165个典型案例，从治理主体、治理机制、治理行为、治理边界、实现路径、治理流程6个不同方面

进行深入研究，以期从中找出西部地区基层社会治理创新实践与规范化建设与其他地区的差异性和共性。

第二节 研究方法

一、研究设计

研究者采用多案例研究的质性方法，在抽样上采取方便取样的方式。因为虽然每一个学者都有责任确保其研究样本的代表性、全面性，但是研究者同样有责任确保研究样本的可行性、可能性与可获得性。① 因此，研究者对能够相对较容易获得研究数据的中国西部地区的重庆、四川、贵州、云南、广西、陕西、甘肃、青海、宁夏、西藏、新疆、内蒙古 12 个省、自治区、直辖市的 165 个典型案例进行数据采集。在案例分析方法上，与第五章相似，研究者继续采用内容分析法的方式进行数据分析。

二、数据采集

本研究采取方便取样的方法，应用如下的技巧来获得研究数据：第一，研究者从 2015 年开始，通过其所在地区具有社会治理职能的相关部门（政法委、民政部门等）获得了中国西部地区的重庆、四川、贵州、云南、广西、陕西、甘肃、青海、宁夏、西藏、新疆、内蒙古 12 个省、自治区、直辖市的 165 个公开典型案例资料。之所以采用官方文件的数据采集方式，是因为相比其他数据收集方式，这种数据收集方式能够最全面地体现所研究对象的影像，虽然其也存在过于主观和来源单一的缺点[218]，

① Bryman, A. and Bell, E., Business Research Methods [M], Oxford: Oxford University Press, 200.

但相较而言，其所采集的案例不存在信息安全保密的隐患，因此可以作为主要的案例来源渠道进行数据采集。第二，在前期采集案例的基础上，研究者及其聘请的研究团队在 2016—2019 年 12 月，通过实地观察调研、集体访谈、个别访谈补充的方式对上述案例进行实地调研，最后相关人员再次通过搜集报纸和官方网站对相关案例信息的完整性进行最终补充完善。[186]第三，为确保数据的信度和效度，研究者严格遵循案例研究的四个“三角互证”理论：根据不同的数据来源（直接观察，集体访谈、个别访谈，党政部门官方文档，报纸和党政部门网站信息）、不同的研究方法（定性的文本内容分析和定量的内容分析数据统计相结合的分析方法）、不同的研究参与人员（有研究人员、有实践经验丰富的辅助人员各自独立编码）、不同的理论研究维度（有合作治理理论的逻辑演绎、有内容分析法的材料归纳分析）来研究同一问题，并通过证据之间的相互验证使其结论更具可靠性。[187]

总体来说，研究者总共在 12 个西部省、自治区和直辖市，共收集到能够进行分析的公开案例 165 个。一个需要说明的问题是，在这里研究者所提到的案例不是“小”案例，而是“大”案例，是涵盖了一个地市州所有具有典型意义的基层社会治理创新实践与规范化建设的案例，或者一个自治区（省）关于某项基层社会治理创新实践与规范化建设的案例总结。例如，研究者仅仅举例说明最难进行数据采集的西藏、新疆、内蒙古等地。在西藏自治区，研究者及其聘用人员总共搜集含便民警务站建设、双联户、寺庙管理、干部驻村、互联网治理等 11 个内容丰富的案例。在新疆维吾尔自治区，研究者总共搜集涵盖乌鲁木齐市、克拉玛依市、吐鲁番市、哈密市、阿克苏地区、喀什地区、和田地区、昌吉回族自治州、博尔塔拉蒙古自治州、巴音郭楞蒙古自治州、克孜勒苏柯尔克孜自治州、伊犁哈萨克自治州、塔城地区、阿勒泰地区 14 个地级市（州）的 31 个内容丰富的案例。其中，包括 14 个地级市（州）雪亮工程智能化治理、“访聚惠”干部驻村制度、网格化治理、公共文化服务建设等基层社会治理创新实践与规范化建设案例（但是，基于数据敏感和保密安全等原因，研究者选择分析的案例不包括新疆生产建设兵团的作用、功能、定位等案例内容）。在内蒙古自治区，研究者及其聘用人员总共搜集涵盖呼和浩特市、包头市、呼伦贝尔市、通辽市、赤峰市、锡林郭勒盟、乌兰察布市、鄂尔多斯市、乌海市、阿拉善盟10个地级市（盟）的18个基层社会治理创新实践与规范化建设案例（巴彦淖尔市、兴安盟等没有能够公开进行分析的代表案例）。在广西壮族自治区，研究者及其聘用人员总共搜集含14个地市层面的13个案例。在云南，研究者总共搜集含10个地市层面的10个案例（其中不包含普洱、红河、楚雄、文山、德宏、西双版纳等地市州的案例。主要原因是研究者前往了上述地方或者与当地的相关部门取得了联系获得了资料，但文山州、红河州、普洱市、西双版纳州、德宏州5个地方的基层社会治理创新实践案例涉及边境地区打击贩毒、走私、艾滋病等相对敏感信息，经与相关部门协商，在此不做公开分析）。在重庆，研究者及其聘用人员先后前往了忠县、巴南区、永川区、南岸区、铜梁区、北碚区等地，分别采集到了33个案例。这些案例包括重庆市巴南区公安局的“一站式靠前工作法”靠前服务群众案例；法安天下，德润人心，推进“德法相伴”基层社会治理案例；北碚区的聚焦“五个融合”建设“双中心”营造活力有序的社会生态案例；铜梁区的实施“党建扎桩、治理结网”工程构建城市基层党建引领社会治理新格局案例；南岸区龙门浩街道的共建共治共享“六个美丽”，创新“三调合一”践行“枫桥经验”矛盾纠纷多元化解为基层治理赋能机制；运用“五动”工作法 解决社区治理难题等案例；以及永川区创新“1+6”工作模式，打造“枫桥经验”校园版案例等。在四川，研究者及其聘用人员先后前往了乐山市、成都市、攀枝花市等地，采集到了乐山市沙湾区的“村企共建”打造社区治理“共同体”案例；成都市金牛区的小院落大民主，创新社区治理探索案例；成都市成华区青龙、双桥子街道的实践“社区公共服务大数据政社互动机制建设”创新智慧治理机制案例和建立三个平台推进智慧治理，打造城市治理体系和能力现代化典范城区案例；成都市青羊区推广“微运动”为群众量身定制“运动处方”案例；成都市锦江区积极探索城市社区发展治理新路径案例；成都市郫都区构建“党建引领巾帼服务、社会组织参与”的社区治理新模式案例和探索实践网格化服务管理，智能网格提升社会治理效能案例；成都市武侯区的构建“三联三立三破”助残新模式，探索社会治理创新案例；成都市锦江区的探索“112 + N”院落治理模式，让老旧居民院落焕发新光彩案例和创新“群哨智能电子红袖套”推动社会治理精细化管理案例；成都市自身的积极探索让群众“最多访一次”案例；以及攀枝花市米易县的创新模式破难题，化解矛盾促和谐等 21 个典型案例。在贵州，研究者及其聘用人员先后前往了贵阳市、开阳县、息烽县、遵义市、黔东南州、黔东南州等地，采集到了共青团贵州省委的春晖行动案例；贵阳市的“加减乘除”法解题社会治理案例；开阳县的合力富民、合群惠民、合心聚民案例；息烽县的网格化服务管理案例、关爱农村留守儿童案例和贵阳市的“一核多元、五力共治”案例与探索禁毒标本兼治之策案例；遵义市的服务型党组织创建的实践与探索案例；贵州省黔南州的育新工程守望未成年人成长案例和黔东南州剑河县矛盾纠纷多元排查化解机制案例等 10 个典型案例。在陕西，研究者及其聘用人员先后前往了延安市、宝鸡市等地，采集到了延安市宝塔区的守正创新，“宝您满意”智慧民生系列数字应用积极探索社会治理共同体的基层实践案例；镇安县的平安建设助力精准扶贫的镇安实践案例；陇县的“八帮八解”机制，加强农村基层治理案例；宝鸡市自身的创建“一委两中心”案例，“四专 + 四化建设”的三联社会工作服务中心案例，守护花蕾——留守儿童防性侵计划案例和心理卫生行业协会的心理关怀重建特殊家庭精神家园案例等；宝鸡市渭滨区的党建 + 小区“微治理”创新基层社区治理模式案例；宝鸡市凤县的持续创新 236 矛盾纠纷多元化解机制案例；汉中市的实施“百镇千村乡贤文化促进会”工程案例等 17 个案例。最后，甘肃省（如酒泉市的推行“一办四室一中心”工作模式案例、兰州市的打造“市民城管”推进基层社会治理和“共享集市”引领新型社区志愿服务案例；金昌市的民主协商案例等）、青海省（如以需求为导向的居家和社区养老服务）、宁夏回族自治区共计 8 个案例是由所在地区的政法和民政部门提供，研究者及其聘用人员未能亲自前往检验和采集，青海和宁夏的案例涵盖其整个省区的基层社会治理创新实践与规范化建设的做法。

三、数据分析

该部分的研究流程与5.2.3节的描述相似，在此不做赘述。最后，研究者按照德尔菲法（Delphi Method）的技术重要性指数设置原则，将所有西部地区案例赋值为“非常值得推广”（分值100）、“比较值得推广”（分值75）、“可能值得推广”（分值50）、“不适合推广”（分值5）和“非常不适合推广”（分值0）来进行打分。用 S_1（代表打100分的专家人数）、S_2（代表打75分的专家人数）、S_3（代表打50分的专家人数）、S_4（代表打25分的专家人数）和 S_5（代表打0分的专家人数）表示不同专家打分的人数总和，最后按照公式 index =（$100 \times S_1 + 75 \times S_2 + 50 \times S_3 + 25 \times S_4$）/$S_{all}$（其中 S_{all} 是所有反馈意见专家的人数）进行计算，获得所分析案例是否值得西部地区借鉴或者推广。研究者在第五章和第六章所汇报的案例均为专家集体打分超过75分以上的案例材料。

第三节　研究结果

一、西部地区基层社会治理创新实践与规范化建设中的治理边界

经过文本内容分析法的数据整理方法，根据本研究第二章所建构的合作治理理论框架为分析工具，研究者发现西部基层社会治理体系与规范化的边界，与第五章中国地方基层社会治理创新实践与规范化建设的实证研究结果相类似，基本可以界定为包括流动人口和特殊人群服务、社会组织治理、互联网治理、基层参与式社区治理、社会治安防控协同治理、维护

市场经济秩序、化解社会矛盾、应急管理与风险治理、经济组织治理、维护群众权益十个领域。

表6.1显示化解社会矛盾（占比13.95%）、社会治安防控协同治理（占比13.16%）、维护群众权益（占比12.37%）、基层参与式社区治理（占比11.18%）四个治理领域是12个西部地区基层社会治理创新实践与规范化建设的重点。与第五章的研究结果对比而言，相似性是重点领域聚焦一致，差异性在于中国地方基层社会治理创新实践与规范化建设研究中案例显示，其治理边界的排序依次是基层参与式社区治理、化解社会矛盾、维护群众权益和社会治安防控协同治理。

总体来说，西部地区基层社会治理创新实践与规范化建设的薄弱边界领域，主要存在于互联网治理（占比7.63%）、维护市场经济秩序（占比7.63%）、社会组织治理（占比7.76%）和经济组织治理（占比8.16%）。与第五章的研究结果对比而言，两者的相似性在于薄弱边界领域大体相近，都是维护市场经济秩序（占比7.63%）、互联网治理（占比7.63%）、经济组织治理（占比8.16%）三个领域需要进一步强化规范化建设。同时，小异之处在于同第五章的研究结果对比显示，西部地区比第五章“全国创新社会治理典型案例奖”中的案例更重视流动人口和特殊人群服务。

结合上面的对比分析，研究者发现西部地区基层社会治理创新实践与规范化建设中的治理边界，需要在加强基层参与式社区治理和社会组织治理两方面，加强实践创新与规范化建设，从而更好地营造基层共建共治共享的合作社会治理格局。

表6.1　西部地区基层社会治理创新实践与规范化建设中的治理边界分析

	总量	比例
应急管理与风险治理	68	8.95%
基层参与式社区治理	85	11.18%
社会治安防控协同治理	100	13.16%

续表

	总量	比例
维护市场经济秩序	58	7.63%
经济组织治理	62	8.16%
维护群众权益	94	12.37%
社会组织治理	59	7.76%
流动人口和特殊人群服务	70	9.21%
互联网治理	58	7.63%
化解社会矛盾	106	13.95%

说明：由于一个案例可以属于多个不同范畴，因此频数数量总和大于样本量165，百分比统计也与此同理。

就具有典型代表性的案例而言，研究者在这一部分汇报的案例都是经过研究者与五位从事基层社会治理、公共管理、政治学专业的教授经过多次座谈会的形式集体研讨确定的具有一定代表性的案例。具体而言，研究者和专家们一致认为，西藏自治区的城乡“双联户”制度、便民警务站制度和寺庙长效治理机制相结合的网格化规范化基层社会治理创新实践和农村驻村工作队制度在社会治安防控协同治理（联户平安、联户增收的互联互通互助互惠）、应急管理与风险治理（如双联户的气象信息员制度），扩大城乡居民、宗教人士（僧尼）的基层参与式社区治理，维护群众权益和化解社会矛盾以及僧尼作为特殊人群的治理服务都具有非常好的推广价值。具体而言，西藏自治区已实现基层党组织网格化设置全覆盖，组建了社区网格党小组，整合了驻村工作队、联系群众干部、先进“双联户”党员、便民警务站、驻区单位、志愿者、社区工作人员等资源，由社区党员干部兼任网格格长，实现了基层社会公共事务的合作治理。自2013年起，西藏自治区党委、政府开始实施“双联户”（联户平安、联户增收）活动，该联户形式多样，对于人口较多的行政村（社区）则进一步按照人员数量细化成小的联合单位。对于人口较少的行政村（社区）则是联户，等同于网格和行政村（社区）。目前，“双联户（平安、增收）”活动不仅形成了全覆盖，而且和基层党组织建设、脱贫攻坚、驻村工作队制度紧密结合起来，引入帮扶单位和企业参与成立合作社，夯实集体经济，实现群众脱贫致富增收，并推动双联户向多联合即平安、增收向脱贫、小康发展，特别是干部直接联系群众制度，密切了干群关系，更好地服务了群众。同时，西藏自治区依法管理宗教场所和人员，选派优秀干部进驻寺庙，寺管会、寺庙基层党组织、成立驻寺工作组，引入社区治理理念，把广大僧尼作为普通公民纳入相应网格治理中，围绕教育、管理、服务等职能开展工作。西藏自治区党委、政府十分重视宗教界代表人士的培养使用工作，将宗教界代表人士安排在人大、政协和群众团体更好地发挥作用。实践证明，这种做法十分适合于边疆少数民族地区经济发展工作与社会治理需求并重的实际情况，有助于标本兼治地应对当前治理领域中的一些老问题和新挑战。

就基层参与式社区治理而言，云南省临沧市双江县沙河乡充分发挥基层党组织的领导作用，特别是村民理事会的引领作用及群众的主体作用，推行“六个共同”（民居、银行贷款、互帮互助、公益事业、产业发展、文明村寨建设）的规范化治理经验也非常值得学习。

就化解社会矛盾和维护群众权益而言，西藏自治区的驻村工作队制度和新疆“访聚惠”制度具有很大的推广价值。例如，自 2011 年 10 月起，西藏自治区党委、政府，抽调干部组成工作队对整个自治区村（居）形成全覆盖入驻，其中每个工作队有 4 人，1 人担任队长，每年一轮换，对于海拔高于 4500 米以上的地区，每半年一轮换。在加强基层党组织建设的同时，西藏自治区还选派优秀干部担任第一书记，由驻村工作队员、第一书记、大学生村官与扎根乡镇的转业军人在基层党组织的领导下，围绕加强基层党组织建设，维护社会稳定，帮助群众寻找致富门路，回顾西藏解放历史、落实党的富民政策，对群众进行感恩教育，直接联系群众同吃同住同劳动，帮助群众办实事解难事等五项职能开展工作，整合资源，一起合作治理，实现了资源、精英、服务向基层下沉，也实现了基层社会治理、公共服务、乡村振兴和精准脱贫的有效结合和有效衔接。类似的，新疆维吾尔自治区党委自 2014 年开始实施“访惠聚（访民情惠民生聚民心）”驻村工作队制度，新疆维吾尔自治区党委、政府，抽调干部组成工作队，对整个自治区村（居）形成全覆盖入驻，形成“村级组织（党组织、自治组织）+村级警务室+驻村工作组”的“三位一体”模式，驻村工作组围绕“做好群众工作、加强基层组织、推进去极端化”三项重点展开工作。其中，访民情的目的是制定问题清单，做到“五清”（情况、问题、对策、责任、任务）和“六有”（村情档案，问题台账，需求清单，村级规划，联系领导、帮扶单位、驻村干部工作台账和村级综合信息监测管理平台）。惠民生是坚持维护好各族群众的根本利益，把党的富民政策和新疆的改革成果与人民共享，对各族群众关心的水、电、路、网、邮、产业等关系其切身利益的问题，通过民情地图，统筹各级关系，进行系统解决。聚民心是各级工作组与各族群众同吃同住同劳动，坚持用真挚感情践行党的群众路线，坚持用良好作风增进干群互信和民族团结，密切干群关系，化解群众矛盾。

就互联网治理而言，其主要是指以党委领导、政府管理、企业履责、社会监督、网民自律的针对互联网领域所实施的引导、规制等治理行为。在这里，研究者和各位专家觉得西藏自治区的依法规范治理互联网的经验具有重要的参考价值。例如，西藏自治区通过地方性法律、法规建设，毫不放松地抓好新兴媒体管理，要求电话、网络、微博实名制管理。这一管理方式的实施，不仅构成了捍卫国家的意识形态安全，捍卫民族团结大局的重要依托，而且有利于据此争夺在西藏问题上的话语权。同时，就其普遍性价值而言，运用法律规范和技术手段加强网络世界的管理，也将对营造清朗的网络空间，打击网络和电信犯罪、网络渗透和颠覆活动起到关键作用。

就流动人口和特殊人群服务而言，习近平总书记在参加十三届全国人大一次会议广东代表团审议时强调：“要创新社会治理体制，把资源、服务、管理放到基层，把基层治理同基层党建结合起来，拓展外来人口参与社会治理途径和方式，加快形成社会治理人人参与、人人尽责的良好局面。”① 广西壮族自治区北海市的“荟萃北海”党群服务站的建设具有非

---

① 习近平这样告诫领导干部［EB/OL］中青在线，2018-03-17.

常好的示范意义。2017 年，广西壮族自治区北海市开始创建“荟萃北海”党群服务平台，该平台依托街道、社区和产业园区党群服务中心，建设“荟萃北海”工作服务站，每个工作站安排 1～2 名专兼职工作人员，专门负责沟通联系和跟踪服务工作，为外来党员、外来人才提供党组织关系接转、人员信息采集等服务。依托行业主管部门和公安部门、街道社区等开展摸排，完善外来人才信息库，建立“荟萃北海”名录。截至 2018 年 10 月，全市共建立“荟萃北海”服务工作站 44 个，收录外来名人名家 63 人。对于收录的外来人才，颁发荣誉证书，享受涵盖旅游、交通、医疗、教育、购房、培训等方面的 10 项优惠政策。如免费进入北海各大景区、免费乘坐北涠线客轮、优先安排专家诊疗、直系亲属在北海入学优先择校，等等。

此类通过细化基层的服务工作来引导治理改进的案例还包括内蒙古自治区呼和浩特市引入企业市场化机制，对刑释解教人员联帮联教过渡安置，并与自治区精神卫生中心建立合作协议，辖区精神病人无一人发生侵害他人事件。新疆维吾尔自治区阿克苏拜城县创新式提出“金钥匙·平安锁”出租房屋服务管理模式，即在社区建立“出租房屋管理超市”，不仅有效地规范了出租屋市场，而且有利于对流动人口进行信息排查和服务。就其共性特征而言，服务主导型的基层治理在绩效方面显然拥有一些独特的优势，而对这种优势的系统总结和推广应用，也将为高效地推进基层社会治理现代化提供重要的思维转向启示。

二、西部地区基层社会治理创新实践与规范化建设中的治理行为

经过文本内容分析，西部地区基层社会治理创新实践与规范化建设案例中的治理行为，可以分为建设基层组织、强化公共服务、改进工作方法、创新体制机制、整合治理资源、使用专门人才、推进基层民主和重视思想文化八个类型。总体来说，从表 6.2 可以看出改进工作方法（占比 23.09%）、建设基层组织（占比 16.36%）、整合基层资源（占比

11.48%）、重视思想文化（占比11.08%）、强化公共服务（占比10.82%）五个治理行为数量较多。创新体制机制（占比8.97%）、推进基层民主（占比8.97%）、使用专门人才（占比9.23%）三个治理行为的案例数量较少。

与第五章的研究相比，其差异性在于重视思想文化，在西部地区的案例中显示是比较排位靠前的治理行为。一个可能的解释可以从新疆维吾尔自治区的意识形态、法治、文化建设案例中体现。新疆维吾尔自治区用思想的方法去解决极端思想传播、用文化的方式去解决民族问题扩大化、用尊重的态度对待宗教信仰和民族风俗、按照宗教的规律去解决非法宗教活动、用法治和严打的方式去解决暴恐活动频发问题。在第五章的获奖案例中，改进工作方法、强化公共服务排序优于建设基层组织和整合治理资源，研究者认为这主要是因为对于基层社会治理实践创新和规范化建设相对成熟的地区而言，基层组织建设工作已经基本健全，且整合资源的工作也基本上完成，所以只需要进一步深化而已。而对西部地区的基层党政部门而言，健全基层组织和整合基层资源是更高层次深化基层社会治理创新实践和规范化建设的基础，因此需要高度重视。

表6.2　西部地区基层社会治理创新实践与规范化建设中的治理行为分析

	总量	比例
建设基层组织	124	16.36%
强化公共服务	82	10.82%
改进工作方法	175	23.09%
创新体制机制	68	8.97%
整合治理资源	87	11.48%
使用专门人才	70	9.23%
推进基层民主	68	8.97%
重视思想文化	84	11.08%

说明：由于一个案例可以属于多个不同范畴，因此频数数量总和大于样本量165，百分比统计也与此同理。

建设基层组织。新疆维吾尔自治区、西藏自治区的网格化基层社会治理创新案例都是以规范基层党组织的建设和完善基层自治组织为核心。根据复合治理理论，建设基层组织也就是实现党建与治理相复合、政府与社会相复合、管理与服务相复合的治理。例如，新疆维吾尔自治区阿勒泰市搭建“小区说事点”平台，组建“巾帼劝和队”“七彩义工”等社会组织，帮助群众通过民主协商的方式化解矛盾。

重视思想文化。各地的案例聚焦于实施公民道德建设工程，深化社会主义核心价值观等群众性精神文明创建活动，逐步健全乡规民约等非制度性约束；推动志愿服务活动；重视基层公共文化服务体系建设和社会心理服务体系建设等方面。例如，2011 年以来，西藏自治区采取群众路线的工作方式，通过干部驻寺常态化，与宗教人士交朋友，制定惠寺惠僧政策筑牢他们的社会保障线（医疗、养老、免费体检等），并开展家访切实解决宗教人士的家庭困难，不断地加强爱国主义和法制教育，将西藏自治区的改革发展成果与寺庙僧尼共享。再例如，云南省玉溪市红塔区探索村规民约（居民公约）等软制度约束，优化基层社会治理新方式，在农村通过推进法治自治，统一村规民约的标准、尺度、内容，修订基层乡村公约，破陋习立新规（如对出嫁女的合法权利进行保护、界定村集体经济的资格等），全面提升群众的幸福指数。新疆维吾尔自治区通过宣讲教育、法律宣传、群众讨论、揭批宗教极端思想的反动本质，对非法宗教活动、非法宗教宣传品、非法宗教网络传播活动进行专项打击，积极传播维护民族团结、宗教和睦、宗教场所和谐、宗教活动和顺的正能量。

改进工作方法。主要聚焦依法治理、道德约束、管理创新、技术治理和协同合作等几个方面。一是依法治理。例如，西藏自治区依法治理宗教事务，在《宪法》《民族区域自治法》《立法法》《反分裂法》等法律体系的框架下，加强地方性法律、法规的建设。西藏自治区先后研究制定了《西藏自治区宗教事务管理暂行办法》等一系列规范性文件，为坚持宗教中国化方向，全面贯彻党的宗教信仰自由政策，积极引导藏传佛教与社会主义社会相适应，推进宗教事务治理规范化、长效化、法制化，最大限度地发挥宗教的积极作用，发扬藏传佛教界爱国爱教传统，淡化宗教的消极影响，积极自信地阐释具有中华优秀传统文化因素的藏传佛教教义教规，教育引导信教群众追求今生，过好当下的幸福生活起到了非常深远的规范引导作用。西藏自治区还依法成立自治区藏传佛教活佛转世工作领导小组，领导藏传佛教活佛转世工作，加强和规范活佛转世管理。西藏自治区还通过加强中国佛教协会西藏分会和西藏佛学院、藏文印经院和藏文会刊《西藏佛教》等的建设工作，鼓励僧人不断提高宗教学识修养，维护僧人学经修行的合法权益。从 2004 年起恢复了寺庙僧尼晋升考试的格西拉让巴制度，统一对寺庙僧尼的经师、教材、招生、考试进行领导，加强对社会流动从事宗教活动人员的管理，并将宗教学经活动逐步纳入正规渠道。同时，自治区还对伊斯兰教教职人员进行资格认证考试并颁发证书，依法有效加强对天主教事务的管理。西藏自治区特别严格实行教育与宗教相分离的规定。《中华人民共和国教育法》规定："国家实行教育与宗教相分离的原则。任何组织和个人不得利用宗教进行妨碍国家教育制度的活动。"相应的，西藏自治区也制定出台了《关于做好抵御和防范校园宗教渗透工作的意见》，绝不允许在学校传播宗教思想、从事宗教活动，坚决抵御和防范校园宗教渗透，积极营造健康向上的校园环境和社会环境。这一举措有利于从源头上遏制民族分裂势力与其他敌对势力利用宗教影响操纵青少年民族群众。二是道德约束。例如，内蒙古自治区包头市建立完善守法诚信褒奖机制和违法失信行为惩戒机制，使守法的人民群众依法办事畅通无阻，违法失信人员处处受限。三是管理创新和协同合作。例如，广西壮族自治区北海市为外来人口设立专门的荟萃北海党群工作站，通过建立外来人口的基层党组织，实现了外来人口自我教育、自我管理、自我服务的外来人口"一站式"协同合作治理。四是技术治理。例如，内蒙古自治区包头市青山区为每名社工配备了一台加装了社会管理信息化平台的 3G 手机，应用"云计算"重点打造的"一库（通过手机终端对人口信息进行动态采集的人口社情动态信息库）三系统（人口基础地理信息系统、社会矛盾联动化解系统、政务服务预审批复系统）"提高了公共服务和基层社会治理效率。

强化公共服务。第一，改善民生福利。例如，党的十八大以来，西藏自治区始终坚持以人民为中心的发展思想，致力于保障和改善民生。“十二五”期间，西藏自治区率先在全国实现五保老人集中供养和孤儿集中收养，致力于实现老有所养、幼有所育；率先在全国实现15年免费教育（含学前3年），致力于实现学有所教；十二项基本公共卫生服务项目基本得到全面落实，实施城乡居民免费体检并延伸至在编僧尼（100%全覆盖），致力于实现病有所医；率先在全国实现城乡居民基本养老保险均等化，医疗、生育、工伤、失业、养老五大社保各项标准均高于全国平均水平，致力于不断改善人民生活、增进人民福祉；致力于通过加大扶贫开发力度，实现弱有所扶，致力于通过“六通”和“一安居”工程（路、水、电、信、邮、广播、电视、优美环境“八到家”的农牧民安居工程），实现农牧民住有所居、安居乐业；致力于通过劳动就业实现劳有所得，“十二五”期间，西藏自治区政府实施“四送工程”和“四业工程”，即通过送政策、岗位、服务、技能的四送工程和以业育人、安人、管人、富人的四业工程，将城镇登记失业率基本控制在4%以内，“十三五”期间，按照国家“大众创业，万众创新”政策，实施“宽、免、优”自主就业原则，在税收、贷款、场地等方面出台政策支持大学生创新创业。再例如，新疆维吾尔自治区党委、政府致力于“民生优先”发展思路，筑牢社会保障的底线，也是社会稳定的警戒线和红线；致力于通过新建城镇保障性住房、安居富民工程全面推进住有所居；致力于通过扩大就业帮助高校毕业生、零就业家庭成员和农村富余劳动力等重点群体人员实现劳有所得；致力于通过医疗保险、养老保险的全覆盖实现老有所养、病有所医（特别是“五七工”“家属工”的问题得以解决）；致力于通过提升免费义务教育覆盖面和政府补贴实现幼有所育、学有所教，特别是南疆四地州（喀什地区、和田地区、克孜勒苏柯尔克孜自治州以及阿克苏地区）实现了14年免费义务教育；致力于通过加大扶贫开发力度，不断改善人民生活、增进人民福祉，实现弱有所扶。第二，服务特殊人群。例如，内蒙古自治区呼和浩特市创新特殊人群管理方式，通过市场化运作机制引入驻区企业参与刑释解教人员联帮联教工作；经常性组织社区矫正人员开展公益劳动；建立合作协议，将辖区有肇事倾向的精神病人通过自治区精神卫生中心进行了及时医治。三是服务方式创新。例如，新疆维吾尔自治区塔城边防支队通过移动媒介，开设了集公共服务、互动、信息报送等于一体的“一站式”服务专栏。

推进基层民主。西部地区创新民主形式，与加强民主和提升治理绩效同步。第一种是民主协商和基层社会治理相融合的“议治相济”治理。例如，广西壮族自治区柳州市柳南区在街道通过走访群众，形成议题，把困难问题让群众集体研究讨论，协商办理，并共同监督处理结果。第二种是议治分离的民主协商民主监督治理。如新疆维吾尔自治区昌吉回族自治州规范村“两委”决策议事程序，制定村规民约、社区公约，和党务、政务、财务“三公开”。

整合治理资源。治理资源是基层社会治理的现实基础，各地的具体治理行为包括：第一，整合辖区体制内的资源（如新疆维吾尔自治区的“访聚惠”制度和西藏自治区的驻村工作队制度整合了第一书记、驻村工作队员、联系群众干部、志愿者等）。二是整合驻区单位和组织的资源（如各地的“双报到”实践）。三是培育民间组织（如新疆维吾尔自治区和田地区推动成立 8600 多个协会、合作社等群众自治自管组织；阿勒泰地区组建“七彩义工”“巾帼劝和队”等帮助群众化解矛盾）。

使用专门人才。第一，使用专业化的社会工作者队伍。例如，内蒙古自治区鄂尔多斯市创建“一核心三融合”即“社区党组织（核心引领）+小区党小组+党员中心户+党员+群众”的“五级”党建体系，将党员职责在更小范围进行明确和细化，融合社会组织服务、居民自治和群众志愿服务，并要求每个社区中持证社工和具有社会工作专业背景人员 3 名，并对持证社工进行一定补贴，推动社会工作专业化、职业化。第二，挖掘本土人才。如西藏自治区党委、政府十分重视宗教界代表人士的培养使用工作，将宗教界代表人士安排在人大、政协和群众团体更好地发挥作用。

创新体制机制。各地在治理中积极探索居委会和社区服务站分离、居委会和社区服务站合署办公、纵向上撤并机构减少层级等创新社会治理体制机制的治理行为。例如，内蒙古自治区就在街道或者聚集的非公经济组织园区、楼宇等地设立标准化的综合治理中心，并将其与街道办分离办公（如乌海、赤峰、通辽、乌兰察布、锡林郭勒、阿拉善）。与第五章的研究相比，研究者在西部地区没有发现纵向上撤并机构减少层级、居委会和社区服务站合署办公等具体治理行为案例。

三、西部地区基层社会治理创新实践与规范化建设中的治理主体

总体来说，西部地区基层社会治理创新实践与规范化建设的治理主体与第五章中的“全国创新社会治理典型案例奖”获奖项目研究结果基本一致，没有什么较大的差异性。从表6.3可以看出西部地区基层社会治理创新实践与规范化建设中的治理主体包括政府及其派出机构（占比20.71%）、党的组织（占比19.87%）、群众（占比14.81%）、社会组织（群团、非营利组织）（占比13.30%）（具体见表6.4）。而高校（科研院所）（占比9.60%）、媒体（占比9.76%）、企业（占比11.95%）作为基层社会治理的重要主体参与社会公共事务治理的数量似乎略显过少（详见表6.3）。由于基层党组织、政府及其派出机构、基层自治组织、基层社会组织、高校（科研院所）、企业、媒体、各族人民群众等群体参与基层社会治理的案例在前面研究者已经做了较大篇幅的描述，即使西部地区的典型案例也不再多做赘述，在这里主要就媒体和高校（科研院所）专家参与基层社会治理创新实践与规范化建设进行具体列举。例如，内蒙古自治区赤峰市委政法委采取“两助”实现彻底化解信访案件矛盾，即以律师为主体，聘请法律专家参与，成立“信访法律事务服务中心”，通过法律援助和生活救助的“两助”方式，要求律师与当事人签订《息访代理协议》《息诉息访救助协议》，之后进行公证，彻底化解信访案件。西藏自治区通过配齐文化设备推动公共文化服务均等化、培养文化人才培根铸魂、送戏

巡演丰富群众文化娱乐生活、感党恩跟党走主题教育等工程，推进电信网、广电网和互联网三网融合，丰富农牧民群众的精神文化生活。云南省保山市下属的腾冲市在“全国法治县（市、区）创建活动先进单位”的评选过程中，充分利用新媒体平台，播出法治新闻、法治节目、普法广告。云南省怒江傈僳族自治州在社会治安的群防群治工作中，借助媒体让各族人民群众明确民警需要哪些合作，让群众和民警相互了解，密切了警民关系，等等。

表 6.3　西部地区基层社会治理创新实践与规范化建设中的治理主体分析

	总量	比例
党的组织	118	19.87%
政府及其派出机构	123	20.71%
企业	71	11.95%
社会组织（群团、非营利组织）	79	13.30%
群众	88	14.81%
媒体	58	9.76%
高校（科研院所）	57	9.60%

说明：由于一个案例可以属于多个不同范畴，因此频数数量总和大于样本量 165，百分比统计也与此同理。

为进一步明晰这些主体之间关系的社会性本质，研究者采用社会网络分析方法，对这 165 个案例中的政府及其派出机构、党的组织、群众、社会组织、高校（科研院所）、媒体、企业之间的真实互动联系及整体的网络结构进行测度分析（结果如表 6.4 所示）。图 6.1 显示的是西部地区基层社会治理创新实践与规范化建设合作治理主体的网络结构图。采用 UCINET 6 for windows—version 6.186 对上述 7 个主体进行分析，“样本数量”为参与基层社会治理各个不同主体间进行基层社会公共事务合作治理的信息总量，在研究者中样本数量是 165 个案例。“网络规模”是参与基层社会公共事务合作治理网络的行动者个数，在研究者中网络规模是政府及其派出机构、党的组织、群众、社会组织、高校（科研院所)、媒体、企业7个治理主体。“网络密度”显示的是政府及其派出机构、党的组织、群众、社会组织、高校（科研院所）、媒体、企业7个不同行动者主体在社会公共事务合作治理网络结构中彼此之间关系关联的疏密程度。整体网密度是指网络成员也就是基层社会公共事务合作治理的各个主体之间关系的疏密程度，即网络密度越大，各个合作治理主体参与合作治理的态度、行为的影响就越大，彼此的关系越紧密，相互协作支持程度就越高。总体上来看，本研究165个案例中的7个主要基层社会治理创新实践与规范化建设主体的网络密度是12.3810%，略显偏低，说明合作不是特别紧密。

表6.4　西部地区基层社会治理创新实践与规范化建设中治理主体的结构特征

	数量统计
样本数量	165
网络规模	7
网络密度	12.3810%

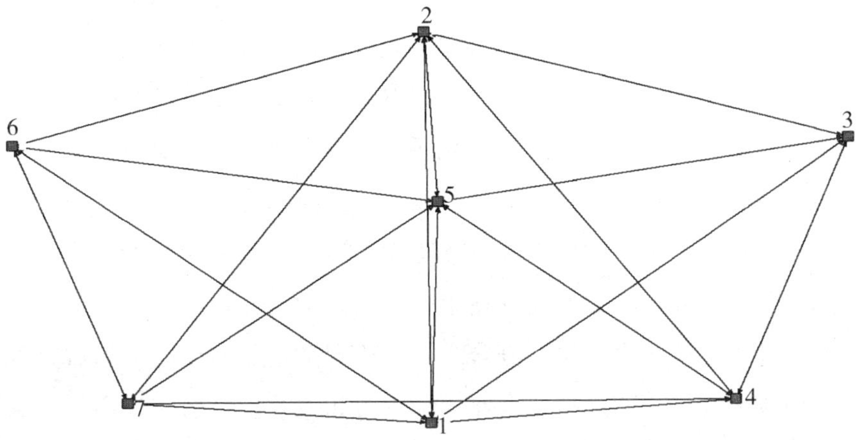

图6.1　西部地区基层社会治理创新实践与规范化建设中治理主体的合作治理网络结构

说明：1代表党的组织，2代表政府及其派出机构，3代表企业，4代表社会组织，5代表群众，6代表媒体，7代表高校（科研院所）

与第五章的研究步骤相似，研究者采用网络中心度（点度中心度、接近中心度、中间中心度）的测量方法，来检测社会公共事务合作治理网络中各个主体居于怎样的中心位置。点度中心度（degree centrality）指标指的是不同治理主体在整个基层社会公共事务合作治理网络中的中心化程度、主动性和影响力。接近中心度（closeness centrality）是采用相对距离来测量某个行动者在基层社会公共事务合作治理网络中的中心程度，该数值越大，越表明该点不是网络的核心点。中间中心度（betweenness centrality）是测量基层社会公共事务合作治理网络中的行动者对资源控制的程度，其数值越高，表明其控制能力越强，使用资源为其他成员搭建桥梁的能力越强。表 6.5 是西部地区基层各个治理主体的网络中心度分析，就其点度中心度的分析来看，党的组织作为治理主体在整个社会公共事务合作治理网络中位置的中心化程度最高，其次是政府及其派出机构、企业、社会组织。这充分说明基层党组织领导的主动性和影响力非常高，也说明基层党组织作为基层治理的领导者，政府及其派出机构作为主导者，在基层社会治理的合作网络中主动性和影响力均非常重要。就接近中心度的分析而言，高校（科研院所）和媒体似乎不是社会公共事务合作治理网络的核心点，其他的主体则均居于核心地位。中间中心度的测量显示的结果与接近中心度的分析一致，高校（科研院所）和媒体为其他成员搭建桥梁的控制能力不是特别的强。与第五章的研究相比，西部地区的基层社会治理创新实践与规范化建设的主要治理主体是党的组织、政府及其派出机构，而不像第五章的研究那样，群众排在第一位的。同时，西部地区企业、社会组织的主动性、影响力也排在群众之前，特别是企业的作用远超过第五章研究所发现的那样，西部地区企业的影响力和主动性排序在社会组织和群众之前。

表 6.5　西部地区基层社会治理创新实践与规范化建设中治理主体的网络中心度分析

	点度中心度	接近中心度	中间中心度
党的组织（1）	133.000	6.000	0.833
政府及其派出机构（2）	131.000	6.000	0.833
企业（3）	100.000	6.000	0.833
社会组织（群团、非营利组织）（4）	83.000	7.000	0.250
群众（5）	55.000	7.000	0.250
媒体（6）	9.000	8.000	0.000
高校（科研院所）（7）	9.000	8.000	0.000

在社会网络的分析中，由于各个行动者之间不同的协调和合作程度，往往会出现结构洞（structural holes）。结构洞的存在能够给节点成员带来利益，利用其自身优势形成控制力和影响力。研究者采用网络限制指标（值越大存在结构洞的可能性越小）和网络的有效大小指标（越大表明较大的结构洞的存在可能）等进行结构洞的测量（结果见表 6.6）。分析数据网络限制指标显示，群众、政府及其派出机构、社会组织的网络限制指标值最小，分别是 0.645、0.667、0.670，说明存在结构洞的可能性较大。网络的有效大小指标显示，专家、群众、媒体存在结构洞的可能性较大，因为其指标值分别是 3.069、2.724、2.541。因此，综合上述两个分析结果，研究者可以得出群众是社会公共事务合作治理网络最有可能掌握结构洞的节点。与第五章的研究相比，共同点是群众在基层社会公共事务合作治理网络中最有可能掌握结构洞的节点。差异性在于，与第五章的获奖案例相比，西部地区的社会组织（群团、非营利组织）、政府及其派出机构、党的组织也是有可能掌握结构洞的节点。

表 6.6 西部地区基层社会治理创新实践与规范化建设中治理主体的结构洞分析

	Degree	EffSize	Efficie	Constra	Hierarc Ego	Bet
	---	---	---	---	---	---
1	6.000	2.355	0.392	0.696	0.356	1.667
2	7.000	2.222	0.317	0.667	0.331	1.300
3	5.000	2.219	0.444	0.696	0.010	0.000
4	6.000	2.340	0.390	0.670	0.135	0.400
5	7.000	2.724	0.389	0.645	0.224	1.300
6	5.000	2.541	0.508	0.7165	0.097	0.000
7	6.000	3.069	0.512	0.675	0.096	0.400

说明：1 代表党的组织，2 代表政府及其派出机构，3 代表企业，4 代表社会组织，5 代表群众，6 代表媒体，7 代表高校（科研院所）

最后，研究者采用子群分析（cliques）对西部地区基层社会公共事务合作治理主体之间行动的关系进行子集合，以便确定在社会公共事务合作治理的网络中是否存在小团体来进行合作互动。经过分析，研究者发现现有 165 个案例的子群分析显示其分成两组，第一组含 1、2、3、4、5（数据分析显示的是不同治理主体的编码代号，详见图 6.2 的说明），第二组含 1、2、4、5、7，第三组含 1、2、5、6、7。因此，可见 1、2、5 分别与 3、6、7 组成不同的小组互动，说明政府及其派出机构、党的组织、社会组织在社会公共事务的合作治理中起到关键作用（如图 6.2 所示）。与第五章的研究相比，西部地区群众、高校（科研院所）等治理主体在社会公共事务的合作治理中所起的作用仍有待提升。

四、西部地区基层社会治理创新实践与规范化建设中的治理机制

在本章收集的 165 个西部地区基层社会治理创新案例中，经过分析发现，其治理机制规范化建设可以分为领导主导机制、参与/孵化培育机制（法律服务机制、经济扶助机制、学习培训机制）、权责一致机制、集体行

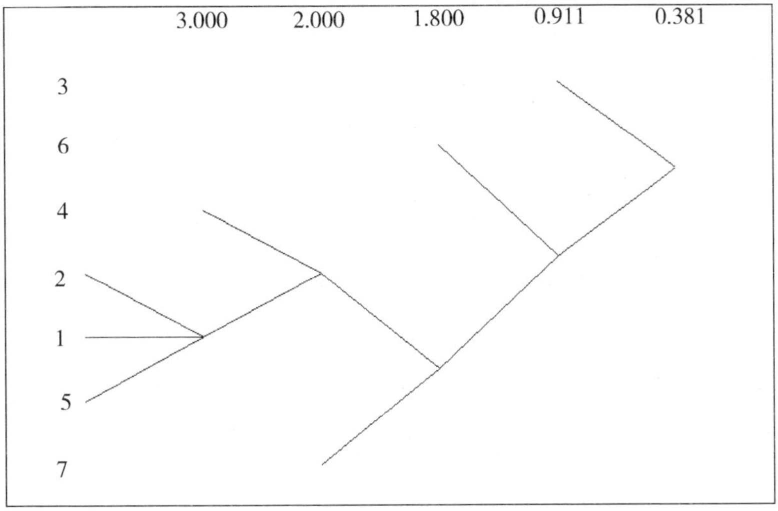

图 6.2　西部地区基层社会治理创新实践与规范化建设中治理主体的合作治理子群分析

说明：1 代表党的组织，2 代表政府及其派出机构，3 代表企业，4 代表社会组织，5 代表群众，6 代表媒体，7 代表高校（科研院所）的专家

动机制（调查/听证/研判机制、沟通/协商/调解机制、资源配置/整合机制、成本和收益分担机制）、激励竞争机制、绩效评估/责任追究/监督制约机制、冲突/矛盾化解机制七项机制。在修改完善研究的时候，专家们一致认为，参与/孵化培育机制和集体行动机制存在问题比较明显，需要进一步细化研究。因此，研究者重新分析了数据，建立了这两个治理机制的细化分析框架。从表 6.7 细细地分析这七项机制的规范化建设，可以看出集体行动机制（占比 13.63%）、领导主导机制（占比 10.18%）、参与/孵化培育（占比 9.62%）、绩效评估/责任追究/监督制约机制（占比 7.22%）四个机制是占比最多的机制。而冲突/矛盾化解机制（占比 4.57%）、权责一致机制（占比 5.45%）、激励竞争机制（占比 5.61%）三个机制的建设相对薄弱。在参与/孵化培育机制中，经济扶助机制占比 6.74%，法律服务机制和学习培训机制占比仅次于它，各自为 5.21% 和 5.45%。在集体行动机制中，沟通/协商/调解机制（占比 7.62%）、资源配置/整合机制（占比

7.38%）所占比例也相应较高，但是，调查/听证/研判机制与成本和收益分担机制占比相对较少，各自占比5.77%和5.53%。

与第五章的研究相比，其共同点是集体行动机制（占比13.63%）、领导主导机制（占比10.18%）、参与/孵化培育（占比9.62%）、绩效评估/责任追究/监督制约机制（占比7.22%）四个机制是占比最多的规范化建设治理机制。在这七项机制中，冲突/矛盾化解机制、权责一致机制、激励竞争机制相对占比数量较少，有待进一步提升与规范。其差异性主要体现在排序上，西部地区集体行动机制（占比24.11%）优于领导主导机制（占比22.71%）。第五章获奖案例中的冲突/矛盾化解机制所占比例略高于权责一致机制和激励竞争机制，而西部地区则是激励竞争机制所占比例高于冲突/矛盾化解机制和权责一致机制。在参与/孵化培育机制中，经济扶助机制在治理机制规范化建设中，所占比例也较高。在集体行动机制中，资源配置/整合机制和沟通/协商/调解机制所占比例也相应较高。集体行动机制中的差异性显示，西部地区的典型案例与第五章的案例相比，西部地区更重视沟通/协商/调解机制，而第五章的案例分析表明更重视成本和收益分担机制。

表6.7 西部地区基层社会治理创新实践与规范化建设中的治理机制演化

	总量	比例
领导主导机制	127	10.18%
参与/孵化培育机制	120	9.62%
法律服务	65	5.21%
经济扶助	84	6.74%
学习培训	68	5.45%
权责一致机制	68	5.45%
集体行动机制	170	13.63%
调查/听证/研判	72	5.77%
沟通/协商/调解	95	7.62%
资源配置/整合	92	7.38%

续表

	总量	比例
成本和收益分担	69	5.53%
激励竞争机制	70	5.61%
绩效评估/责任追究/监督制约机制	90	7.22%
冲突/矛盾化解机制	57	4.57%

说明：由于一个案例可以属于多个不同范畴，因此频数数量总和大于样本量165，百分比统计也与此同理。

文本内容分析显示的研究结果如下：（1）领导主导机制。领导主导机制主要指在基层党组织领导下的政府及其派出机构作为元治理者主导的基层复合治理。在这里经过前面社会网络方法的分析，研究者发现西部地区所有的案例都有基层党组织在其中的领导机制，以及政府及其派出机构在合作治理网络中的主导机制。

（2）参与/孵化培育机制。参与/孵化培育机制主要指为拓展合作治理的主体力量，实现共建共治共享，基层党组织、政府及其派出机构、基层自治组织如何发展和培育社会组织、专业社工、志愿者和群众参与治理。例如，内蒙古自治区包头市着力加强政府组织、社会组织与基层自治组织之间的协同合作，发挥工、青、妇、团等党群组织在矛盾调解、服务管理方面的积极作用，探索建立公益创投园和社会组织及其党组织“双孵化园”，培育出一大批社会组织参与基层社会治理，形成“十户联防、邻里守望、平安互助”等群防群治模式，引入社会力量参与平安校园（医院、商铺、银行）等基层平安创建活动，形成多方参与、成果共享的平安建设良好局面。

具体而言，参与/孵化培育机制还包括：第一，应建立多元主体参与/孵化培育的法律服务机制。这里主要指建立完备的法律体系特别是社团、基金会管理的地方性法规和政策，从而明确社会组织、企事业单位、全体公民等参与基层社会治理的登记注册、准入管理、材料申报等方面的手续，帮助各种多元主体依法有序参与基层社会治理和开展活动。①

① 杨建军．社会管理创新的地方经验与实践探索［J］．政法论丛，2013（05）：39－47.

第二，应建立多元主体参与/孵化培育的经济扶助机制。社会组织、志愿者、专业化社会工作者、公民个人等主体参与基层社会治理和公共服务的基本人、财、物、信息、技术支持，需要政府通过项目直接拨款、公益创投、公共服务招标采购、税收优惠、彩票收入等方式，为社会组织的孵化培育提供经济扶助。①② 例如，内蒙古自治区鄂尔多斯市为方便社区自治组织、社会组织、人民群众“有场所议事”，以政府拨付资金、开发商建设、政府回购、驻区单位共建的方式扶持自治组织、社会组织、人民群众参与基层社会治理。

第三，应建立多元主体参与/孵化培育的学习培训机制。例如，内蒙古自治区乌海市专门举办全市综治信息系统专题培训班，制定了专门的培训教程，通过集中讲解、实地观摩、实地指导、现场演示等形式，培训综治工作人员。

（3）权责一致机制。摆正不同合作治理主体的职能，准确定位各个主体的角色是政府转型创新的首要环节。因此，科学界定政府职能，明晰政府权力清单是基础而关键的内容。其内容主要包括权责清单、负面清单和自治清单。例如，广西壮族自治区北海市梳理了行政审批类、便民服务类、村居级组织权力类项目，收集完整的惠民政策 87 项，制定了第一份村级组织权力清单。

（4）集体行动机制。社会公共事务合作治理网络中的集体行动机制是破解公地悲剧和囚徒困境，实现由个体原子化社会走向集体导向的重要行动逻辑。其规范化建设需要：

一是调查/听证/研判机制。调查/听证/研判机制是发现问题、整合目标、实现集体行动的前提。例如，新疆维吾尔自治区的访聚惠制度、西藏自治区的驻村工作队制度等都是其中的典范。再例如，广西壮族自治区河池市东兰县的七民工作法，其维护群众权益的第一个步骤就是通过调查、收集、

---

① 袁金辉．中国乡村治理的回顾与展望［J］．云南行政学院学报，2016（01）：112－117.

② 申锦莲．国外社会管理创新的经验与启示［J］．行政与法，2012（07）：61－64.

分析、倾听群众的呼声，形成问题导向，并整合目标，便于集体行动。

二是沟通/协商/调解机制。有了目标，还需要沟通协商如何采取措施，处理问题。例如，云南省保山市通过联席会议制度，整合督查室和政法部门，集中督查讲评社会治理体制改革任务进展，查找存在不足，研究解决问题。内蒙古自治区包头市通过创立市、区、镇、村四级联动的社会工作联席会议制度，等等。

三是资源配置/整合机制。根据各合作治理主体拥有的资源和能力不同，有效地进行资源配置/整合，从而最大限度地实现各个主体之间的合作互补。内蒙古自治区包头市以法治为保障，将公安、检察、法院、司法、公证等法律服务资源整合，通过设立法官工作站、巡回检察工作站、法律援助接待室等有效形式，依法维护弱势群体合法权益，有力助推棚户区改造等工作，实现稳定零风险，安全零事故，群众零上访。

四是成本和收益分担机制。国内外研究和实践表明，政府培育社会组织主要有两种模式：以政府为主导、以行政机制为主要资源配置机制的直接培育模式和政府赋权支持型社会组织即以社会机制和市场机制配置资源的间接培育模式。① 例如，内蒙古自治区鄂尔多斯市为方便社区自治组织、社会组织、人民群众“有场所议事”，以政府拨付资金、开发商建设、政府回购、驻区单位共建的方式扶持自治组织、社会组织、人民群众参与基层社会治理。

（5）激励竞争机制。激励理论告诉我们通过诱导性因对各种治理主体参与合作意愿，持续合作的行为进行鼓励或者抑制。例如，云南省曲靖市秉承正向激励和考核惩戒相结合的原则，每年对居委会实行无案奖励，重点督办矛盾纠纷案件。

（6）绩效评估/责任追究/监督制约机制。监督评估机制中，监督包括内部监督和外部监督。例如，内蒙古自治区乌兰察布市对基层社会治理工

---

① 郁建兴，滕红燕．政府培育社会组织的模式选择：一个分析框架［J］．政治学研究，2018（06）：42－52、127.

作进行绩效考核奖惩和责任追究。

（7）冲突/矛盾化解机制。在整个集体行动过程中不会都是一帆风顺的，会在流程设计中出现不足和漏洞，各个主体也可能会因为自利性和目标的冲突而产生矛盾。① 例如，新疆维吾尔自治区阿勒泰市创新农村事务管理，积极探索适合少数民族区域农牧区管理的方法和路子，实行村民民主议事大会，共同商议、决策、解决问题。

五、西部地区基层社会治理创新实践与规范化建设中的实现路径

研究者构建的西部地区基层社会治理创新实践与规范化建设实现路径从理论上可以分为社会化、法治化、智能化、专业化四个路径。总体来说，从表 6.8 可以看出，西部地区基层社会治理创新实践与规范化建设的实现路径主要表现为基层社会治理创新实践与规范化建设的社会化和法治化（各自占比 35.18% 和 26.1%）。专业化和智能化路径所占比例最少，各自仅有 19.35%。与第五章的研究结果相比，可以看出，西部地区基层社会治理创新实践与规范化建设的专业化实现路径任重道远。而基于西部地区基层社会治理创新实践与规范化建设的某些挑战（如三股势力、反恐防爆等），其选择法治化的路径可以理解。

表 6.8　西部地区基层社会治理创新实践与规范化建设中实现路径的分析

	总量	比例
社会化	140	35.18%
法治化	104	26.1%
智能化	77	19.35%
专业化	77	19.35%

说明：由于一个案例可以属于多个不同范畴，因此频数数量总和大于样本量 165，百分比统计也与此同理。

① 邵静野，来丽梅．社会治理体制创新中社会协同机制的构建［J］．东北师大学报（哲学社会科学版），2014（01）：204－206.

就专业化实现路径而言，例如，内蒙古自治区鄂尔多斯市要求每个社区至少有持证社工和具有社会工作专业背景人员3名。同时，部分旗区采取给予持证社工一定补贴或招录扩增社区工作力量等措施。如康巴社区每月对持证社工给予300元至500元的奖励性补贴，伊金霍洛旗鼓励所有事业单位人员参加社工考试，并制定了给予考试通过获得中级社工师资格的事业单位人员每月800元补助。

就社会化实现路径而言，第一，政府由全能型政府向有限型政府让渡，通过购买公共服务的方式或者通过政府采购的方式，鼓励企业和社会组织参与到公共服务和基层社会公共事务的治理中来。① 第二，就是要坚持党的群众路线，坚持我党全心全意为人民服务的宗旨，坚持以人民为中心的发展理念，组织和动员人民群众积极参与到社会治理和公共服务的方方面面，做到共建共治共享。②就社会化的实现路径而言，新疆维吾尔自治区以实现就业为导向的教育培训模式，在县区成立职业技能教育培训中心，主要针对受迷惑的群众，比如参加非法讲经班，被极端思想毒害很深的各族群众，通过政府引导，引进印刷厂、手机厂、茶叶厂、鞋厂等企业，进行职业技能提升和教育帮扶。一方面，培训中心为这些群众提供一个学国家通用语言、学法律、学技能的机会，不断地提高他们人文科技素养。另一方面，把这些需要工作的人，变成工作需要的人。职业技能教育培训中心还设有职工子弟学校和托儿所，彻底改变了很多青少年上完小学就不再上学，跑去非法讲经点学经从而易被极端思想迷惑，最终走上暴恐活动道路的悲剧事件，避免他们成为恐怖主义和极端主义的受害者和牺牲品。

就法治化实现路径而言，新疆维吾尔自治区党委、政府全面贯彻党的宗教信仰自由政策，扎实推进“法治新疆”宣传教育活动，依法管理宗教

---

① 龚维斌．公共安全与应急管理的新理念、新思想、新要求——学习党的十九大精神体会［J］．中国特色社会主义研究，2017（06）：11－14.

② 向春玲．加强和创新社会治理的新思路与新举措［J］．治理现代化研究，2018（03）：84－89.

事务，先后制定和颁布《自治区党委关于全面推进依法治疆建设法治新疆的意见》《关于界定非法宗教活动的意见》《关于制止非法宗教活动的意见》《新疆维吾尔自治区宗教事务条例》《自治区实施〈反恐怖主义法〉办法》，特别是《新疆维吾尔自治区民族团结进步工作条例》（2015 年 12 月 29 日新疆维吾尔自治区第十二届人民代表大会常务委员会第二十次会议通过）使法治精神“进机关、进乡村、进社区、进学校、进企业”，在全社会营造了学、知、守、尊、信、用法的良好氛围。

就智能化实现路径而言，在广西壮族自治区，中共北海市委、北海市人民政府、北海市委组织部致力于创新公共服务方式和优化基层社会治理体系，在村居一级党组织推进“农事网通”和“阳光红页”的改革工作，致力于以党建引领智能化“互联网 + 政务服务”经验非常值得推广。新疆维吾尔自治区实施小区的“庭院化”管理、农村视频监控、边境县安防等领域的智能化治理也非常值得推广。第一是小区的“庭院化”管理。例如，乌鲁木齐将全市社区划分为不同网格，复杂区域和复杂小区中的居民通过人脸识别技术或者刷验身份证实现辖区内出入，在查验的同时，监控系统通过将拍摄的人员与公安信息库中对比，系统将自动对危险人员和可疑人员进行排查，并通知公安部门进行预警。第二是农村视频监控。由于新疆维吾尔自治区农村地域范围较广，而人口密度较低，仅仅通过人力很难覆盖，因此侧重于不同区域点位的监控设备的安装，通过视频监控将是农村安防的重要手段。第三是边境县安防。新疆维吾尔自治区有 5600 公里绵延的边境线也给各类不法分子带来可乘之机。因此，边境线安防建设，也是新疆安防建设的重要领域。以新疆维吾尔自治区博州博乐市为例，该地区在边境主要通外山口和重要地段安装高清摄像头、雷达边控预警、治安卡口等系统，实现了边境线立体化监控，提高监控覆盖率，形成了党政军警兵民“六位一体”联防联控新格局。

六、西部地区基层社会治理创新实践与规范化建设中的治理流程

治理流程的规范化主要是指在基层社会治理创新实践实施之前，制定和

发布一定标准和规范，使整个治理主体、治理边界、治理机制、治理流程、治理行为、实现路径均有“章”可循、有“据”可依；在基层社会治理创新实践实施过程之中，其相应的创新实践行为和活动在整个治理过程中有“章”可循、有“据”可依，依法有序运行；最后，基层各种社会公共事务合作治理主体要对基层社会治理创新实践的结果是否与其制定、发布和实施的标准和规范相一致进行评估检验，即取得了相应的治理效能。①

经过数据分析，在研究者收集的165个案例中，按治理流程类型可以分为治理前、治理中和治理后的规范化建设。其中，有33.33%的案例在治理前制定有规范性的文件或者法律、政策依据，治理中依法遵循规范性的文件或者法律、政策依据，但是依据文件进行绩效考核的案例仅有28.15%（详见表6.9）。与第五章的研究相比，其共同点是治理前和治理中的治理流程比较规范，也就是所有基层社会治理创新实践行为和活动在实施之前和实施过程中有“章”可循、有“据”可依，但是各地区治理后的绩效考评机制还是不够规范，没有考核其基层社会治理效益是否与所制定、发布和实施的基层社会治理创新实践要求、标准和规范相符合，是否达到了预期的效益。

表6.9 西部地区基层社会治理创新实践与规范化建设中治理流程的分析

	总量	比例
治理前	90	33.33%
治理中	104	38.52%
治理后	76	28.15%

说明：由于一个案例可以属于多个不同范畴，因此频数数量总和大于样本量165，百分比统计也与此同理。

① 张明．推进基层社会治理规范化建设的思考［J］．唯实（现代管理），2014（12）：24－26.

七、西部地区基层社会治理创新实践与规范化建设中的城乡特征

研究者收集的西部地区基层社会治理案例，按城乡分类可以分为乡村、城市、城乡一体化等。总体来说，从表 6. 10 可以看出西部地区基层社会治理创新案例，主要集聚在城乡一体化（占比 39. 42%）的特征，所占数量最多，表现出了与第五章聚焦城市不一样的思维。

表 6. 10 西部地区基层社会治理创新实践与规范化建设的城乡特征

	总量	比例
乡村	66	27. 39%
城市	80	33. 20%
城乡一体	95	39. 42%

说明：由于一个案例可以属于多个不同范畴，因此频数数量总和大于样本量 165，百分比统计也与此同理。

八、西部地区基层社会治理创新实践与规范化建设案例的城乡比较分析

Analysis of variance（简称 ANOVA），即方差分析主要是用于两个以上样本的均数差别是否显著的一种检验。研究者采用 IBM SPSS 19. 0 以城乡为自变量，以治理主体、治理边界、治理行为、实现路径、治理机制、治理流程的规范化建设为因变量考察 165 个西部地区基层社会治理创新案例的城市、乡村、城乡一体是否存在显著差异，结果显示无明显差异。

九、西部地区基层社会治理创新实践与规范化建设存在的问题

结合第四章中国地方基层社会治理现状评估的研究结果，根据本章的实证分析，并与第五章进行对比，研究者发现西部地区基层社会治理创新实践与规范化建设可能存在的问题包括：

1. 纵向上治理主体的权责边界有待进一步规范

就纵向的西部地区基层社会治理创新实践与其规范化建设的治理主体而言，其最核心的议题是纵向上是否赋予不同层级的基层社会治理主体清晰的责权边界。例如，在现有的西部地区基层社会治理创新实践与规范化建设的165个案例中，仅有90个案例（在所有机制规范化建设案例中占比33.33%）显示其在进行基层社会治理实践创新规范化建设的过程中，清晰界定了不同治理主体的权责边界。

在西部地区地方党委和政府与中央主要面临的压力源自宏观层面的地区发展问题、地区稳定问题、地区安全问题，但是没有明确的文件规范中央和地方在这三方面的权责边界。地区发展问题、地区稳定问题、地区安全问题具体表现形式包括：第一，西部地区的基础设施建设和公共服务供给不能满足目前经济社会的发展需要。例如，西部地区的基础设施建设要按照“平战结合、军地融合”的原则建设港口（主要指西南的广西）、公路、铁路、航空和水利等基础设施。第二，社会保障政策供给和边民互市贸易发展水平严重滞后。例如，云南、广西的边民互市贸易货物落地加工环节在工厂配套、物流通关、交通运输、免税额度等方面均存在与贸易发展水平不符的问题。在社会保障方面，与西藏自治区相比，新疆维吾尔自治区、广西壮族自治区、云南省、内蒙古自治区等省区在农村“五保户”供养、城乡大学生就业等方面存在较大差距。与西藏自治区（15年义务教育）和新疆维吾尔自治区（14年义务教育）相比，广西壮族自治区、云南省、内蒙古自治区在义务教育等方面也有差距。第三，西部地区的公共安全体系亟待健全和完善。新疆维吾尔自治区和西藏自治区主要问题在于境内少数群众长期受境外“三股势力”煽动蛊惑，特别是新疆维吾尔自治区的“东突”暴力恐怖分子有借道西南的广西、云南向境外偷渡的趋势。其他西部地区的基层社会治理问题还包括跨境婚姻管理（如国境线周边大量临近的越南妇女婚嫁到广西、云南等边疆地区），社会治安管理机制（非法入境、非法居留、非法就业“三非”人员，贩私、贩毒、贩枪、贩卖人口“四贩”人员），非法宗教和邪教组织渗透（如以暴力破坏安定团结的社会环境、聚众淫乱、诈骗信徒钱财、强迫宗教信徒入教、污蔑党和政府、寻衅闹事、公然抗法、驱鬼治病致人死亡和精神错乱），毒品犯罪（主要是广西、云南）和公共卫生（特别是畜禽疾病和艾滋病）等问题。

在中观层面，主要是乡镇和街道一级责权不一的问题。在西部地区基层社会治理主体特别是乡镇和街道一级要负责社会治安、招商引资、精准扶贫和精准脱贫、安全生产、征地拆迁、产业发展、环境保护、意识形态等所有的工作，因此基层干部被戏称为“上面千条线、下面一根针”“乡镇工作是个筐，什么都可往里装”。这一问题可以追溯到20世纪80年代以来的乡镇体制改革，即试图以县为蓝本，打造职能分工一致的专业化科层机构和公务员队伍，但是由于财力和人力的限制，一直未能实现。因此，乡镇、街道在压力传导型体制、行政层级发包制、锦标赛体制之下，根据项目制的运动式治理不同任务目标，在完成常规任务的前提下，将主要精力、人力、财力、物力集中于中心任务，并成立不同的任务型组织，即工作小组，整合乡镇、街道所属各站、办、所，驻镇单位，各行政村（居），驻村工作队员等所有力量，按照各个分管副镇（乡）长的职能分工，成立不同的临时工作小组即任务型组织。所以，乡镇和街道一级很难将所有精力集中到基层社会治理创新实践与规范化建设上来。

在微观个人层面，其面临的责权不一的问题主要可以用《半月谈》杂志刊文的所列举的十大问题来涵盖：“督查检查频繁、问责滥用、压力‘甩锅’、处处留痕、材料论英雄、庸懒干部、典型速成、政策打架、基层干部上升‘天花板’和幸福感缺失”等。所以，西部地区的基层公务人员工作压力非常大，责权不一的问题非常突出。①

2. 横向上治理主体有序参与基层社会治理有待进一步规范

横向上，由于少数基层治理主体参与西部地区社会公共事务共同治理动力不足，因此是否能够最大限度激活西部地区不同基层社会治理主体参

① 梁建强，韩振，赵阳，白田田，范世辉，邵琨，郑生竹，吴锺昊，夏军 . 2018，基层治理十大靶点［J］. 半月谈，2018（24）：36－48.

与公共事务合作治理的意愿，成为打造基层共建共治共享的治理格局关键。

首先，西部地区基层各族群众参与社会公共事务治理意愿不足，所以作用不突出。根据《中华人民共和国城市居民委员会组织法》和《中华人民共和国村民委员会组织法》，西部地区的城乡公民对村居委的公共事务享有自治权利。但是，与第五章的获奖案例相比，西部地区的基层社会治理创新实践与规范化建设的主要主体是党的组织、政府及其派出机构，而不是像第五章的获奖案例那样，群众不仅在案例数量上排在第一位，而且社会网络分析显示其影响力也是最大的。因此，说明西部地区基层各族人民群众参与社会公共事务治理的意愿有所不足，能力有所不逮。究其原因：第一，西部地区的基层精英和新型农民在经济社会发展的过程中不断向大城市迁徙成为流动人口或者农民工，即便返乡也可能基于子女教育、医疗、社会保障等方面的考虑在县城买房，这就改变了传统中国社会各族群众对土地的依赖性，其流动性、开放性、多变性更是造成了西部地区基层特别是农村乡村治理精英的匮乏，农村剩余的劳动力很多都是“386199”部队，即女人、孩子和老人。第二，由于基层治理精英的匮乏，造成了基层党组织领导核心作用和社会组织培育参与程度发挥不出来，新型的懂管理、懂技术、会经营、有文化的新型职业农民或者村居带头人又没有培养起来，因此更不能将其充实到基层组织中去。第三，很多地区基本上采取村（居）务行政化的治理方式。一方面，过多的行政负担造成了其职能错位和越位；另一方面，由于管理职能过强、过于集中又造成了其基层自治的异变。例如，在某些地区，村干部是具有正式公务员编制，由财政负担支出的专职行政人员。同时，其他地区也不得不由财政负责，每年给予相应的村干部5万~10万元不等的工资、奖金等报酬和支出。

其次，西部地区高校（科研院所），在社会公共事务的合作治理中起到关键作用不强，数量不多。与第五章的获奖案例相比，第六章的社会网络分析显示，西部地区高校（科研院所），在基层社会公共事务治理中发挥的作用也不大，既没有承担起为西部地区基层社会治理创新实践与规范化建设贡献智力知识帮助，又没有通过志愿服务等方式作为普通公民积极投身基层社会治理和公共服务。

再次，西部地区媒体参与基层社会公共事务治理的影响力不足。这并不是西部地区基层社会治理创新的个性问题。特别是在融媒体、全媒体时代背景下，其参与治理、服务群众的功能基本上没有发挥出来。例如，截至2018年12月底为止，广西首批29家县级融媒体中心挂牌成立、云南省首批65个县级融媒体中心建设试点。2018年9月，中科大洋负责承建的内蒙古自治区鄂尔多斯市东胜区融媒体中心启动。2018年12月，西藏自治区拉萨市堆龙德庆区融媒体中心作为首批试点和中宣部重点联系县（区）揭牌。2018年9月，新疆生产建设兵团也开始了融媒体中心建设。2019年4月，新疆维吾尔自治区县级融媒体中心建设推进会召开。因此，如何打造融合“新闻+信息+服务+娱乐”等功能于一体的党委、政府、媒体、公众互动治理模式成为新时代的重要课题。

最后，企业参与基层社会公共事务治理的意愿不足。与第五章的获奖案例相比，西部地区的企业在基层社会公共事务合作治理中的主动性和影响力很大，其对资源控制的程度和为其他成员搭建桥梁的能力非常强，但是企业主动承担社会责任案例的总体数量不多，仅占11.95%，数量有待提升。

3. 西部地区基层社会治理创新实践与规范化建设中的治理边界有待进一步规范

第六章的研究显示西部地区互联网治理（占比7.63%）、维护市场经济秩序（占比7.63%）、社会组织治理（占比7.76%）和经济组织治理（占比8.16%）四个治理领域需要重点关注和重视。

（1）互联网治理有待进一步规范

经过与西部地区不同省区的同志进行座谈，研究者发现其互联网治理存在如下的挑战：第一，西藏自治区（包括四川、青海、云南等省的藏区）、新疆维吾尔自治区的暴力恐怖事件主要通过互联网为媒介进行传播。例如，三股势力将极端的宗教思想通过境外非法宗教人士的宣讲录制成视频，将暴力恐怖活动如火药的制作、个人自焚制作成视频再经过互联网传播到国内进行下载、散布。第二，甘肃省、青海省、陕西省、贵州省、宁夏回族自治区、广西壮族自治区、云南省、内蒙古自治区的邪教组织渗透也是通过网络传播非法音像出版物，甚至跨国毒品走私都是通过互联网交易进行的。第三，西部地区互联网成为网络舆情的放大器和负面舆论的扩大镜，且由于西部地区的多民族性和地缘政治的敏感性，很容易被境外敌对势力将其歪曲成为民族矛盾和宗教纠纷，进而黑化、丑化党和国家的形象。

（2）维护市场经济秩序有待进一步规范

第六章西部地区的基层社会治理创新实践与规范化建设案例没有像第五章一样聚焦于城市市场秩序和周边环境管理、社会诚信体系建设和食品药品监管体制规范化建设，所以有所欠缺。就城市市场秩序和周边环境管理的规范化建设而言，其主要包括城管人员与流动摊贩的逃跑与追逐、软磨硬泡与教育、暴力抗法和没收财产等之间的博弈。① 健全食品药品监管体制则主要指食品、药品生产、销售和人民群众的购买环节进行全流程监管体制，并通过社会诚信体系构建，严把生产标准、产品检测、监管责任。②

（3）社会组织和经济组织治理有待进一步规范

经济组织的规范化治理包括农民合作经济组织和非公经济组织党建，其功能主要包括教育和引导群众、发挥动员群众、尊重市场规律和维护职工群众合法权益等。在西部地区的基层社会治理创新实践与规范化建设过程中，基层社会治理主体特别是政府要依法维护人民群众的合法权益，如农民工的合法权益，依法处理劳资矛盾纠纷。乡村的基层治理主体要把农民再组织起来，让农村各类社会组织成为乡村振兴和脱贫攻坚过程中农民

---

① 张丙宣，罗凯．流动摊贩与城管的行为逻辑及博弈演进机制——以浙江慈溪 A 镇为例［J］．上海大学学报（社会科学版），2017，34（05）：106－115.

② 丁元竹．当前我国社会管理创新的主要领域和基本做法［J］．马克思主义与现实，2011（05）：156－161.

利益的代言人，要能将组织化程度低、能力不足、力量分散的单个农民、农民家庭组织起来，建立生产和生活的乡村共同体，特别是要在社会组织的准入管理、监管、激励等方面下功夫。

4. 西部地区基层社会治理创新实践与规范化建设中的治理行为有待进一步规范

第六章的研究显示西部地区在创新体制机制（占比 8.97%）、推进基层民主（占比 8.97%）、使用专门人才（占比 9.23%）三个治理行为上需要重点关注和强化规范化建设。

（1）推进基层民主的规范化建设有待加强

西部地区基层社会治理创新实践与规范化建设案例中协商和治理相融合的议治相济或者协商和治理议治分离的治理方式数量非常有限，仅占比 8.97%。

（2）使用专门人才的规范化建设有待加强

西部地区基层社会治理创新实践与规范化建设案例中，使用专门人才的案例即使用专业化的社会工作者队伍、挖掘本土人才（如老教师、老党员、老劳模、老干部、退伍军人）的案例仅有 9.23%，在所有做法中排名倒数第二。

（3）创新体制机制的规范化建设有待加强

在横向和纵向上创新体制机制的案例占比仅有 8.97%，在所有做法中排名倒数第一。因此，西部地区不管是在降低组织层级过多产生的行政干扰和执行偏差，还是减轻行政负担和减少行政干预，避免出现条块分割、职能不清等问题，其规范化建设都应该有所提升和强化。

5. 西部地区基层社会治理创新实践与规范化建设中的治理机制有待进一步规范

第六章的研究显示，西部地区基层社会治理创新实践与规范化建设的治理机制有待进一步规范，主要表现在冲突/矛盾化解机制（占比 4.57%）、权责一致机制（占比 5.45%）、激励竞争机制（占比 5.61%）三个大机制以及参与/孵化培育机制中的学习培训机制（占比 5.45%）、法律服务机制（占比5.21%）两个子机制和集体行动机制中的调查/听证/研判机制（占比5.77%）、成本和收益分担（占比5.77%）相对薄弱。

由于缺乏规范化、标准化的冲突/矛盾化解机制、权责一致机制、激励竞争机制、学习培训机制、法律服务机制，所以西部地区在培育社会组织、自治组织、经济合作组织参与基层社会治理的创新实践活动能力上有所不足。而由于调查/听证/研判机制、成本和收益分担机制建设相对薄弱，所以也产生了集体行动治理的效能和水平不高等问题。

6. 西部地区基层社会治理创新实践与规范化建设中的实现路径有待进一步规范

第五章的研究显示，尽管西部地区如广西壮族自治区北海市的“阳光红页”“农事网通”的智慧治理和新疆维吾尔自治区的“雪亮工程”，在西部地区基层社会治理创新实践与规范化建设的实现路径中，显示出了其治理水平现代化的程度，内蒙古社会工作者专业化的路径也给大家留下了深刻的印象。但是，总体来说由于其实现路径的专业化（有专业化人才队伍，使用专业的理念，专业知识和技能，专业的技术和方法、专业的知识）和智能化（精准分析、精准服务、精准治理、精准监督、精准反馈）两条路径的水平还是相对来说较少，在所有案例中各自占比仅有19.35%，所以有待进一步提高。

7. 西部地区基层社会治理创新实践与规范化建设中的治理流程有待进一步规范化

在第二章，研究者提到过基层社会治理创新实践与规范化建设，主要是指县以下乡镇（街道）党委在西部地区基层社会治理实践的创新过程中，领导政府及其派出机构、企业、社会组织、自治组织、各族人民群众等基层各种社会公共事务合作治理主体，根据西部地区社会发展的客观规律，按照统筹推进、因地施策、因势而为的原则，注意避免“同质化锦标赛竞争”“模式化生搬硬套”“统一化不顾实情”。同时，在基层社会治理创新实践实施之前，制定和发布一定标准和规范，有助于全部治理主体在治理边界范围内，遵循规范化的治理流程，进行规范化的治理行为，规范化地实现治理目标，并制定相应的规范化机制进行保障。最后，基层各种社会公共事务合作治理主体要对基层社会治理创新实践的结果是否与其制定、发布和实施的标准和规范相一致进行评估检验，即检验是否取得了相应的治理效能。①但是，经过研究，研究者发现，虽然在第六章 165 个西部地区基层社会治理创新实践与规范化建设的案例中，在治理实践实施之前和治理实践实施过程中各有 90 和 104 个案例（各自占比 33.33% 和 38.52%）做到了有章可循、有据可依。然而，在其创新实践与规范化建设实施之后，仅有 76 个案例（占比 28.15%）在治理过程之后有评估机制或者绩效考评机制。因此，治理流程后评估机制的规范化建设有待进一步规范。

8. 西部地区基层社会治理创新实践与规范化建设中的合作治理能力有待进一步提升与规范

西部地区基层社会公共事务合作治理效能具有不均衡性和复杂性。在总体合作治理效能上，东部地区与中部地区存在显著差异，东部地区的水平高于中部地区（$P=0.022<0.05$，均值差 $=1.08620630^{*}$），中、西部地区没有明显不同。（2）在二级指标培育合作伙伴关系的能力上，东部地区与中、西部地区存在显著差异（$P=0.001<0.05$），东部地区水平明显高于中、西部地区（均值差 $=1.19880078^{*}$；均值差 $=1.30350837^{*}$），中、西部地区没有明显不同。（3）在三级指标培育各类媒体能力上，东部地区和中、西部地区存在显著差异，东部地区优于中部地区（$P=0.018<0.05$，均值差 $=1.12336370^{*}$）和西部地区（$P=0.001<0.05$，均值差 $=1.31970135^{*}$）；在培育非政府组织的能力上，东部地区和中、西部地区存在显著差异，东部地区优于中部地区（$P=0.004<0.05$，均值差 $=1.21262972^{*}$）和西部地区（$P=0.000<0.05$，均值差 $=1.52633636^{*}$）；在培育企业能力上，东部地区和中、西部地区存在显著差异，东部地区优

① 张明. 推进基层社会治理规范化建设的思考［J］. 唯实（现代管理），2014（12）：24-26.

于中部地区（$P=0.037<0.05$，均值差 $=1.11637082^{*}$）和西部地区（$P=0.000<0.05$，均值差 $=0.92046675^{*}$）；在培育公民能力上，东部地区和西部地区存在显著差异，东部地区优于西部地区（$P=0.014<0.05$，均值差 $=1.09226991^{*}$）；在选择合作伙伴的能力上，东部地区与西部地区存在显著差异，东部地区优于西部地区（$P=0.032<0.05$，均值差 $=0.98980287^{*}$）；在处理合作关系的能力上，东部地区和中、西部地区存在显著差异，东部地区优于中部地区（$P=0.024<0.05$，均值差 $=1.13349325^{*}$）和西部地区（$P=0.006<0.05$，均值差 $=1.16683128^{*}$）；在以上所有指标中，中、西部地区没有明显不同。（4）在四级指标地方公共部门对各类媒体的重视程度上，东部地区和中、西部地区存在显著差异，东部地区优于中部地区（$P=0.014<0.05$，均值差 $=1.07557356^{*}$）和西部地区（$P=0.000<0.05$，均值差 $=1.51471306^{*}$）；在地方公共部门在政策上对各类媒体的支持程度上，东部地区和西部地区存在显著差异，东部地区优于西部地区（$P=0.008<0.05$，均值差 $=1.16616623^{*}$）；在地方公共部门对各类媒体参与社会事务的监管程度上，东部地区和中部地区存在显著差异，东部地区优于中部地区（$P=0.015<0.05$，均值差 $=1.26663891^{*}$）；在地方公共部门对非政府组织的重视程度上，东部地区和中、西部地区存在显著差异，东部地区优于中部地区（$P=0.036<0.05$，均值差 $=1.10061621^{*}$）和西部地区（$P=0.022<0.05$，均值差 $=1.02517074^{*}$）；在地方公共部门在政策上对非政府组织发展的支持程度上，东部地区和中、西部地区存在显著差异，东部地区优于中部地区（$P=0.043<0.05$，均值差 $=1.08908650^{*}$）和西部地区（$P=0.041<0.05$，均值差 $=0.94035662^{*}$）；在企业参与社会建设的责任感程度上，东部地区和中、西部地区存在显著差异，东部地区优于中部地区（$P=0.005<0.05$，均值差 $=1.18979581^{*}$）和西部地区（$P=0.000<0.05$，均值差 $=1.55697316^{*}$）；在地方公共部门在政策上支持企业社会责任建设的力度上，东部地区和中、西部地区存在显著差异，东部地区优于中部地区（$P=0.006<0.05$，均值差 $=1.25812823^{*}$）和西部地区（$P=0.001<0.05$，

均值差 = 1.33508820*）；在地方公共部门监管企业社会责任建设的能力上，东部地区和中、西部地区存在显著差异，东部地区优于中部地区（$P = 0.035 < 0.05$，均值差 = 0.97810452*）和西部地区（$P = 0.000 < 0.05$，均值差 = 1.45233701*）；在地方公共部门支持公民参与公共事务的力度上，东部地区和西部地区存在显著差异，东部地区优于西部地区（$P = 0.042 < 0.05$，均值差 = 0.962947165*）；在地方公共部门对公民参与公共事务的重视程度上，东部地区和中、西部地区存在显著差异，东部地区优于中部地区（$P = 0.018 < 0.05$，均值差 = 1.24809050*）和西部地区（$P = 0.004 < 0.05$，均值差 = 1.21864425*）；在合作决策的民主性程度上，东部地区和西部地区存在显著差异，东部地区优于西部地区（$P = 0.013 < 0.05$，均值差 = 1.10396441*）；在合作伙伴的合作意愿程度上，东部地区和西部地区存在显著差异，东部地区优于西部地区（$P = 0.029 < 0.05$，均值差 = 0.991165941*）；在地方公共部门与合作伙伴的资源互补程度上，东部地区和西部地区存在显著差异，东部地区优于西部地区（$P = 0.036 < 0.05$，均值差 = 0.99111323*）；在制定合作制度的能力上，东部地区和中、西部地区存在显著差异，东部地区优于中部地区（$P = 0.037 < 0.05$，均值差 = 1.04669654*）和西部地区（$P = 0.004 < 0.05$，均值差 = 1.23005943*）；在沟通合作各方的能力上，东部地区和西部地区存在显著差异，东部地区优于西部地区（$P = 0.028 < 0.05$，均值差 = 1.02797801*）；在激励合作行为的能力上，东部地区和中、西部地区存在显著差异，东部地区优于中部地区（$P = 0.026 < 0.05$，均值差 = 1.13406496*）和西部地区（$P = 0.011 < 0.05$，均值差 = 1.09990637*）；在利益整合能力上，东部地区和中、西部地区存在显著差异，东部地区优于中部地区（$P = 0.014 < 0.05$，均值差 = 1.20808511*）和西部地区（$P = 0.005 < 0.05$，均值差 = 1.17452719*）；在合作的经济性上，东部地区和中部地区存在显著差异，东部地区优于中部地区（$P = 0.035 < 0.05$，均值差 = 1.15443135*）；在以上所有指标中，中、西部地区无明显差异（见表4.10）。同时，一个地区的经济发展水平很可能与该地方的基层公共事务合作治理效

能不存在必然关联。例如，西藏自治区的经济发展水平在 2017 年的全国 GDP 排名中基本处于末位，但是其基层社会公共事务合作治理效能却位于第二梯队。因此，西部地区不同区域地方基层社会公共事务合作治理效能具有复杂性。而且，即便云南、广西相毗邻且同属西南地区，其地方基层社会公共事务合作治理效能仍然具有同一区域的不均衡性。

第四节　研究小结

在本章，研究者通过第一章和第二章建构的合作治理视域下中国地方基层社会治理创新实践与规范化建设研究理论框架，对 165 个西部地区基层社会创新实践与规范化建设的典型案例进行验证，发现治理主体、治理机制、治理行为、治理边界、实现路径、治理流程六个共性要素的规范化建设具有理论适用性。与第五章的研究相比，西部地区和中国其他地区一样具有基层社会创新实践与规范化建设的共性特征和细微差异性。西部地区地方基层社会治理创新实践与规范化建设的城乡等比较分析显示无显著差异。结合第四章的研究结果，研究者发现西部地区基层社会治理创新实践与规范化建设可能存在的问题包括：纵向上治理主体的权责边界有待进一步规范；横向上治理主体有序参与有待进一步规范；西部地区基层社会治理创新实践与规范化建设中的治理边界有待进一步规范；西部地区基层社会治理创新实践与规范化建设中的治理行为有待进一步规范；西部地区基层社会治理创新实践与规范化建设中的治理机制有待进一步规范；西部地区基层社会治理创新实践与规范化建设中的实现路径有待进一步规范；西部地区基层社会治理创新实践与规范化建设中的治理流程有待进一步规范；西部地区基层社会治理创新实践中的合作治理能力有待进一步提升与规范；等等。

第七章　研究结论、讨论以及优化西部地区基层社会治理创新实践与规范化建设的思考

第一节　研究结论及其讨论

一、西部地区基层社会治理创新实践与规范化建设的理论整合模型

研究者在第一章进行西部地区基层社会治理创新实践与规范化建设的研究综述基础上，从合作治理的理论视角出发，构建了包括治理主体规范化、治理边界规范化、治理行为规范化、治理机制规范化、治理流程规范化、实现路径规范化六个要素的理论模型，并在第二章进行了具体阐释。虽然在研究中，研究者初始建构此理论模型的目的是使其适用于西部地区基层社会治理创新实践与规范化建设。但是，在第五章，此模型也被应用于检验研究者收集到的人民网和国家行政学院政治学部从 2011 年至 2020 年连续联合主办九届的 248 个“全国创新社会治理典型案例奖”获奖项目案例，并且基本上验证了该模型理论的有效性和适用性。因此，研究者认为在一定程度上，此理论模型具有从中国基层社会治理创新实践与规范化建设的一般、共性规律到西部地区基层社会治理创新实践与规范化建设的差异性、个性规律再升华到中国基层社会治理创新实践与规范化建设的一

般、共性规律的通用性。在此理论模型中，研究者有两个理论假设前提：第一个理论假设前提是基于现有的文献综述显示，打造共建共治共享的基层社会治理共同体需要在合作治理的基础上进行。因此，研究者构建的西部地区基层社会治理创新实践与规范化建设理论整合模型是在合作治理视域之上逐步建构起来的。此理论假设获得实证检验验证，因为不管是第五章“中国地方基层社会治理创新实践与规范化建设研究：基于九届‘全国创新社会治理典型案例奖’获奖项目的实证分析”中的248个获奖项目案例，还是第六章“西部地区基层社会治理创新实践与规范化建设研究：基于12个省、自治区、直辖市的实证分析”中的165个典型案例，均显示每个案例中至少有两个治理主体合作进行社会公共事务治理。除此之外，在第三章，研究者采用实证研究方法，在合作治理理论的视角下，基于对西部地区四省区1431名样本的分析，发现合作治理行为对公共服务质量和合作治理各个主体的共同决策具有显著正向影响，而且合作治理各方的合作性目标和上级公共部门支持对治理过程中合作各方的合作治理行为、共同决策和公共服务质量有正向显著影响，合作主体间的信任在合作主体各方的合作性目标和公共服务质量之间，在上级公共部门支持感和合作各方的合作治理行为以及共同决策之间起到一定中介效应。因此，西部地区基层社会治理创新实践与规范化建设理论整合模型是在合作治理视域之上逐步建构起来的理论假设获得验证和支持。

第二个理论假设前提是从基层社会治理创新实践与规范化建设的概念出发，研究者认为在基层社会治理实践的创新实践与规范化建设的过程中，在实施创新实践之前，要有“章”可循、有“据”可依，在治理创新过程中要依法依规，在治理实践创新之后要对基层社会治理创新实践与规范化建设的结果进行评估。①换句话说，基层社会治理创新实践与规范化建设需要在实施创新实践前制定相应的规范和标准，在创新实践的过程中

① 张明．推进基层社会治理规范化建设的思考［J］．唯实（现代管理），2014（12）：24－26.

要遵循相应的规范和标准，在创新实践完成后要依据相应的规范和标准进行治理效果评估。因此，第二个理论假设建立在研究者收集的所有案例之上，主要检验多元治理主体在实施基层社会治理创新实践前后是否遵循了相关的规章制度，是否依据相关的规章制度对治理效能进行了评估。表7.1对比了第五章和第六章所有案例的治理过程规范化程度。结果显示，在248个“全国创新社会治理典型案例奖”获奖项目案例和165个西部地区基层社会治理创新实践与规范化建设案例中，在实施创新实践前制定相应的规范，在创新实践的过程中要遵循相应的规范这两个方面做得都比较好。但是，在创新实践完成后要依据相应的规范进行治理效果评估做得都比较一般，在248个“全国创新社会治理典型案例奖”获奖项目案例仅有122个案例（占比9.19%）有评估机制或者绩效考评机制；在165个西部地区基层社会治理创新案例中，仅有76个案例（占比46.06%）有评估机制或者绩效考评机制。

表7.1　所有案例的治理过程规范化分析

	第五章248个案例	第五章165个案例
实施创新实践前：制定规章	248	90
实施创新过程中：遵守规章	248	104
实施创新实践后：评估结果	122	76

在对这两个理论假设前提进行检验后，研究者再次回到理论整合模型，从治理主体的规范化、治理边界的规范化、治理机制的规范化、治理行为的规范化、治理流程的规范化和实现路径的规范化六个理论层面，针对西部地区在治理主体、治理机制、治理边界、治理行为、实现路径、治理流程和治理能力存在有待进一步提升与规范的空间，对其研究结论进行系统总结。

1. 西部地区基层社会治理创新实践与规范化建设的治理主体

西部地区基层社会治理创新实践与规范化建设的治理主体是一切与基层社会治理相关联的利益相关者，其治理行为是对基层社会治理客体认识的能动反映，并承担其创新实践和规范化建设的活动。① 在第六章的研究中，研究者通过对165个西部地区基层社会治理创新实践与规范化建设案例的研究分析发现，西部地区基层社会治理创新实践与规范化建设的治理主体主要是党的组织政府及其派出机构在基层社会公共事务合作治理中发挥各自的领导和主导作用，在整个治理过程中制定规范。社会组织（群团、非营利组织）则与党的组织、政府及其派出机构一起遵守相关规范规章进行治理。各族人民群众参与基层社会公共事务治理的比例虽然高于企业，但是社会网络分析显示在西部地区，企业在基层社会公共事务治理社会网络中的影响力远高于群众（100.000 >55.000）。与第五章“全国创新社会治理典型案例奖”获奖项目案例相比，很明显高校（科研院所）、媒体、企业作为基层社会治理创新实践与规范化建设的重要主体参与西部地区基层社会公共事务合作治理的数量略显过少。研究者收集的“全国创新社会治理典型案例奖”获奖项目案例和西部地区的基层社会治理创新实践与规范化建设案例之间的共性在于基层党组织、政府及其派出机构、社会组织（群团、非营利组织）是其关键的治理主体力量。而媒体、企业、高校（科研院所）参与基层社会公共事务治理数量相比有些不足。研究者收集的“全国创新社会治理典型案例奖”获奖项目案例和西部地区的基层社会治理创新实践与规范化建设案例的差异性表现在，社会网络分析显示在“全国创新社会治理典型案例奖”获奖项目案例中，群众在基层社会治理中扮演着重要的角色，群众的自觉性、主动性、参与性较高，影响力也比较大，而在西部地区基层社会公共事务治理中，各族群众参与治理的案例数量虽然也比较多，但是其作用和影响经社会网络分析显示不是很强。“全国创新社会治理典型案例奖”获奖项目案例显示高校（科研院所）虽然总体数量不是很多，但起到的作用不小，而企业的作用似乎不是很大。相反，在西部地区，企业的作用特别是影响力则比较明显，是重要的基层

① 陈伟东，李雪萍．社区治理主体：利益相关者［J］．当代世界与社会主义，2004（02）：71-73.

社会治理创新实践与规范化建设主体，甚至在西部地区基层社会公共事务治理中的作用特别是影响力远远超过各族群众。

2. 西部地区基层社会治理创新实践与规范化建设的治理边界

西部地区基层社会治理创新实践与规范化建设的治理边界是政党、政府、企业、社会组织、各族群众等基层社会治理主体以其治理能力为基础，在与其他基层社会治理主体的相互作用过程中形成的治理权责所在范围。① 第六章的研究结果显示西部地区基层社会治理创新实践与规范化建设案例的治理边界与第五章的“全国创新社会治理典型案例奖”获奖项目案例相比，在规范治理范围的领域上基本趋于一致，主要包括流动人口和特殊人群服务、社会组织治理、互联网治理、基层参与式社区治理、社会治安防控协同治理、维护市场经济秩序、化解社会矛盾、应急管理与风险治理、经济组织治理、维护群众权益 10 个领域。就西部地区的基层社会治理创新实践与规范化建设而言，化解社会矛盾、社会治安防控协同治理、维护群众权益、基层参与式社区治理四个治理领域的规范化建设是 12 个西部省、自治区、直辖市聚焦的重点；西部地区治理边界规范化建设的薄弱主要存在于互联网治理、维护市场经济秩序、社会组织治理和经济组织治理领域。

具体来说：(1) 就基层参与式社区治理而言，其主要可以划分为体制内的力量整合和体制外的力量整合。后者简单来讲就是驻区单位和辖区党员到社区的双报到制度。(2) 就互联网治理而言，其主要是指构建以党委领导、政府管理、企业履责、社会监督、网民自律的网络综合治理体系，不断地加强互联网内容建设和依法治理强度。(3) 就维护市场经济秩序而言，其主要是指党委、政府等治理主体充分发挥主导作用，利用法律、道德、行政、经济等手段调节社会经济利益分配格局，建立健全社会诚信体系和规范市场经济秩序，保证社会成员在机会平等的条件下，通过合法途

---

① 陈承新．探寻社会治理边界的成都经验［J］．湖南师范大学社会科学学报，2015，44(04)：33－40.

径获取经济利益。(4) 就经济组织治理而言，其主要是指，一是侧重规范壮大农村集体经济组织运作，提高村级党组织和自治组织的凝聚力和服务能力；二是规范非公有制经济组织的运作。(5) 就流动人口和特殊人群服务而言，其主要是指针对各类不同的流动人口和特殊群体，形成习近平总书记2018年3月在参加十三届全国人大一次会议广东代表团审议时所强调的“把基层治理同基层党建结合起来，拓展外来人口参与社会治理途径和方式，加快形成社会治理人人参与、人人尽责的良好局面”。(6) 就应急管理与风险治理而言，主要是指寓管理于服务之中，或者整合资源实现协同和智慧治理。(7) 就社会组织治理而言，现有的治理主要聚焦社会组织的准入、培育、参与、评估的规范化建设。(8) 就维护群众权益而言，主要在于畅通群众的诉求表达渠道和依法维护群众的合法权益，如广西壮族自治区河池市东兰县聚焦民情、民事、民忧、民困、民生、民利、民安的“七民”工作法维护群众权益。(9) 就社会治安协同治理而言，其规范性建设主要侧重于谁来协同，集体行动治理的边界和运行机制等。(10) 就化解社会矛盾而言，其规范性建设侧重于源头化解、系统化解、依法化解和综合手段的应用等。

第五章的“全国创新社会治理典型案例奖”获奖项目案例和第六章的西部地区的基层社会治理创新实践与规范化建设案例的共性，在于重点领域和薄弱领域基本一致。重点领域均共同关注化解社会矛盾、社会治安防控协同治理、维护群众权益、基层参与式社区治理；而薄弱领域都涵盖互联网治理、维护市场经济秩序、社会组织治理和经济组织治理。差异性在于第五章的“全国创新社会治理典型案例奖”获奖项目案例，更重视通过扩大基层群众参与社区治理的力度，以此为基础带动其他领域的基层社会治理创新实践与规范化建设，而西部地区更重视加强流动人口和特殊人群的服务、应急管理和风险治理，以此来应对自然灾害相对多发、突发、频发等问题，而加强流动人口和特殊人群的服务是构建社会治安防控体系的重要抓手和突破口。

3. 西部地区基层社会治理创新实践与规范化建设的治理行为

治理行为是基层社会治理创新实践与规范化建设的不同主体改造基层社会治理一切实际活动的过程。① 研究者关于西部地区基层社会治理创新实践与规范化建设案例的研究发现其治理行为与龚维斌等研究一致，可以分为建设基层组织、强化公共服务、改进工作方法、创新体制机制、整合基层资源、使用专门人才、推进基层民主和重视思想文化八个具体做法。②

具体包括：（1）强化公共服务。主要聚焦于改善民生福利（如完善社会保障、九年制义务教育、公共医疗卫生、政策保障性住房、生态环境保护、公共文化服务）等内容；服务特殊人群（如独居老人、残疾人的智慧服务）；服务方式创新（如一门式、一窗式、错时、代办、预约、组团服务，等等）。（2）建设基层组织。建设基层组织是建立以村居党组织为核心的多元主体合作参与的一核多元基层社会治理共同体。根据复合治理理论，建设基层组织也就是实现党建与治理相复合、政府与社会相复合、管理与服务相复合的治理。（3）改进工作方法。主要聚焦依法治理、道德约束、管理创新、技术治理和协同合作等几个方面。（4）重视思想文化。各地的具体治理行为聚焦于实施公民道德建设工程，深化社会主义核心价值观等群众性精神文明创建活动，逐步健全乡规民约等非制度性约束；推动志愿服务活动；重视基层公共文化服务体系建设和社会心理服务体系建设等方面。（5）推进基层民主。主要包括协商和治理相融合的“议治相济”的治理方式与协商和治理相分离“议治分离”的治理方式。（6）整合治理资源。整合治理资源即垂直整合行政机构的不同层级部门、水平整合不同职能部门机构、内外整合公私合作伙伴关系，包括整合辖区管辖范围体制内的资源、整合驻区单位和组织的资源、培育民间组织三种具体做法。（7）使用专门人才。第一，使用专业化的社会工作者队伍；第二，挖掘本土人才（如老教师、老党员、老劳模、老干部、退伍军人）。（8）创新体

① 龚维斌．基层社会管理创新的探索与思考［J］．国家行政学院学报，2012（03）：35－40.

② 龚维斌．基层社会管理创新的探索与思考［J］．国家行政学院学报，2012（03）：35－40.

制机制。第一，纵向而言，降低组织层级过多产生的行政干扰和执行偏差（西部地区没有这方面的创新案例）；第二，横向而言，为减轻行政负担和减少行政干预，避免条块分割，职能不清，各地基本上形成“一委（党委或党支部）、一居（居委会、村委会）、一站（工作站）、一中心（服务中心）”的常态组织架构，形成了“居站分离”的治理实践。

第六章西部地区基层社会治理创新实践与规范化建设案例与第五章的“全国创新社会治理典型案例奖”获奖项目案例相比，改进工作方法、建设基层组织、整合基层资源、强化公共服务是各地区都频繁使用的治理行为。推进基层民主、使用专门人才是西部地区与第五章的“全国创新社会治理典型案例奖”获奖项目案例中都采用相对较少的方法。其差异性主要表现在第五章的“全国创新社会治理典型案例奖”获奖项目案例在创新体制机制比西部地区好一些，西部地区比第五章的“全国创新社会治理典型案例奖”获奖项目案例更重视思想文化。在第五章中的获奖案例项目中，改进工作方法、强化公共服务排序优于建设基层组织和整合治理资源，研究者认为一种可能的解释是对于相对成熟的地区而言，这样做的原因是因为第五章的“全国创新社会治理典型案例奖”获奖项目案例中的基层组织建设工作已经基本健全，且整合资源的工作也基本上完成，只需要进一步深化而已。而对西部地区的基层党政部门而言，健全基层组织和整合基层资源，是作为更高层次深化基层社会治理创新实践的基础，因此在现阶段需要高度重视。

4. 西部地区基层社会治理创新实践与规范化建设的实现路径

基层社会治理实践创新与规范化建设的实现路径是指为了最大限度地满足各族人民群众的不同公共利益诉求，西部地区县以下乡镇（街道）党委的、政府及其派出基层、企业、社会组织、自治组织、各族人民群众等不同治理主体实现对本地区公共事务治理的明确道路。[178] 龚维斌指出党的十九大所倡导的社会治理的社会化、法治化、智能化、专业化，就是基层社会治理创新实践与规范化建设的实现路径。①

基层社会治理创新实践与规范化建设的社会化是指：第一，政府由全能型政府向有限型政府让渡，通过购买公共服务的方式或者通过政府采购的方式，鼓励企业和社会组织参与到公共服务和社会公共事务的治理中来。② 第二，就是践行党的群众路线，密切干群关系，组织和动员人民群众积极参与到基层社会治理和公共服务供给的方方面面，做到共建共治共享。③ 如新疆维吾尔自治区的"访聚惠"驻村工作队制度。

基层社会治理创新实践与规范化建设的法治化是指党政领导干部、公务人员、各族群众都要树立法治思维，学会运用法治方式处理各种社会问题和矛盾；同时教育各族人民群众依法、有序、合理地维护自身的合法正当权益。所以，要加强社会重点领域的立法工作，加强法律执行和监督，规范执法行为，加强全民法制教育。④

基层社会治理创新实践与规范化建设的智能化是为了应对条块割据、职能分散、回应迟滞等治理挑战，在网络化和网络平台的基础上，通过提升基层社会治理和公共服务的精确性、高效性、便利性，实现治理方式上的革命性变革。⑤ 新疆维吾尔自治区推进城镇网格化管理，实施小区的"庭院化"管理、农村视频监控、边境县安防等领域的智能化治理，完善社会防控体系。其具体包括小区的"庭院化"管理、农村视频监控、边境县安防。

基层社会治理创新实践与规范化建设的专业化首先要求基层社会治理

---

① 向春玲．加强和创新社会治理的新思路与新举措［J］．治理现代化研究，2018（03）：84－89.

② 龚维斌．公共安全与应急管理的新理念、新思想、新要求——学习党的十九大精神体会［J］．中国特色社会主义研究，2017（06）：11－14.

③ 向春玲．加强和创新社会治理的新思路与新举措［J］．治理现代化研究，2018（03）：84－89.

④ 龚维斌．公共安全与应急管理的新理念、新思想、新要求——学习党的十九大精神体会［J］．中国特色社会主义研究，2017（06）：11－14.

⑤ 龚维斌．公共安全与应急管理的新理念、新思想、新要求——学习党的十九大精神体会［J］．中国特色社会主义研究，2017（06）：11－14.

规范化建设中所使用的治理工具和治理方法，要符合基层社会治理的内在规律和特点，致力于推动社会服务和公共事务专业化人才队伍建设，并且提高社会工作者的待遇和完善激励机制。让专业的人才使用专业的理念和知识、专业的技术和方法对社会救助、社区服务、矛盾纠纷调解等领域进行专业化治理和开展专业化社会服务。① 例如，内蒙古鄂尔多斯市的社会工作专业化培育做法。

总体而言，西部地区基层社会治理创新实践与规范化建设的实现路径主要是依靠社会化和法治化，专业化和智能化路径所占比例较少。与第五章的获奖项目案例相比，其共性在于对社会化的较多依赖和智能化水平的有待提高方面。差异性在于西部地区基层社会治理创新实践与规范化建设的实现路径更重视法治化，而第五章的获奖项目案例显示更重视专业化。

5. 西部地区基层社会治理创新实践与规范化建设的治理机制

治理机制是基层社会治理创新实践与规范化建设过程中不同多元主体之间如何相互联系、相互作用，促进基层社会治理体系协调运行的保障。② 研究者关于第六章的研究可以看出在西部地区，治理机制规范化建设中的集体行动机制、领导主导机制、参与/孵化培育机制、绩效评估/责任追究/监督制约机制四个机制是占比最多的机制，而冲突/矛盾化解机制、权责一致机制、激励竞争机制三个机制的建设相对薄弱。

对比分析研究西部地区收集的案例与第五章获奖项目案例，共同点是领导主导机制、集体行动机制、参与/孵化培育机制、绩效评估/责任追究/监督制约机制四个机制是占比最多的规范化治理机制。在这七项机制中，冲突/矛盾化解机制、权责一致机制、激励竞争机制相对占比数量较少，有待进一步提升与建设。其差异性主要体现在排序上，西部地区

---

① 龚维斌．公共安全与应急管理的新理念、新思想、新要求——学习党的十九大精神体会［J］．中国特色社会主义研究，2017（06）：11－14.

② 褚添有．社会治理机制：概念界说及其框架构想［J］．广西师范大学学报（哲学社会科学版），2017，53（02）：42－45.

集体行动机制优于领导主导机制，第五章的获奖案例对冲突/矛盾化解机制重视程度略大于权责一致机制和激励竞争机制，而西部地区是激励竞争机制大于冲突/矛盾化解机制和权责一致机制。在参与/孵化培育机制中，经济扶助机制所占比例也较高。在集体行动机制中，资源配置/整合机制和沟通/协商/调解机制所占比例也相应较高。集体行动机制中的差异性显示，西部地区收集的典型案例与第五章的案例相比，西部地区更重视沟通/协商/调解机制建设，而第五章的案例分析表明更重视成本和收益分担机制建设。

具体而言：(1) 领导主导机制。领导主导机制主要指在基层党组织领导下，政府及其派出机构作为元治理者主导的基层复合治理。在这里经过前面社会网络方法的认真分析，研究者发现西部地区所有的案例都有基层党组织在其中的领导机制，以及政府及其派出机构在合作治理网络中的主导机制。

(2) 参与/孵化培育机制。参与/孵化培育机制主要指，为拓展合作治理的主体力量，实现共建共治共享，基层党组织、政府及其派出机构、基层自治组织如何发展和培育社会组织、专业社工、志愿者和群众参与治理。例如，内蒙古自治区包头市着力加强政府组织、社会组织与基层自治组织之间的协同合作，发挥工、青、妇、团等党群组织在矛盾调解、服务管理方面的积极作用，探索建立公益创投园和社会组织及其党组织的“双孵化园”，培育出一大批社会组织参与基层社会治理，形成“十户联防、邻里守望、平安互助”等群防群治模式，引入社会力量参与平安校园（医院、商铺、银行）等基层平安创建活动，形成多方参与、成果共享的平安建设良好局面。

具体而言，参与/孵化培育机制还包括：第一，应建立多元主体参与/孵化培育的法律服务机制。这里主要指建立完备的法律体系特别是社团、基金会管理的地方性法规和政策，从而明确社会组织、企事业单位、全体公民等参与社会治理的登记注册、准入管理、材料申报等方面的手续，帮助各种多元主体依法有序参与社会治理和开展活动。① 例如，云南庆迪州根据境外非法宗教组织通过邀请境内宗教人士参加非法宗教活动的新趋势，制定了《迪庆州僧尼和信教群众出国（境）参加宗教活动管理办法》，全力防范和抵御境外非法宗教组织的渗透活动；打防堵结合，深入开展反邪教斗争，严厉打击各种邪教破坏公共安全、诈骗群众和危害公共安全活动；由公安机关牵头加强对境外非政府组织进行资格审查、本案登记、管理服务，以及依法对其资金和日常活动进行监管。

第二，应建立多元主体参与/孵化培育的经济扶助机制。社会组织、志愿者、专业化社会工作者、公民个人等主体参与基层社会治理和公共服务的基本人、财、物、信息、技术支持需要政府通过项目直接拨款、公益创投、公共服务招标采购、税收优惠、彩票收入等方式为社会组织和自治组织提供经济扶助。②③ 例如，内蒙古自治区鄂尔多斯市为方便社区自治组织、社会组织、人民群众“有场所议事”，以政府拨付资金、开发商建设、政府回购、驻区单位共建的方式扶持自治组织、社会组织、人民群众参与基层社会治理。最后，应建立多元主体参与/孵化培育的学习培训机制。例如，内蒙古自治区乌海市专门举办全市综治信息系统专题培训班，制定了专门的培训教程，通过集中讲解、实地观摩、实地指导、现场演示等形式，培训综治工作人员。

（3）权责一致机制。摆正不同合作治理主体的职能，准确定位各个主体的角色是政府转型创新的关键，其主要包括权责清单、负面清单和自治清单。例如，广西壮族自治区北海市梳理了行政审批类、便民服务类、村居级组织权力类项目，制定了第一份村级组织权力清单。

（4）集体行动机制。社会公共事务合作治理网络中的集体行动机制有利于破解公地悲剧和囚徒困境，实现由个体走向集体。其规范化建设需要：一是调查/听证/研判机制。调查/听证/研判机制是发现问题、整合目

---

① 杨建军．社会管理创新的地方经验与实践探索［J］．政法论丛，2013（05）：39－47.

② 袁金辉．中国乡村治理的回顾与展望［J］．云南行政学院学报，2016（01）：112－117.

③ 申锦莲．国外社会管理创新的经验与启示［J］．行政与法，2012（07）：61－64.

标、实现集体行动的前提。例如，新疆维吾尔自治区的访聚惠制度、西藏自治区的驻村工作队制度、广西壮族自治区河池市东兰县的七民工作法等，是这方面比较有典型的代表。维护群众权益一是通过调查、收集、分析、倾听群众的呼声，形成问题导向，并整合目标，便于集体行动。二是沟通/协商/调解机制。有了目标，还需要沟通协商如何采取措施，处理问题。例如，云南省保山市通过联席会议制度，整合政法部门、市委改革办、市委督查室等单位力量，集中督查讲评社会治理体制改革任务进展，查找不足，研究解决问题。三是资源配置/整合机制。根据各社会合作主体拥有的资源和能力不同，有效地进行资源配置/整合，从而最大限度地实现各个主体之间的合作互补。内蒙古自治区包头市以法治为保障，将公安、检察、法院、司法、公证等法律服务资源整合，通过设立法官工作站、巡回检察工作站、法律援助接待室等有效形式，依法维护弱势群体合法权益，有力助推棚改完成，实现稳定零风险，安全零事故，群众零上访。四是成本和收益分担机制。国内外研究和实践表明，政府培育社会组织主要有两种模式：以政府为主导、以行政机制为主要资源配置机制的直接培育模式和政府赋权支持型社会组织即以社会机制和市场机制配置资源的间接培育模式。[①] 例如，内蒙古自治区鄂尔多斯市为方便社区自治组织、社会组织、人民群众“有场所议事”，以政府拨付资金、开发商建设、政府回购、驻区单位共建的方式扶持自治组织、社会组织、人民群众参与基层社会治理。但是，研究者似乎没有在西部地区发现政府赋权支持型社会组织即以社会机制和市场机制配置资源的间接培育模式案例。

（5）激励竞争机制。激励理论是指通过诱导性因对各种治理主体参与合作的意愿，持续合作的行为进行鼓励或者抑制。例如，云南省曲靖市坚持正向激励的同时进行反向鞭策，每年对居委会实行无案奖励，重点督办矛盾纠纷案件。

---

① 郁建兴，滕红燕．政府培育社会组织的模式选择：一个分析框架［J］．政治学研究，2018（06）：42－52＋127.

（6）绩效评估/责任追究/监督制约机制。监督评估机制中，监督包括内部监督和外部监督。例如，内蒙古自治区乌兰察布市健全和完善社会治理工作绩效考核奖惩和责任追究机制的做法。

（7）冲突/矛盾化解机制。在基层社会治理创新实践与规范化建设的过程中，会在流程设计中出现不足和漏洞，各个主体也可能会因为自利性和目标的冲突而产生矛盾，因此，需要建立冲突/矛盾化解机制。① 例如，新疆维吾尔自治区阿勒泰地区创新农村事务管理，积极探索适合少数民族区域农牧区管理的方法和路子，成立村民民主议事大会，共同商议、决策、解决问题。

6. 西部地区基层社会治理创新实践与规范化建设的治理流程

治理流程的规范化主要是指创新实践和活动实施前和实施中均要有"章"可循、有"据"可依，实施后要进行考核评价。②

经过数据分析，在收集的165个案例中，按治理流程类型可以分为治理前规范化、治理中规范化和治理后规范化。研究显示在治理实施前和治理过程中，大多数案例制定有规范性的文件或者法律、政策作为依据，但是依据文件进行绩效考核的案例占比较少（详见表6.10）。与第五章的研究相比，其共同点是治理前和治理中的治理流程比较规范，也就是所有基层社会治理创新实践行为和活动在实施之前有"章"可循、有"据"可依（基层社会治理创新实践与规范化的前提），但是治理后的绩效考评机制还是不够规范，没有考核其基层社会治理效益是否与所制定、发布和实施的基层社会治理创新实践要求、标准和规范相符合，是否达到了预期的效益。

---

① 邵静野，来丽梅．社会治理体制创新中社会协同机制的构建［J］．东北师大学报（哲学社会科学版），2014（01）：204－206.

② 张明．推进基层社会治理规范化建设的思考［J］．唯实（现代管理），2014（12）：24－26.

二、西部地区基层社会治理创新实践与规范化建设的影响因素与作用结果分析

研究者以合作治理理论为指引，通过对西部地区四省区 1431 名样本的检验，发现①合作治理各方的合作性目标和上级公共部门支持感对治理过程中合作各方的协同行为、共同决策和公共服务质量有正向显著影响；②合作主体各方的合作性目标和公共服务质量之间既有直接的作用关系，又能够通过组织信任起到间接的影响作用；③上级公共部门支持感和合作各方的协同行为以及共同决策之间既有直接的影响效应，又能够通过组织信任起到间接的影响作用；④不同合作治理主体的合作治理行为对公共服务质量和共同决策具有积极的、正向的显著关联和有效影响。[①]

鉴于以上的结果，本研究的启示如下：（1）在基层社会合作治理创新的过程中，合作治理的合作性目标的培养与形成对合作各方的共同决策和合作治理行为至关重要（其 Beta 值略高于上级公共部门支持的值）。用行为心理学的原理来解释，理性的行为人是知、信、行三者的统一体，合作性的目标形成能够让合作各方知道自己的目标是什么，知道了目标之后，合作各方基于设定目标的互利互惠性，才能够更好地协同行动和更好地、真正地而非形式上地参与到社会治理创新过程中来。

（2）在基层社会合作治理创新的过程中，与合作性目标相比，上级公共部门的支持感对合作主体组织间的信任和公共服务的提供来说更为重要（其 Beta 值略高于合作性目标的值）。因此，作为基层合作治理的上级公共部门，如何即时为下属的公共部门、参与合作治理和公共服务的企业、社会组织、群众提供各种支持、进行奖励、展示各种人文关怀，并且这种上级组织支持一定要能够被合作各方成员感知，能够很好地增强合作各方对合作治理发起的上级公共部门的拥护、爱戴和信任，从而使其公共服务在提供过程中的质量有所保障和提高。

---

① 该部分已经刊发 1 篇核心期刊作为阶段性成果。

（3）在基层社会合作治理创新的过程中，合作主体的合作性目标以及上级公共部门的支持感对合作主体组织间的信任、公共服务质量的保障、共同决策和合作治理行为有显著的正向影响，合作主体各方的合作性目标还能够通过合作主体间的信任对公共服务质量之间起到间接的影响作用，上级公共部门支持感和合作各方的合作治理行为以及共同决策之间也能通过组织间信任起到间接的影响作用。因此，合作主体的合作性目标以及上级公共部门的支持感是影响基层社会治理创新的重要影响因素。

（4）在西部地区基层社会合作治理创新与规范化建设的过程中，不同合作治理主体的合作治理行为对公共服务质量和共同决策具有积极的、正向的显著关联和有效影响。因此，在本研究有限的1431名样本中，研究者发现合作治理行为在西部地区的基层社会治理创新与规范化建设过程中，确实能够提升治理效率、提高公共服务质量和合作治理各主体的共同决策质量。

三、西部地区基层社会治理创新实践与规范化建设的差异性

第四章、第五章和第六章在合作治理的学术框架下，从基层社会公共事务合作治理效能的视角和案例实证分析的角度，对中国地方基层社会治理现状进行测评和基层社会治理创新实践与规范化建设案例进行研究，发现西部地区的社会主要矛盾与全国其他地区一样，同属于人民日益增长的美好生活需要和不平衡不充分的发展之间的矛盾。因此，与第五章覆盖全国的248个“全国创新社会治理典型案例奖”获奖项目案例相比较，西部地区基层社会治理创新实践与规范化建设案例的差异性主要表现在：

（1）西部地区基层党委、政府及其派出机构在基层社会治理创新实践与规范化建设中的领导主导作用非常明显。

西部地区基层社会治理主体的社会网络分析显示，党组织作为治理主体在整个社会公共事务合作治理网络中位置的中心化程度最高，其次

是政府及其机构、企业、社会组织，说明党组织领导的主动性和影响力越来越高，也说明基层党组织作为基层治理的领导者，政府及其派出机构作为主导者，在基层社会治理的合作网络中主动性和影响力均非常重要。

（2）西部地区各族人民群众在基层社会治理创新实践与规范化建设中的作用明显不足。

西部地区基层社会治理主体的社会网络分析显示，各族人民群众在基层社会公共事务中的作用不明显，虽然其案例数量占比不算少，但是其在基层社会公共事务治理中的主动性和影响力，其对资源控制的程度和为其他成员搭建桥梁的能力则不是特别的突出。相反，与第五章覆盖全国的248个“全国创新社会治理典型案例奖”获奖项目案例相比较，我国其他地区群众在基层社会公共事务治理社会网络中的主动性和影响力比较突出，甚至社会网络分析显示其是影响力最大的主体。

（3）西部地区企业在基层社会治理创新实践与规范化建设中扮演着重要角色。

西部地区基层社会治理主体的社会网络分析显示，企业作为治理主体之一，数量虽然占比有限，但是由于西部地区多是后发展地区，在脱贫攻坚和乡村振兴的关键时刻，企业对各种资源控制的程度比较强，能够为其他成员搭建桥梁，因此在基层社会公共事务合作治理中的主动性和影响力非常高。

（4）西部地区高校（科研院所）在基层社会治理创新实践与规范化建设实现路径的影响程度不高。

与第五章的获奖项目案例相比，社会网络分析显示西部地区高校（科研院所）的专家参与基层社会公共事务治理的案例数量虽也不多，但是与第五章的获奖项目案例不一样，其他地区案例中的高校（科研院所）在基层社会公共事务治理的合作网络中影响力非常大。因此，研究显示其他地区的高校（科研院所）专家要么在制度设计上贡献了自己的智力知识，要么推动了基层社会治理创新实践与规范化建设的专业化程度，而西部地区的高校（科研院所）的专家参与基层社会公共事务治理主动性和影响力不是特别的突出。

（5）西部地区比其他地区在治理边界规范化建设上更重视流动人口和特殊人群服务。

流动人口和特殊人群服务是西部地区健全社会治安防控体系和依法治理民族宗教事务的重点范围，所以西部地区如新疆维吾尔自治区比较重视流动人口和特殊人群服务。

（6）西部地区比其他地区在治理行为规范化建设上更重视思想文化，但创新体制机制能力略显不足。

西部地区与其他地区相比，在体制机制创新能力上略有不足，特别是纵向的体制机制创新案例，在收集到的165个案例中居然无一体现。在治理行为上西部地区比其他地区更重视思想文化的治理，如新疆维吾尔自治区用思想的方法去解决极端思想传播、用文化的方式去解决民族问题扩大化、用尊重的态度对待宗教信仰和民族风俗、按照宗教的规律去解决非法宗教活动、用法治和严打的方式去解决暴恐活动频发问题，特别是编写《伊斯兰教倡导和平、宽容》等专题，积极传播维护民族团结、宗教和谐的正能量。

（7）西部地区比其他地区在治理实现路径规范化建设上更重视法治化路径，而专业化路径程度不高。

西部地区的西藏自治区、新疆维吾尔自治区特别重视法治化治理路径，而其专业化治理路径数量不多。例如，新疆维吾尔自治区党委、政府全面贯彻党的宗教信仰自由政策，扎实推进“法治新疆”宣传教育活动，依法管理宗教事务，先后制定和颁布《自治区党委关于全面推进依法治疆建设法治新疆的意见》《关于界定非法宗教活动的意见》《关于进一步统一几个思想认识问题的意见》《关于制止非法宗教活动的意见》《自治区实施〈反恐怖主义法〉办法》和《新疆维吾尔自治区宗教事务条例》等。特别是《新疆维吾尔自治区民族团结进步工作条例》（2015年12月29日新疆维吾尔自治区第十二届人民代表大会常务委员会第二十次会议通过）

要求在机关、乡村、社区、学校、企业全力推进法治精神宣传教育，在全社会营造了学、知、守、尊、信、用法的良好氛围；在解决民生问题，全面推进基层党组织规范化建设的基础上，揭露了宗教极端思想如“圣战殉教进天堂”的反动本质。

（8）西部地区和其他地区相比在治理机制规范化建设的排序上具有细微的差异性。

西部地区和其他地区相比在治理机制的排序上具有细微的差异性。例如，西部地区治理机制中的集体行动机制（占比24.11%）优于领导主导机制（占比15.09%），其他地区对冲突/矛盾化解机制重视程度略大于权责一致机制和激励竞争机制，而西部地区却是激励竞争机制大于冲突/矛盾化解机制和权责一致机制。

（9）西部地区不同省区在基层社会公共事务合作治理效能上具有不均衡性和复杂性。

研究者研究发现，如果将中国31个省、自治区、直辖市的地方基层社会公共事务合作治理效能分为三个梯队，重庆、宁夏、云南、西藏位于第二梯队，四川、贵州、陕西、甘肃、青海、新疆、内蒙古、广西位于第三梯队。因此，数量统计分析显示其具有不均衡性。而且，即便云南、广西相毗邻且同属西南地区，其地方基层社会公共事务合作治理效能仍然具有同一区域的不均衡性。同时，一个地区的经济发展水平很可能与该地方的基层公共事务合作治理效能不存在必然关联。例如，西藏自治区的经济发展水平在2017年的全国GDP排名中基本处于末位，但是其基层社会公共事务合作治理效能却位于第二梯队。因此，西部地区不同区域地方基层社会公共事务合作治理效能具有复杂性。

第二节　优化西部地区基层社会治理创新实践与规范化建设的思考

一、既要激活不同治理主体活力，又要规范治理主体权责边界

西部地区打造规范化的共建共治共享基层社会治理共同体，需要最大范围激活不同治理主体参与基层社会公共事务共同治理的活力，同时还要规范不同治理主体的权责边界。

横向上而言，西部地区打造规范化的共建共治共享基层社会治理共同体，是要形成“党委领导＋政府负责＋企业履责＋高校（科研院所）专家知识引领＋社会力量协同＋群众参与＋媒体互动＋其他”的治理共同体格局。在这里，需要明确同级党委、政府及其派出机构、关联企业（特别是驻社区内企业）、社会组织、各族人民群众承接基层社会治理的责任边界。在这个格局中，高校（科研院所）的专家通过知识管理，积极介入和引导基层社会治理创新实践，各级媒体要借助中宣部的学习强国平台、县级融媒体中心、新时代文明实践中心（所、站）发挥好“全媒体传播＋社会治理智力知识帮助＋公共服务平台＋娱乐”模式，不仅要为全体人民群众提供一个具有正确的政治方向、舆论导向、价值取向，有深度现代化文化内涵的社会舆论氛围，而且要通过传播好基层社会治理和公共服务的专业化知识和各地的成功经验与失败教训，推动基层社会治理的技术、知识共享和地区之间经验借鉴总结，促进基层社会治理现代化的水平提升，并且要能够提供集便民生产、生活、政务、信息、文化娱乐、诉求表达等服务于一体的新型公共服务平台。

对于基层社会治理和公共服务的公共责任（主要指公共服务）如何界定而言，研究者认为未来在西部地区，可以适时推出政府购买公共服务，

将相应责任转移给企事业单位、社会组织和公众。在这里，研究者借鉴相关研究成果[188][189][190]，认为可以将基层公共服务按照是否可以采用市场机制进行转移承担和资源配置分为不宜由市场配置资源的、可部分由市场配置资源的和可全部由市场配置资源的三大类。由此，这就界定了在党委的领导下，政府及其派出机构如通过购买内部竞争供给组合、混合供给组合、外部（平等）竞争供给组合的购买公共服务形式实现社会组织、企事业单位和人民群众共同承担社会责任（如图7.1）。对于不宜由市场配置资源的公共服务责任，可以以机构改革后的公益一类和公益二类事业单位内部竞争购买为主，社会组织定向购买为辅助和企业外部竞争购买为边际（如图7.2）。对于可部分由市场配置资源的公共服务责任，研究者仅以可以由社会组织外部竞争购买、公益二类事业单位内部竞争购买为主，公益一类事业单位定向购买为辅助和企业外部竞争购买为边际（如图7.3）的方式处理。对于可全部由市场配置资源的公共服务责任，可以由社会组织、企业通过外部平等竞争购买为主，公益二类事业单位内部竞争购买为辅助，以及公益一类事业单位定向购买为边际（如图7.4）。

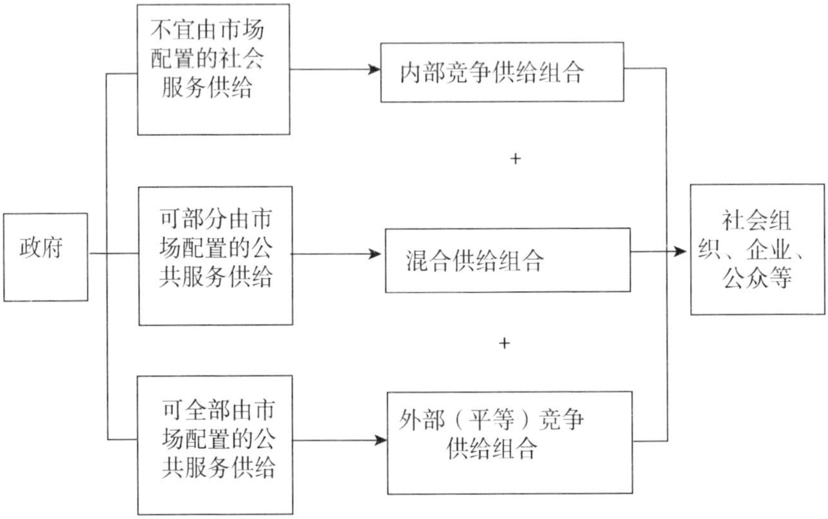

图7.1 基层社会治理和公共服务的公共责任（主要指公共服务）转移策略

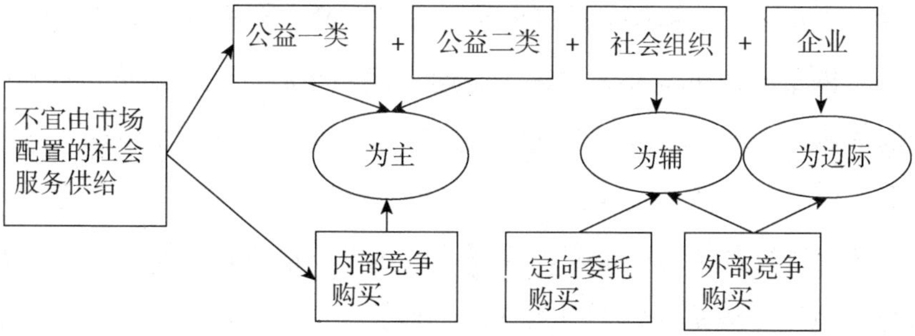

图 7.2　不宜由市场配置资源的基层社会治理和公共服务责任转移策略

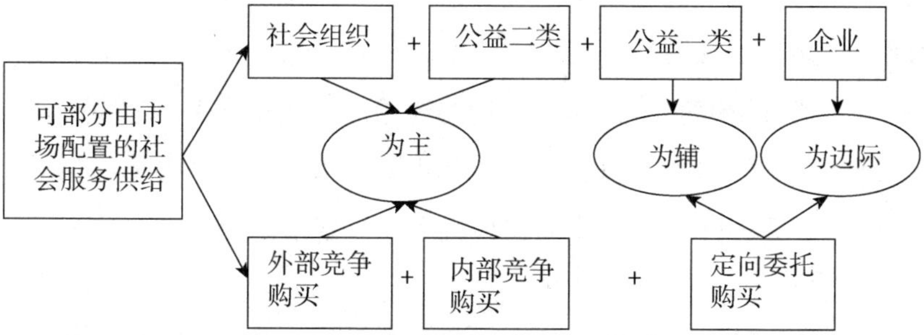

图 7.3　可部分由市场配置资源的基层社会治理和公共服务责任转移策略

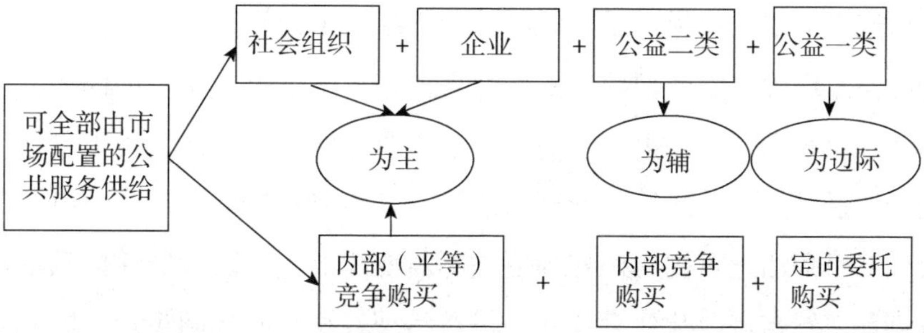

图 7.4　可全部由市场配置资源的基层社会治理和公共服务责任转移策略

纵向上而言，西部地区基层社会治理要分清楚不同层级行政治理主体的权责。首先，要处理好中央和地方的关系。借鉴杨建军等的研究①，研究者认为需要明确在习近平新时代中国特色社会主义思想的指导下，进一

① 杨建军．社会管理创新的地方经验与实践探索［J］．政法论丛，2013（05）：39－47.

步明确中央及其部委和西部地区省级地方党委政府各自在统筹推进“五位一体”总体布局，协调推进“四个全面”战略布局责任，调整和重塑中国社会的整体结构，制定国家公共安全战略和加强社会诚信系统建设等战略性、全方位、规划性、宏观性、指导性等深层次工作中的基层社会治理职能。其次，研究者认为在未来，西部地区还可以借鉴珠海市的经验，即在市（自治州）一级主要针对本地区的具体情况，出台地区发展规划和制定引导政策，在区、县（自治县）侧重区域经济发展、社会建设和城市管理，在乡镇、街道一级以城乡社区建设为中心，重点承担基层社会公共事务治理和公共服务供给的任务。① 最后，研究者认为短期内西部地区或者可以借鉴北京市街道吹哨、部门报到的经验。这主要是针对乡镇、街道没有与上级相对应的职能部门之窘迫，其主要做法是乡镇、街道发现问题之后，及时上报县、区相关职能部门现场办公，解决问题。

二、既要规范治理范围边界，又要坚持治理内涵与时代同步伐

研究者的研究成果显示互联网治理、维护市场经济秩序、社会组织治理和经济组织治理是西部地区基层社会治理系统规范化建设中四个需要重点关注和重视的领域。第一，需要借鉴非西部地区基层社会治理创新实践经验，通过基层参与式社区治理实践引导各族群众有效、依法、有序参与社会公共事务治理。因为外部环境是不断变化的，所以西部地区基层社会治理创新实践与规范化建设还要坚持在治理过程与时代同步伐、聆听人民声音、回应人民诉求、把握时代脉搏，特别是做好互联网治理和社会组织治理两方面的工作。西部地区基层社会治理系统的规范化建设，首先要出台相应的法律、法规让互联网治理、维护市场经济秩序、社会组织治理和经济组织治理等创新实践有规范化建设的依据，即创新前有法可依、创新

---

① 丁元竹．当前我国社会管理创新的主要领域和基本做法［J］．马克思主义与现实，2011（05）：156－161.

过程中有章可循，最后还要能够依法评估检验效果。

就互联网治理而言，研究者认为首先要加强互联网内容治理，树立正确的政治方向、舆论导向和价值取向。因为，前文研究者提到中国互联网络信息中心（CNNIC）发布的数据显示，截至2020年3月，中国网民规模为9.04亿，互联网普及率达64.5%（如表2.1所示）。所以，在一定程度上可以讲，没有网络安全就没有国家安全；过不了互联网这一关，就过不了长期执政这一关。其次，要依法压严压实网络综合治理体系，构建党委领导、政府管理、企业履责、社会监督、网民自律的齐抓共管格局。西部地区值得推广的经验、如西藏自治区通过地方性法律、法规建设毫不放松地抓好新兴媒体管理体系建设，要求电话、网络、微博实名制管理，对打击网络和电信犯罪、网络渗透和颠覆活动起到了关键作用。四川省遂宁大英县"善管（全县统筹协调、部门镇乡联动、网络监督员志愿引领组建阶梯级网络管理队伍、资金保障与平台建设到位、依法管理与行业自律相结合、技术过滤与人工审查相结合），善引（加强网络安全教育和文明办网上网教育、加强从业人员培训、加强网络舆情管理和引导），善用（搭建了社会治理交流对话平台、努力扩大影响力、提升了大英对外形象、促进了经济文化发展和民生改善的）"三招并举治理互联网做法非常适合在西部地区推广学习。四川省成都市武侯区探索"三转（转变监管思维，多手段强化属地责任；转变统计路径，多渠道搜寻治理对象；转变治理方式，多部门实施联动共治）、双向（政府服务企业以服务鼓励企业健康发展；企业服务社会调动企业服务区域发展）、两护（实施网络安全'自查自纠'；实施网络安全'督查督办'）"基层网络空间治理的经验也非常值得学习。

就维护市场经济秩序而言，维护市场经济秩序主要指党委、政府等公共服务主体充分发挥主导作用，利用法律、道德、行政、经济等手段调节社会经济利益分配格局，建立健全社会诚信体系和规范市场经济秩序，保证社会成员在机会平等的条件下，依法获得经济利益。西部地区可借鉴的其他地区经验，如吉林省延吉市建立健全同市场经济主体及其行为相适应的劳动、工资以及规范市场经济的利益协调行政法律制度，建立健全食品药品安全监管体系和安全生产监管体系。再例如，广东省东莞市建立健全社会诚信体系，定期在全省以新闻发布会形式发布劳资履约、食品药品等领域和行业的诚信“红黑榜”。

就经济组织治理而言，一是侧重规范壮大农村集体经济组织运作，提高村级党组织和自治组织的凝聚力和服务能力。西部地区可借鉴的经验，如广东省清远市以问题为导向、突出农民的主体地位，依法依规破解行政村不掌握集体资产，不同村民小组的集体资产统筹发展难度大，行政村集体经济产权与行政村治权相分离的问题，以土地等集体资产归属为指导原则，成立经济合作社和经济联合社，实现基层党组织、村民自治组织和公共服务“三个重心下移”实践。二是规范非公有制经济组织的运作。西部地区内部可借鉴的经验，如贵州省贵阳市成立了由市委非公企业和社会组织工作委员会牵头，选派相关部门党建工作指导员，下拨资金，在非公经济组织加强党的建设。

就社会组织治理而言，现有的实践主要聚焦其准入、培育、参与、评估的规范化建设。西部地区可借鉴的其他地区经验，如北京市东城区建国门街道狠抓“多元参与，协商共治”理念推广，最大范围营造共识建立了社区俱乐部联席会等制度；健全组织领导（成立领导小组）和智力支持（民政部专家提供建议）机制；完善社会组织登记备案、注册、反馈监管、动态评价年度审核体系，等等。如江苏省徐州市云龙区，通过出台政策调整社会组织进入公共服务领域准入标准；成立专门为社会组织服务的支持性服务中心；实施公益创投，解决社会组织募集资金困难；扶持优秀社会工作者开办专业化服务机构；以及加强社会组织成员和志愿者的专业培训；等等。

三、既要规范治理创新行为，又要规范治理实现路径

规范治理创新行为与规范治理实现路径是一体两面的问题。如图 7.5

所示，基层组织建设、整合基层资源、改进工作方法、强化公共服务、推进基层民主、重视思想文化、使用专门人才、创新体制机制八个具体做法，均可通过社会化、法治化、专业化、智能化四种实现路径中的一种或者几种来实现。以基层组织建设为例，其社会化路径意味着，加强社会组织建设更好地承担公共服务职能，转移政府的公共责任；其法治化路径意味着，该社会组织依法参与和提供社会服务；其专业化路径意味着，该社会组织的从业人员要具有相应专业资格；其智能化路径意味着，该社会组织可以通过网上和网下相结合的方式为各族人民群众提供服务或者形成新的组织结构。因此，研究者可以认为实现路径是具体实践行为更进一步的规律性总结提炼。

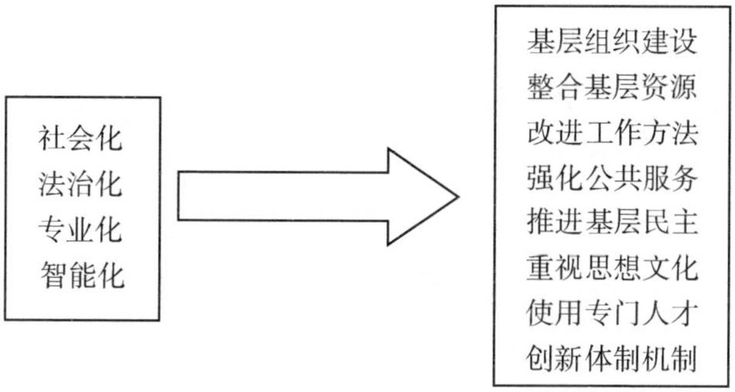

图 7.5　治理行为与实现路径之间的关系

在西部地区基层社会治理创新实践与规范化建设过程中，基于前面的案例分析，研究者发现其专业化和智能化实现路径水平有待进一步提升。为此，第一，研究者建议进一步提升西部地区基层社会治理创新实践与规范化建设的专业化水平。西部地区基层社会治理创新实践与规范化建设的专业化，要求西部地区基层社会治理创新实践与规范化建设的主体洞悉其所在区域的治理内在规律和特点，培育专业人员，使用专门的方法和技术进行基层社会治理和开展社会服务，并且逐步健全专业社会工作者的激励机制特别是福利待遇。① 例如，内蒙古自治区鄂尔多斯市要求每个社区至少有持证社工和具有社会工作专业背景人员 3 名。同时，部分旗区采取给予持证社工一定补贴或招录扩增社区工作力量等措施。其康巴社区每月对持证社工给予 300 元至 500 元的奖励性补贴，伊金霍洛旗鼓励所有事业单位人员参加社工考试，并制定了给予考试通过获得中级社工师资格的事业单位人员每月 800 元补助。

第二，研究者建议进一步提升西部地区基层社会治理创新实践与规范化建设的智能化水平。基层社会治理创新实践与规范化建设的智能化是为了应对条块割据、职能分散、回应迟滞等治理挑战，在网络化和信息技术平台的帮助下，能够实现社会公共事务治理和公共服务优化的精准与高效，给基层社会治理方式带来革命性的变革。② 就智能化实现路径的推广而言，中共北海市委、北海市人民政府、北海市委组织部致力于创新公共服务方式和优化基层社会治理体系，在村居一级党组织推进“农事网通”和“阳光红页”的改革工作，致力于以党建引领智能化“互联网+政务服务”经验非常值得推广。新疆维吾尔自治区实施小区的“庭院化”管理、农村视频监控、边境县安防等领域的智能化治理也非常值得推广。一是小区的“庭院化”管理。例如，乌鲁木齐将全市社区划分为不同网格，复杂区域和复杂小区中的居民通过人脸识别技术或者刷验身份证实现辖区内出入，在查验的同时，监控系统通过将拍摄的人员与公安信息库中对比，不仅实现了对社区流动人口的监控，而且通过自动识别报警系统，实现了危险人员的排查和可疑人员的预警。二是农村视频监控。由于新疆维吾尔自治区农村地域范围较广，而人口密度较低，仅仅通过人力很难覆盖，因此侧重于不同区域点位的监控设备的安装，通过视频监控将是农村安防的重要手段。三是边境县安防。新疆维吾尔自治区有 5600 公里绵延的边境线

---

① 龚维斌．公共安全与应急管理的新理念、新思想、新要求——学习党的十九大精神体会［J］．中国特色社会主义研究，2017（06）：11－14.

② 龚维斌．公共安全与应急管理的新理念、新思想、新要求——学习党的十九大精神体会［J］．中国特色社会主义研究，2017（06）：11－14.

也给各类不法分子带来可乘之机。因此，边境线安防建设，也是新疆安防建设的重要领域。以新疆维吾尔自治区博州博乐市为例，该地区在边境主要通外山口和重要地段安装高清摄像头、雷达边控预警、治安卡口等系统，实现了边境线立体化监控，提高监控覆盖率，形成了党政军警兵民“六位一体”联防联控新格局。

就西部地区基层社会治理创新实践与规范化建设的具体做法而言，研究者针对前面分析存在的问题，认为需要在创新体制机制、使用专门人才和推进基层民主三个方面下功夫。

使用专门人才。第一，使用专业化的社会工作者队伍。例如，内蒙古自治区鄂尔多斯市创建“一核心三融合”即“社区党组织（核心引领）+小区党小组+党员中心户+党员+群众”的五级党建体系，将党员职责在更小范围进行明确和细化，融合社会组织服务、居民自治和群众志愿服务，并要求每个社区中至少持证社工和具有社会工作专业背景人员3名，并对持证社工进行一定补贴，推动社会工作专业化、职业化。第二，挖掘本土人才。如西藏自治区党委、政府十分重视宗教界德才兼备代表人士的培养使用工作，在人大、政协和群团组织工作中积极发挥他们的作用。

创新体制机制。各地在实践中积极探索居委会和社区服务站分离、居委会和社区服务站合署办公、纵向上撤并机构减少层级等创新社会治理体制机制模式。例如，内蒙古自治区在街道或者聚集的非公经济组织园区、楼宇等地设立标准化的综合治理中心，与街道分离办公实践（如乌海、赤峰、通辽、乌兰察布、锡林郭勒、阿拉善）。

推进基层民主。第一种是协商和治理相融合的“议治相济”协商议事实践。例如，广西壮族自治区柳州市柳南区在街道通过走访群众，形成议题，把困难问题让群众集体研究讨论，协商办理，并共同监督处理结果。第二种是议治分离的民主协商民主监督实践。如新疆维吾尔自治区阿勒泰市搭建“小区说事点”平台等。

四、既要规范治理流程，又要规范治理运行机制

一方面，规范化建设西部地区基层社会治理创新实践要求治理流程的规范化，即指创新实践和活动在实施前和在实施过程中均要有“章”可循、有“据”可依，在实施之后要进行考核评价。经过数据分析，在研究者收集的165个案例中，按治理流程类型可以分为治理前、治理中和治理后流程规范化建设，前两个较为规范，治理后流程规范化水平相对欠缺。因此，西部地区基层社会治理创新实践行为和活动在实施之前，各个治理主体要协商制定和发布一定标准和规范，使整个治理主体、治理边界、治理机制、治理流程、治理行为、实现路径的规范化建设均有“章”可循、有“据”可依，最后，基层各种社会公共事务合作治理主体要对基层社会治理创新实践的结果是否与其制定、发布和实施的标准和规范相一致进行评估检验，即检验是否取得了相应的治理效能。①

另一方面，治理机制的规范化建设是基层社会治理创新实践与规范化建设过程中不同多元主体之间相互联系、相互作用，促进基层社会治理体系协调运行的保障。② 由于缺乏明确的冲突/矛盾化解机制、权责一致机制、激励竞争机制、学习培训机制、法律服务机制等，西部地区在培育社会组织、自治组织、经济合作组织，参与基层社会治理的创新实践活动能力有所不足。而由于调查/听证/研判机制、成本和收益分担机制相对薄弱，也因此可能产生集体行动治理的效能和水平不高，因为调查/听证/研判机制是集体行动的前提，成本和收益分担机制是集体行动的保障。

因此，第一，要建立和规范权责一致机制。清晰地界定不同合作治理主体职能，能够有效地解决由于治理主体和服务对象的角色模糊、角色冲

---

① 张明．推进基层社会治理规范化建设的思考［J］．唯实（现代管理），2014（12）：24－26.

② 褚添有．社会治理机制：概念界说及其框架构想［J］．广西师范大学学报（哲学社会科学版），2017，53（02）：42－45.

突问题，同时还能够起到限权、定责的作用，所以各种清单制度逐步成为规范政府权力边界、厘清市场职能范畴、增强社会力量培育的重要制度抓手，也有利于推动城乡基层社会治理创新实践逐渐向规范的社会治理模式转变。① 清单式治理模式契合了城市社区和乡村规范化治理的需要，发挥着限权、定责、划界的功能。这种模式主要有两种清单类型：基层乡镇（街道）治理清单（包括权责清单和负面清单）和社区（村居）自治清单（包括公共事务准入清单、法定职责清单和公共服务清单）。② 首先，权力清单采用文本合同形式，对行政系统的权责边界、职能范畴等，予以明确列举并成为行政法文件的依据。③ 其次，负面清单的管理模式是通过列举法律所禁止的事项或情形反向推导法律允许准入之事项或情形的制度，负面清单的管理模式应用能够弱化公权力对私人领域的不当干预，促进基层社会治理体系朝着规范化方向发展。④ 最后，社区（村居）自治清单（包括公共事务准入清单、法定职责清单和公共服务清单）能够对基层治理主体的权力行使得以有效制衡和规范。⑤ 目前，清单制已经成为我国公共治理中一种常规化的治理工具，城乡基层社会治理的复杂性为清单制的介入提供了制度空间，清单制对于解决城乡基层治理中的部门与条块协同、社区（乡村）减负和有效公共服务供给等均具有契合性。城乡基层治理中的清单，在制度内容方面具有功能边界和功能目标的差异，在制度功能上则具有公平与效率的差异。需要注意的是，虽然清单具有治理清晰化的功能

---

① 张杰，李和中．清单式治理视域下的政府、市场与社会关系研究［J］．广西大学学报（哲学社会科学版），2018，40（02）：96－103.

② 叶良海，吴湘玲．清单式治理：城市社区治理新模式［J］．学习与实践，2018（06）：108－115.

③ 关保英．权力清单的行政法价值研究［J］．江汉论坛，2015（01）：114－121.

④ 纪林繁．社会治理体系中负面清单的管理模式［J］．行政论坛，2017，24（02）：93－96.

⑤ 冉昊．农村小微权力清单的社会治理之维：基层自治组织权力制衡的探索［J］．教学与研究，2017（09）：38－45.

诉求，但也存在有限覆盖性和简化治理复杂性等局限。①②

第二，要建立和规范冲突/矛盾化解机制。在整个集体行动过程中不会都是一帆风顺的，会在流程设计中出现不足和漏洞，各个主体也可能会因为自利性和目标的冲突而产生矛盾。因此，建立和规范冲突/矛盾化解机制不仅能够为不同治理主体之间进行反思、评估、总结提供机会，而且也为今后集体行动提供行动指南或者以固化制度的形式提炼总结经验。③

第三，要建立和规范多元主体参与/孵化培育的法律服务机制。这里主要指建立完备的法律体系特别是社团、基金会管理的地方性法规和政策，从而明确社会组织、企事业单位、全体公民等参与社会治理的登记注册、准入管理、材料申报等方面的手续，帮助各种多元主体依法有序参与社会治理和开展活动。④ 例如，云南庆迪州根据境外非法宗教组织邀请境内宗教人士参加非法宗教活动的现象，制定了《迪庆州僧尼和信教群众出国（境）参加宗教活动管理办法》，打防堵结合，深入开展反邪教斗争，严厉打击各种邪教破坏公共安全、诈骗群众和危害公共安全活动；由公安机关牵头加强对境外非政府组织进行资格审查、本案登记、管理服务，以及依法对其资金和日常活动进行监管，全力防范和抵御境外非法宗教组织的渗透活动。

第四，要建立和规范多元主体参与/孵化培育的学习培训机制。例如，内蒙古自治区乌海市专门举办全市综治信息系统专题培训班，制定了专门的培训教程，通过集中讲解、实地观摩、实地指导、现场演示等形式，培训综治工作人员。

第五，要建立和规范集体行动机制中的调查/听证/研判机制。调查/

---

① 彭勃，付建军．城市基层治理中的清单制：创新逻辑与制度类型学［J］．行政论坛，2017，24（04）：38－45.

② 付建军．清单制与国家治理转型：一个整体性分析框架［J］．社会主义研究，2017（02）：73－80.

③ 邵静野，来丽梅．社会治理体制创新中社会协同机制的构建［J］．东北师大学报（哲学社会科学版），2014（01）：204－206.

④ 杨建军．社会管理创新的地方经验与实践探索［J］．政法论丛，2013（05）：39－47.

听证/研判机制是发现问题、整合目标、实现集体行动的前提。例如，新疆维吾尔自治区的访聚惠制度、西藏自治区的驻村工作队制度等都非常值得推广。特别是广西壮族自治区河池市东兰县，通过“七民”工作法践行群众路线，维护群众权益。“七民”工作法的第一个步骤就是通过调查、收集、分析、倾听群众的呼声，形成问题导向，并整合目标，便于集体行动。

最后，要建立和规范集体行动机制中的成本和收益分担机制。国内外研究和实践表明，政府培育社会组织主要有两种模式：以政府为主导、以行政机制为主要资源配置机制的直接培育模式；以及政府赋权支持型社会组织，即以社会机制和市场机制配置资源的间接培育模式。① 例如，内蒙古自治区鄂尔多斯市为方便社区自治组织、社会组织、人民群众“有场所议事”，以政府拨付资金、开发商建设、政府回购、驻区单位共建的方式扶持自治组织、社会组织、人民群众参与基层社会治理。但是，研究者在西部地区既没有发现政府赋权支持型社会组织培育模式的案例，也没有发现以社会机制和市场机制配置资源的间接社会组织培育模式的案例。

---

① 郁建兴，滕红燕．政府培育社会组织的模式选择：一个分析框架［J］．政治学研究，2018（6）：42－52＋127.

第八章　理论贡献、研究局限和未来研究展望

这一章的主要目的在于总结研究者的研究贡献、存在的不足，以及未来可以进一步优化的地方。

第一节　研究的理论贡献

一、构建了西部地区基层社会治理创新实践与规范化建设的理论整合模型

本研究的理论创新之处在于构建了合作治理视角下，西部地区基层社会治理创新实践与规范化建设的理论整合模型，并且在一定程度上，该理论整合模型对其他地区也具有一定的一般性、共性规律的适用性。研究者在文献综述的基础上，以合作治理为理论基础，构建了涵盖治理主体、治理边界、治理行为、治理机制、治理流程、治理路径六个要素规范化建设的理论整合分析框架。在该理论模型中，研究者围绕谁来进行治理（治理主体）、治理什么（治理边界）、怎么治理（治理行为和实现路径）、用什么来保障治理顺利有序进行（治理机制、治理流程）的逻辑展开。其中，规范治理主体是关键、规范治理边界是前提、规范治理流程是内容、规范治理机制是保障、规范治理路径是工具、规范治理行为是做法。经过对研究者收集到的九届“全国创新社会治理典型案例奖”获奖项目 248 个案例

进行实证分析和云南、广西、内蒙古、西藏、新疆等 12 个西部省、自治区、直辖市共计 165 个案例的深入分析，验证了该理论模型的适用性。

在西部地区，其基层社会治理创新实践与规范化建设的主体主要包括党委及各级党的组织、政府及其派出机构、社会组织（群团、非营利组织）、各族人民群众、高校（科研院所）的专家、媒体、企业等。

在西部地区，其基层社会治理创新实践与规范化建设的边界主要集中于层参与式社区治理、化解社会矛盾、维护群众权益、社会治安协同治理、社会组织治理、应急管理与风险治理、流动人口和特殊人群服务、经济组织治理、维护市场经济秩序、互联网治理十个领域。

在西部地区，其基层社会治理创新实践与规范化建设的行为，主要包括建设基层组织、强化公共服务、改进工作方法、创新体制机制、整合基层资源、使用专门人才、推进基层民主和重视思想文化八个类型。

在西部地区，其基层社会治理创新实践与规范化建设的机制，可以分为领导主导机制、参与/孵化培育机制（法律服务、经济扶助、学习培训）、权责一致机制、集体行动机制（调查/听证/研判、沟通/协商/调解、资源配置/整合、成本和收益分担）、激励竞争机制、绩效评估/责任追究/监督制约机制、冲突/矛盾化解机制七项机制。

在西部地区，其基层社会治理创新实践与规范化建设的路径主要包括智能化、社会化、专业化、法治化。

在西部地区，其基层社会治理创新实践与规范化建设的流程主要包括创新实践和活动在实施前和实施中均要有“章”可循、有“据”可依，实施后要进行考核评价。

二、构建了基层社会合作治理效能测评量表

研究者在其他学者研究的基础上，构建了中国地方基层社会合作治理效能测评量表，此量表包含一级指标地方基层社会公共事务合作治理；二级指标三个，包括培育合作伙伴的能力（指标权重为 0.35）、运营合作关

系的能力（指标权重为0.34）、供给合作资源的能力（指标权重为0.31）；三级指标十二个包括培育各类媒体的能力（指标权重为0.18）、培育学校（科研院所）的能力（指标权重为0.20）、培育非政府组织的能力（指标权重为0.21）、培育企业的能力（指标权重为0.19）、培育公民的能力（指标权重为0.22）、设计合作战略的能力（指标权重为0.26）、选择合作伙伴的能力（指标权重为0.24）、处理合作关系的能力（指标权重为0.25）、实现合作绩效的能力（指标权重为0.25）、供给权威资源的能力（指标权重为0.34）、供给信息资源的能力（指标权重为0.32）、供给财政资源的能力（指标权重为0.34）；四级指标三十八个包括公共部门对各类媒体的重视程度（指标权重为0.33）、公共部门在政策上对各类媒体的支持程度（指标权重为0.34）、公共部门对各类媒体的监管程度（指标权重为0.33）、公共部门对学校（科研院所）的重视程度（指标权重为0.33）、公共部门在政策上对学校（科研院所）的支持程度（指标权重为0.34）、公共部门对学校（科研院所）的监管程度（指标权重为0.33）、公共部门对非政府组织的重视程度（指标权重为0.33）、公共部门在政策上对非政府组织发展的支持程度（指标权重为0.34）、公共部门管理非政府组织的制度合理性程度（指标权重为0.33）、企业参与社会建设的责任感程度（指标权重为0.33）、公共部门在政策上支持企业社会责任建设的力度（指标权重为0.34）、公共部门监管企业社会责任建设的能力（指标权重为0.33）、公共部门对公民参与公共事务的重视程度（指标权重为0.33）、公共部门在政策上支持公民参与的力度（指标权重为0.34）、公共部门保护公民参与权利的程度（指标权重为0.33）、合作治理目标的合理程度（指标权重为0.34）、合作决策的科学性程度（指标权重为0.33）、合作决策的民主性程度（指标权重为0.33）、合作伙伴的合作意愿程度（指标权重为0.33）、合作伙伴胜任公共事务治理的程度（指标权重为0.34）、公共部门与合作伙伴的资源互补程度（指标权重为0.33）、制定合作制度的能力（指标权重为0.18）、沟通合作各方的能力（指标权重为0.16）、激励合作行为的能力（指标权重为0.18）、利益整合能力（指标权重为

0.18）、消除合作冲突的能力（指标权重为0.15）、监督合作行为的能力（指标权重为0.15）、合作的经济性（指标权重为0.24）、合作的效率性（指标权重为0.26）、合作的效益性（指标权重为0.26）、合作的公平性（指标权重为0.24）、公共部门的整体绩效水平（指标权重为0.34）、公共部门的公共形象（指标权重为0.33）、地方政府的公信力（指标权重为0.33）、公共部门网站的建设情况（指标权重为0.40）、公共部门政务公开的情况（指标权重为0.60）、本地年度财政收入占本地 GDP 的比重（指标权重为0.49）和本地公共事务（公共服务）支出占财政支出的比重（指标权重为0.51）。

三、实现了多种研究方法的结合

本研究将文献分析的规范研究与实地调研、案例应用的实证研究（西部地区 165 个基层社会治理创新实践与规范化建设案例、中国九届“全国创新社会治理典型案例奖”248 个获奖项目案例、中国地方基层社会治理合作能力测评和合作治理影响因素测评等）相结合；将质化的定性研究方法和量化的定量研究方法相结合；将文本内容分析基于数据实证归纳的研究方法与规范性文献分析的理论演绎方法结合起来；将文本内容分析的质性文字分析与数量统计分析结合起来，在一定程度上有一定的创新性。

第二节　研究局限及未来研究展望

本研究虽然实现了不同理论应用的整合、明确了基本概念的内涵、进行了深度案例研究、完成了不同地区的比较研究、形成了多种研究方法的结合、构建了基层社会合作治理效能测评量表。但是，这本书也存在一定的研究局限，需要未来的后续研究进行弥补。

第一，任何社会科学研究在样本选择上都存在随机性问题。虽然研究者试图通过涵盖广西、云南、四川、重庆等12个西部地区的165个基层社会治理创新实践与规范化建设案例，以及涵盖31个省、自治区、直辖市的中国九届“全国创新社会治理典型案例奖”获奖项目的248个案例作为研究样本进行分析，试图找出西部地区和其他地区在基层社会治理创新实践与规范化建设上存在的共性和差异性，但是与中国庞大的人口数量、基层乡镇、街道的村居社区数量相比，研究者所调研的样本范围与其他任何实证研究一样存在相对的理论饱和度缺陷。因此，未来的研究还需要在更广阔的地域范围如尽可能对甘肃、宁夏、青海、陕西等西部地区的基层乡镇、街道的村居社区和当地群众进行调研。

第二，基于数据的敏感性和安全性原因，研究者披露的案例全部都是经过当地官方文件或者媒体公开报道过的案例，像云南省曲靖市等边境地区的基层社会治理创新实践与规范化建设的案例，涉及政法部门工作的保密性，在此没有披露，研究者也没有保留。所选案例因此不够全面和系统，未来研究有待进一步弥补此缺陷。

第三，研究者构建的中国地方基层社会合作治理效能测评量表，虽然在一定程度上具有理论的先进性，但是其测评主体数量的有限性，以及由于基层乡镇（街道）等地方基层社会治理统计数据的缺失，造成了研究者测评结果可能在一定程度上略有偏颇。今后的研究需要通过更大数量的样本进行检验。

最后，由于研究时间的局限性，研究者很难对所有的案例特别是广西、云南、四川、重庆等12个西部地区的165个基层社会治理创新实践与规范化建设案例以及涵盖31个省、自治区、直辖市的中国九届“全国创新社会治理典型案例奖”获奖项目的248个案例，进行连续性、跟踪性分析，从而很难对所选案例是否长期有效进行科学判断。

参考文献

一、中文文献：

[1] 张明．推进基层社会治理规范化建设的思考［J］．唯实（现代管理），2014（12）．

[2]“中国社会管理评价体系”研究者．中国社会治理评价指标体系［J］．中国治理评论，2012（02）．

[3] 蓝志勇．论社会治理体系创新的战略路径［J］．国家行政学院学报，2016（01）．

[4] 李俊清．中国民族自治地方公共管理导论［M］．北京：北京大学出版社，2008．

[5] 精治共治法治 落细落小落实［N］．北京日报，2018－10－15（008）．

[6] 乔小明，谭菊华．当代中国社会管理研究的主要视角及发展趋势［J］．南昌大学学报（人文社会科学版），2015（05）．

[7] 梁海燕．西部地区社会治理规范化建设存在的问题及对策分析［J］．兰州石化职业技术学院学报，2015，15（03）．

[8] 魏亚飞．推进基层社会治理规范化建设初探——以四川省崇州市“费随事转”改革为例［J］．中共乐山市委党校学报，2017，19（04）．

[9] 叶红，李诚．提升云南西部地区政府社会治理能力［J］．学术

探索，2015（04）.

［10］徐俊六. 铸牢中华民族共同体意识与西部地区社会治理关系研究［J］. 宁夏社会科学，2018（06）.

［11］杨军. 西北民族地区社会治理中情理法的冲突与调适［J］. 云南民族大学学报（哲学社会科学版），2018，35（03）.

［12］李诚，马树勋. 西部地区群体性事件社会治理路径思考［J］. 云南行政学院学报，2017，19（03）.

［13］韩勇，李波. 西部地区社会治理的创新实践［J］. 开放导报，2016（01）.

［14］吴福环. 论中国西部地区社会治理创新［J］. 新疆师范大学学报（哲学社会科学版），2014，35（05）.

［15］张瑜. 民族地区契约合作的影响因素及实现路径——以公共服务购买为例［J］. 人民论坛，2012（20）.

［16］宋才发，黄捷. 运用法治思维推进民族地区农村社会治理［J］. 黑龙江民族丛刊，2017（06）.

［17］吴开松，杨芳. 社会组织在西部民族地区社会治理创新中的价值研究［J］. 贵州民族研究，2014（09）.

［18］党秀云，谭伟. 民族地区社会组织参与基层社会治理的路径选择［J］. 新视野，2016（01）.

［19］雷韵，罗柳宁. 跨境民族地区的社会公共事务治理与边疆安全［J］. 广西民族大学学报（哲学社会科学版），2016（03）.

［20］夏黑讯. 社区商户"十户联保"之基层反恐维稳与民族团结创新机制实践考察［J］. 理论月刊，2016（04）.

［21］李青林. 少数民族自治区域贫困县新闻报道反思——以宁夏回族自治区同心县为例［J］. 当代传播，2012（05）.

［22］玉林师范学院民族地区文化建设与社会治理研究中心［J］. 学校党建与思想教育，2018（24）.

［23］姜学敏. 内蒙古城市基层社会治理机制建设研究［D］. 导师：

张志忠．内蒙古大学，2016.

［24］王思斌．民族地区的社会治理与社会工作参与研究［J］．广西民族大学学报（哲学社会科学版），2017，39（05）．

［25］王丹丹．社会治理视角下新疆社会工作示范点的发展研究［D］．导师：李昌阳．广西师范大学，2014.

［26］张志远．多民族聚居地区农村社会管理的路径［J］．云南民族大学学报（哲学社会科学版），2012（03）．

［27］青觉，闫力．共建共治共享：民族自治地方社会治理的新模式——社会主义协商民主的视角［J］．黑龙江民族丛刊，2016（03）．

［28］孙杰远．论民族地区社会治理的认同逻辑与教育支持［J］．教育研究，2018，39（11）．

［29］徐俊六．铸牢中华民族共同体意识与西部地区社会治理关系研究［J］．宁夏社会科学，2018（06）．

［30］马敬．村规民约在西北民族地区社会治理中的积极作用［J］．学术交流，2017（05）．

［31］刘娜．新疆南疆基层组织职能发挥研究［D］．导师：张爱萍．塔里木大学，2016.

［32］赵妮妮，靳连冬．少数民族欠发达地区的社会治理：流动公共服务［J］．贵州民族研究，2018，39（10）．

［33］龙立军．贵州少数民族地区农村弱势群体与政策供给［J］．前沿，2010，（01）．

［34］吴文明．民族地区城市社会治理创新研究［D］．导师：张志忠．内蒙古大学，2018.

［35］赵会，陈旭清．境外非政府组织（NGO）与西藏治理关系研究［J］．理论月刊，2015（04）．

［36］吴亮．中国少数民族群体性事件及治理机制研究［D］．导师：荣仕星．中央民族大学，2011.

［37］陆海发．多元主体参与治理少数民族自发移民问题研究——以

云南K县为例［J］．云南行政学院学报，2013，15（02）．

［38］曾宇航．民族地区基层社会治理创新的实践与探索——以贵州省台江县为例［J］．中国行政管理，2018（10）．

［39］吴开松．少数民族地区基层政府危机管理能力研究［J］．中南民族大学学报（人文社会科学版），2010（02）．

［40］王世卿，王尚坤．新疆暴恐犯罪的基层社会治理创新研究［J］．山东警察学院学报，2018，30（04）．

［41］斯琴格日乐．西部地区的社会风险及其社会稳定机制构建研究［J］．湖北民族学院学报（哲学社会科学版），2016（02）．

［42］陆云．西部地区艾滋病防控的特殊形势与社会管理创新之策［J］．云南行政学院学报，2012（06）．

［43］孙兴芳．西南民族地区农民合作社参与基层治理功能探析［J］．山西农经，2015（03）．

［44］任新民，陈娜．以利益协调为着力点，破解西部地区农村基层社会管理机制创新难题［J］．云南民族大学学报（哲学社会科学版），2012（06）．

［45］边巴拉姆，邵煜捷．“共治共享”社会治理模式下的探索与实践——以拉萨民族团结进步法治化为中心［J］．西北民族大学学报（哲学社会科学版），2017（04）．

［46］陈旭清，赵会，向娟．民族地区政府购买NGO服务研究［J］．中国行政管理，2012（07）．

［47］刘建华．互联网思维下西部地区政府社会治理方式研究［J］．电子政务，2016（05）．

［48］王虎，王磊．民族地区社会治理的现实依据与逻辑基础［J］．贵州民族研究，2016，37（10）．

［49］和思鹏．“国家—社会”视阈中民族地区社会治理现代化研究——历史逻辑、边界重构与机制创新［J］．贵州民族研究，2016，37（10）．

［50］王力平，许晓芸．协同与耦合：民族社会工作与社会治理精细化［J］．社会工作，2016（01）．

［51］周晓丽．基于民族地区特殊性下的社会治理理念及路径［J］．南京社会科学，2014（11）．

［52］乌兰．新时代“枫桥经验”与少数民族地区基层政府治理［J］．西北民族大学学报（哲学社会科学版），2018（05）．

［53］韦正富，吴大华．民族地区经济发展与基层社会治理变革［J］．贵州民族研究，2018，39（04）．

［54］中国行政管理学会研究者．加快中国社会管理和公共服务改革的研究报告［J］．中国行政管理，2005（02）．

［55］施雪华．当前中国社会管理的成就、问题与改革［J］．学习与探索，2013（03）．

［56］丁元竹．关于建立和完善社会管理体制的若干思考［J］．江海学刊，2007（05）．

［57］龚维斌．社会治理是社会管理的升级版［J］．理论视野，2014，（01）．

［58］王浦劬．国家治理、政府治理和社会治理的含义及其相互关系［J］．国家行政学院学报，2014（03）．

［59］方盛举，陈然．现代国家治理视角下的边疆：内涵、特征与地位［J］．云南师范大学学报（哲学社会科学版），2019，51（04）．

［60］方盛举，曹昶辉．我国边疆文化治理的挑战及其应对［J］．新视野，2019（01）．

［61］方盛举．对我国陆地边疆治理的再认识［J］．社会科学文摘，2018（01）．

［62］方盛举．我国陆地边疆的文化型治理［J］．思想战线，2017，43（06）．

［63］方盛举，苏紫程．论我国陆地边疆治理的价值追求［J］．思想战线，2016，42（03）．

[64] 方盛举，吕朝辉．论中国陆地边疆的软治理模式［J］．云南行政学院学报，2016，18（01）．

[65] 方盛举，王志辉．我国边疆治理的一般客体与特殊客体［J］．思想战线，2015，41（05）．

[66] 方盛举，吕朝辉．论我国陆地边疆的合作型治理［J］．社会科学研究，2015（04）．

[67] 方盛举．论我国陆地边疆的情感型治理模式［J］．云南行政学院学报，2013，15（05）．

[68] 方盛举，吕朝辉．中国陆地边疆的软治理与硬治理［J］．晋阳学刊，2013（05）．

[69] 方盛举．论政府危机管理的共治模式［J］．理论参考，2012（12）．

[70] 龚维斌．改革开放以来社会治理体制改革的基本特点［J］．中国特色社会主义研究，2016（03）．

[71] STEPHEN, P. Osborne. The New Public Governance?［J］. Public Management Review, 2006（08）.

[72] HOOD, C. A new public management for all seasons. Public Administration［J］. 1991,（69）.

[73] OSBORNE, D. AND T. GAEBLER. Reinventing Government［M］. Reading, MA : Addison – Wesley, 1992 .

[74] MCCARNEY P. L. AND STREN R. E. （eds）Governance on the Ground: Innovations and Discontinuities in Cities of the Developing World［M］. Baltimore, MD: The Johns Hopkins University Press. 2003.

[75] MATT, ANDEREWS. Good Government Means Different Things in Different Countriesgove［J］. Governance: An International Journal of Policy, Administration, and Institutions, 2010（23）.

[76] KOOIMAN, J. Governing as Governance［M］. London: Sage, 2003.

[77] 韦广雄．村域基层社会治理的创新与村民自治的有效实现 [J]．求实，2015 (02)．

[78] DENHARDT, R. B., & DENHARDT, J. V. The new public service: Serving rather than steering [J]. Public Administration Review, 2000 (60).

[79] ALFORD, J. Defining the client in the public sector: A social exchange perspective [J]. Public Administration Review, 2002 (62).

[80] ANSELL, CHRIS, AND ALISON GASH. Collaborative governance in theory. and practice [J]. Journal of Public Administration Research and Theory, 2007 (18).

[81] HALLIGAN, J. Reintegrating government in third generation reforms of Australia and New Zealand [J]. Public Policy and Administration, 2007 (22).

[82] OSBORNE, S. P., ed. The New Public Governance? Emerging Perspectives on the Theory and Practice of Public Governance [M]. London: Routledge, 2010.

[83] 吕志奎．通向包容性公共管理：西方合作治理研究述评 [J]．公共行政评论，2017，10 (02)．

[84] STEPHEN GOLDSMITH & WILLIAM D. Eggers, Governing by Network. The New Shape of the Public Sector [M]. Ash Institute/Brookings Institute Press, Washington D. C., 2004: 5

[85] BACHE, I. The Extended Gatekeeper: Central Government and the Implementation of EC Regional Policy in the UK [J], Journal of European Public Policy, 1999 (06).

[86] 孙牧．网络化治理研究综述 [J]．云南行政学院学报，2010 (04)．

[87] POLLIT C. Joined – up Government: Past, Present, and Future [J]. Political Studies Review, 2003 (01).

［88］ ANSELL C，GASH A. Collaborative Governance in Theory and Practice ［J］ . Journal of Public Administration Research and theory，2007 （18） .

［89］ 孙牧 . 网络化治理研究综述 ［J］ . 云南行政学院学报，2010 (04) .

［90］ 臧雷振 . 治理类型的多样性演化与比较——求索国家治理逻辑 ［J］ . 公共管理学报，2011 （04） .

［91］ JESSOP，B. Governance and Meta – governance：On Reflexivity，Requisite Variety and Requisite Irony，in H. P. Bang (ed.)，Governance as Social and Political Communication ［ M ］ . Manchester：Manchester University Press，2003.

［92］ JESSOP，B. The future of the capitalist state ［M］ . London，England：Polity Press，2002.

［93］ NEWMAN，J. Modernising Governance：New Labour，Policy and Society ［M］ . London：Sage，2001.

［94］ 李浩. 新时代社区复合型治理的基本形态、运转机制与理想目标 ［J］. 求实，2019 (1).

［95］ 徐倩 . 包容性治理：社会治理的新思路 ［J］ . 江苏社会科学，2015 （04） .

［96］ 谭英俊 . 柔性治理：21 世纪政府治道变革的逻辑选择与发展趋向 ［J］ . 理论探讨，2014 （03） .

［97］ 刘太刚 . 心灵治理：公共管理学的新边疆——基于需求溢出理论和传统中国心灵治理范式的分析 ［J］ . 中国行政管理，2016 （10） .

［98］ 张乾友 . 如何理解作为一个公共管理问题的心灵治理——兼与刘太刚教授商榷 ［J］ . 中国行政管理，2017 （02） .

［99］ 陈朋 . 互惠式治理：社区治理的日常运作逻辑 ［J］ . 江苏社会科学，2014 （05） .

［100］ 王河江，陈国营，巫丽君 . 协商民主：提升治理能力现代化的路径选择——基于浙江社会治理创新的探讨 ［J］ . 山西大学学报 （哲学

社会科学版)，2017，40（05）.

［101］呼连焦，刘彤．社区协商民主：新时代社会治理的发展路径［J］．哈尔滨工业大学学报（社会科学版)，2018，20（04）.

［102］林丽丽，鲁可荣．农村社会治理中的协商民主［J］．长白学刊，2018（03）.

［103］曹秀伟．协商民主视角下全民共建共享社会治理格局的构建思路［J］．领导科学，2017（05）.

［104］黄俊尧．“精细化”导向的城市基层治理创新——国家“趋近”社会的实践与逻辑［J］．浙江学刊，2019（01）.

［105］陈荣卓，肖丹丹．从网格化管理到网络化治理——城市社区网格化管理的实践、发展与走向［J］．社会主义研究，2015（04）.

［106］张树旺，李伟，王郅强．论中国情境下基层社会多元协同治理的实现路径——基于广东佛山市三水区白坭案例的研究［J］．公共管理学报，2016（02）.

［107］贾玉娇．社会管理的理论研究与基层实践——一项基于文献的梳理和思考［J］．浙江社会科学，2014（07）.

［108］刘圣中，王晨．网格化社会管理的组织社会学分析［J］．理论导刊，2016（03）.

［109］杨光飞．网格化社会管理：何以可能与何以可为？［J］．江苏社会科学，2014（06）.

［110］曾媛媛，施雪华．北京市网格化社会管理的经验、问题与对策［J］．新视野，2013（03）.

［111］叶良海，吴湘玲．清单式治理：城市社区治理新模式［J］．学习与实践，2018（06）.

［112］赵秀玲．“微自治”与中国基层民主治理［J］．政治学研究，2014（05）.

［113］赵秀玲．“微自治”与中国基层民主治理［J］．政治学研究，2014（05）.

[114] 周平. 陆疆治理：从“族际主义”转向“区域主义”[J]. 国家行政学院学报，2015（06）.

[115] 李俊清，黎海波. 中国的跨界民族与边疆公共事务治理[J]. 公共管理学报，2015（01）.

[116] 魏礼群. 习近平社会治理思想研究[J]. 中国高校社会科学，2018（04）.

[117] 丁元竹. 习近平新时代中国特色社会主义社会治理思想研究[J]. 国家行政学院学报，2018（03）.

[118] 陈伟东，李雪萍. 社区治理主体：利益相关者[J]. 当代世界与社会主义，2004（02）.

[119] 王胜源. 社会治理中媒体参与的界域与进路[J]. 编辑之友，2016（07）.

[120] 吴青熹. 社会化媒体与社区治理难题的破解——基于社区共同体的分析视角[J]. 南京大学学报（哲学·人文科学·社会科学），2017，54（04）.

[121] 刘琦岩. 智库以知识管理引导社会治理路径探析[J]. 中国软科学，2016（06）.

[122] 董平. 社区教育的社会治理功能及其实现的工作模式研究[J]. 成人教育，2016，36（11）.

[123] 高志敏. 迈向交集：论社区治理与社区教育[J]. 教育发展研究，2015，35（23）.

[124] 王婕，蒲清平，刘晓云. 新时代志愿服务参与社会治理的逻辑方略[J]. 重庆大学学报（社会科学版），2018，24（05）.

[125] 盛情. 大学生思想政治教育工作的现实问题与优化——以创新社会治理体制为视角[J]. 思想理论教育，2015（11）.

[126] 孙培军. “两代表一委员”联系群众活动：沟通、制度和治理[J]. 中国党政干部论坛，2014（06）.

[127] 张丙宣. 人民政协精准介入基层协商的机制研究[J]. 河南

社会科学，2017，25（08）.

［128］陈承新．探寻社会治理边界的成都经验［J］．湖南师范大学社会科学学报，2015，44（04）.

［129］刘开君，刘太刚．创新社会治理的三重维度：理念、制度和政策［J］．天津行政学院学报，2019（01）.

［130］王浦劬．国家治理、政府治理和社会治理的含义及其相互关系［J］．国家行政学院学报，2014（03）.

［131］王瑞山．试论特殊人群的制度化排斥及其应对［J］．华东师范大学学报（哲学社会科学版），2013，45（03）.

［132］刘少华，陈荣昌．互联网信息内容监管执法的难题及其破解［J］．中国行政管理，2018（12）.

［133］高红，杨秀勇．西方国家非营利组织参与社区治理的理论与实践逻辑［J］．天津行政学院学报，2018，20（03）.

［134］范霞．非公企业党建中坚持群众路线的思考［J］．理论与改革，2016（01）.

［135］江晓华，李长健，李伟．新时期农民合作经济组织治理的理性思考［J］．新疆社会科学，2006（03）.

［136］谢撼澜．提高维护群众合法权益的能力 消解群体性事件的官员作为［J］．人民论坛，2013（24）.

［137］褚添有．社会治理机制：概念界说及其框架构想［J］．广西师范大学学报（哲学社会科学版），2017，53（02）.

［138］孙柏瑛．社会管理与政府能力建构［J］．南京社会科学，2012（08）.

［139］薛小荣．信息时代国中共产党的网络社会治理能力［J］．探索与争鸣，2014（05）.

［140］方盛举．中国政治学会各省市秘书长联席会暨“国家治理现代化进程中的地方政府治理”学术研讨会综述［J］．政治学研究，2015（05）.

[141] 杨建军. 社会管理创新的地方经验与实践探索 [J]. 政法论丛，2013 (05).

[142] 袁金辉. 中国乡村治理的回顾与展望 [J]. 云南行政学院学报，2016 (01).

[143] 申锦莲. 国外社会管理创新的经验与启示 [J]. 行政与法，2012 (07).

[144] 陶希东. 中国特大城市社会治理模式及机制重建策略 [J]. 社会科学，2010 (11).

[145] 孙柏瑛，李卓青. 政策网络治理：公共治理的新途径 [J]. 中国行政管理，2008 (5).

[146] 张杰，李和中. 清单式治理视域下的政府、市场与社会关系研究 [J]. 广西大学学报（哲学社会科学版)，2018，40 (02).

[147] 叶良海，吴湘玲. 清单式治理：城市社区治理新模式 [J]. 学习与实践，2018 (06).

[148] 关保英. 权力清单的行政法价值研究 [J]. 江汉论坛，2015 (01).

[149] 纪林繁. 社会治理体系中负面清单的管理模式 [J]. 行政论坛，2017，24 (02).

[150] 冉昊. 农村小微权力清单的社会治理之维：基层自治组织权力制衡的探索 [J]. 教学与研究，2017 (09).

[151] 付建军. 清单制与国家治理转型：一个整体性分析框架 [J]. 社会主义研究，2017 (02).

[152] 邵静野，来丽梅. 社会治理体制创新中社会协同机制的构建 [J]. 东北师大学报（哲学社会科学版)，2014 (01).

[153] 郁建兴，滕红燕. 政府培育社会组织的模式选择：一个分析框架 [J]. 政治学研究，2018 (06).

[154] 张康之. 合作治理是社会治理变革的归宿 [J]. 社会科学研究，2012 (03).

［155］俞可平．重构社会秩序 走向官民共治［J］．国家行政学院学报，2012（04）．

［156］DEUTSCH，M. A Theory of Cooperation and Competition［J］. Human Relations，1949（2）．

［157］欧黎明，朱秦．社会协同治理：信任关系与平台建设［J］．中国行政管理，2009（5）．

［158］LIU，C.，TJOSVOLD，D.，AND WONG，M. Effective Japanese leadership in China：Cooperative Goals and Applying Abilities for Mutual Benefit［J］. International Journal of Human Resource Management，2004（15）．

［159］ARMELI，S.，EISENBERGER，R.，FASOLO，P.，& LYNCH，P. Perceived organizational support and police performance：The moderating influence of socioemotional needs［J］. Journal of Applied Psychology，1998（83）．

［160］王力立，刘波，姚引良等．地方政府网络治理合作治理行为实证研究［J］．北京理工大学学报（社会科学版），2015，17（1）．

［161］TJOSVOLD，D.，SASAKI，S. AND MOY，J. Developing commitment in Japanese organizations in Hong Kong：interdependence，interaction，relationship and productivity［J］. Small Group Research，1998（29）．

［162］BRYMAN，A. AND BELL，E.. Business Research Methods［M］，Oxford：Oxford University Press，2003.

［163］BARON，R. M.，& KENNY，D. A. The moderator－mediator variable distinction in social psychological research：Conceptual，strategic and statistical considerations［J］. Journal of Personality and Social Psychology，1986（51）．

［164］李婷婷．协作治理：国内研究和域外进展综论［J］．社会主义研究，2018（03）．

［165］蓝志勇，胡税根．中国政府绩效评估：理论与实践［J］．政治学研究，2008（03）．

［166］蔡立辉. 西方国家政府绩效评估的理念及其启示［J］. 清华大学学报（哲学社会科学版），2003（01）.

[167] 樊红敏，张玉娇．县域社会治理评价体系：建构理路与评估框架［J］．河南师范大学学报（哲学社会科学版），2017（01）．

[168] 田发，周琛影．社会治理水平：指数测算、收敛性及影响因素［J］．财政研究，2016（08）．

[169] 吴新叶．农村社会治理的绩效评估与精细化治理路径——对华东三省市农村的调查与反思［J］．南京农业大学学报（社会科学版），2016（04）．

[170] 徐汉明，张新平．社会治理法治建设指标体系的设计、内容及其评估［J］．法学杂志，2016（06）．

[171] 黄强，程旭宇，刘祺．地方政府社会管理能力绩效评价指标体系建构——基于网络治理的局限性［J］．福建论坛（人文社会科学版），2009（08）．

[172] 祁海军．地方政府社会治理能力评估——以河南省为例［J］．学习论坛，2015，31（08）．

[173] 范柏乃，段忠贤，张兵．中国地方政府社会管理绩效测评量表编制及应用［J］．上海行政学院学报，2012（06）．

[174] 张欢，胡静．社会治理绩效评估的公众主观指标体系探讨［J］．四川大学学报（哲学社会科学版），2014（02）．

[175] 周平．陆疆治理：从"族际主义"转向"区域主义"［J］．国家行政学院学报，2015（06）．

[176] 刘雪莲，刘际昕．从边疆治理到边境治理：全球治理视角下的边境治理议题［J］．教学与研究，2017（02）．

[177] NAGY，MARK S. Using a single－item approach to measure facet job satisfaction［J］．Journal of Occupational & Organizational Psychology，2002（07）．

[178] WANOUS，JOHN P. Reichers，Arnon E. Hudy，Michael J. Overall Job Satisfaction：How Good Are Single－Item Measures?［J］Journal of Applied Psychology，1997（82）．

[179] MATT, ANDEREWS. Good government neans different things in different countriesgove [J]. Governance: An International Journal of Policy, Administration, and Institutions, 2010 (23).

[180] 蓝志勇，魏明．现代国家治理体系：顶层设计、实践经验与复杂性 [J]．公共管理学报，2014 (01)．

[181] 王江伟. 中国社区治理创新的特征、动因与绩效———基于“中国社区治理创新成果”的多案例分析 [J]. 求实，2017 (12).

[182] SANDFORD BORIS. Public management innovation in economics advanced and developing countries [J]. International Review of Administrative Science, 2001 (04).

[183] 何增科．中国政府创新的趋势分析——基于五届“中国政府创新奖”获奖项目的量化研究 [J]．北京行政学院学报，2011 (01)．

[184] 吴建南，马亮，苏婷，杨宇谦．政府创新的类型与特征——基于“中国政府创新奖”获奖项目的多案例研究 [J]．公共管理学报，2011 (01)．

[185] 李利文，方勇．内生性资源、叠加式外推与社会治理创新强度——对91个典型案例的模糊集定性比较分析 [J]．上海交通大学学报（哲学社会科学版），2017 (04)．

[186] 孙柏瑛，蔡磊．十年来基层社会治理中党组织的行动路线——基于多案例的分析 [J]．中国行政管理，2014 (08)．

[187] YIN, R. K. Case study research [M]. Beverly Hills, CA: Sage, 1984.

[188] 王刚，唐永文．社会服务“组合化”供给：概念、逻辑机理及其组合方式 [J]．新东方，2018 (03)．

[189] 王浦劬，莱斯特·M. 萨拉蒙．政府向社会组织购买公共服务研究：中国与全球经验分析 [M]．北京：北京大学出版社，2010.

[190] E. S. 萨瓦斯．民营化与公私部门的伙伴关系 [M]．周志忍，等，译．北京：中国人民大学出版社，2002.

后　记

本书作为广西财经学院朱懿副教授主持完成的国家社会科学基金青年项目（项目批准号 15CJL049）最终成果，对西部地区基层社会治理创新实践与规范化建设进行了深入的解读和思考，力求理论联系实际，完整准确地描绘西部地区基层社会治理创新与规范化建设的真实图景。

本书前后历时四年完成，反复修改，几易书稿。在写作过程中，作者自始至终得到了清华大学、华南理工大学、广西大学、广西财经学院专家、学者的指导和关怀，得到了光明日报出版社领导及相关编辑同志的大力帮助和支持，在此一并表示衷心的感谢！由于作者能力水平所限和时间仓促，本书的不足和疏漏之处难免，敬请读者和专家、学者批评指正。

作　者

2020 年 11 月